일본서기 칠왕과 임나일본부는 허구 Ⅰ

신찬성씨록을 통해 본 일본 고대 인물의 정체

일본서기 천황과 임나일본부는 허구 I

신찬성씨록을 통해 본 일본 고대 인물의 정체

초판 1쇄 발행 2022년 9월 5일

지은이 조정래
펴낸이 구주모

편집책임 김훤주
디자인 구민재page9
유통·마케팅 정원한

펴낸곳 도서출판 피플파워
주소 (우)51320 경상남도 창원시 마산회원구 삼호로38(양덕동)
전화 (055)250-0190

홈페이지 www.idomin.com
블로그 peoplesbooks.tistory.com
페이스북 www.facebook.com/pepobook

ISBN 979-11-86351-47-5 93910

※책값은 뒤표지에 쓰여 있습니다.

일본서기
천황과
임나일본부는
허구
I

신찬성씨록을 통해 본 일본 고대 인물의 정체

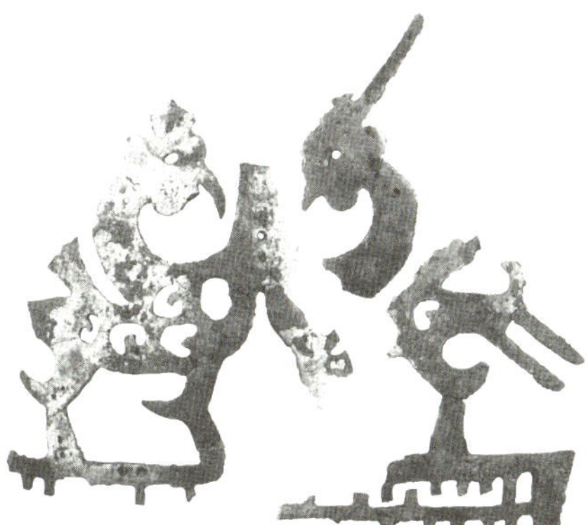

조정래 지음

도서출판
피플파워

일러두기

1. 《일본서기》의 한글판은 전용신이 역주하고 일지사가 2010년 12월 25일 발행한 10쇄본을 참조했다. 일본어판은 일본 ㈜암파문고가 2014년 3월 5일 발행한 19쇄본을 참조했다. 이 판본의 교주자(校注者)는 사카모토타로우(坂本太郎), 이에나카사부로우(家永三郎), 이노우에미쯔사다(井上光貞), 오호노스스무(大野晋)이다.

2. 《고사기》는 노성환이 역주하고 도서출판 예전사가 발행한 판본을 참조했다. 상권은 1991년 7월 15일 펴낸 초판 2쇄, 중권은 1990년 4월 15일 펴낸 초판, 하권은 1999년 4월 26일 펴낸 초판본을 참조했다. 강용자가 옮기고 지식을만드는지식 출판사가 2014년 4월 11일 발행한 초판도 참조했다.

3. 《신찬성씨록》은 1835년 발간자 미상으로 발간된 조선총독부고서분류표 古6-44번의 《정정신찬성씨록》의 판본을 참조했으며 1828년 발간된 古6-47번 판본도 참조했다.

4. 《구사기》는 1875년 발간자 미상으로 발간된 조선총독부고서분류표 古6-11번의 《선대구사본기》 판본을 참조했다.

5. 《풍토기》는 1979년 동경 암파서점에서 발행한 원본을 복제해 1980년 10월 15일 동서문화사에서 발행한 판본을 참조했다. 강용자가 옮기고 지식을만드는지식 출판사가 2012년 9월 21일 발행한 초판도 참조했다.

6. 《속일본기》는 이근우가 번역하고 지식을만드는지식에서 발행한 판본을 사용했다. 1권은 2012년 9월 1일 펴낸 초판 1쇄, 2권은 2012년 7월 13일 펴낸 초판 1쇄, 3권은 2012년 9월 5일 펴낸 초판, 4권은 2016년 3월 28일 펴낸 초판 1쇄를 참조했다.

7. 성씨에 사용되는 宿禰의 禰는 아버지사당 "니"와 아버지사당 "네" 두 가지로 발음되는데 이근우 역 《속일본기》에서 "숙네"로 사용하고 있어서 이에 따랐다.

8. 분문에서 인용되는 서적의 경우 책의 종류가 몇 가지뿐이고 단순 반복되므로 가독성을 높이기 위해 따로 《○○》 등의 표기를 하지 않았다.

9. 고사기의 "기(記)"와 일본서기의 "기(紀)"가 한글로 표기 시 같은 글자로 구분이 되지 않아 고사기인 경우 "고사기 ○○천황기"와 같이 표기해 고사기임을 알 수 있도록 했다.

책머리에

결실을 돕는 책이 되길 바라며

아라가야가 어떤 나라인지 찾아 헤맨 지 어언 25년이 흘렀습니다. 그동안 많은 책을 읽어왔고 여러 사람을 만났지만 속 시원한 답을 찾을 수는 없었습니다.《백제에 의한 왜국통치 삼백년사》가 방향을 잡아주긴 했지만 그걸로는 부족했습니다.

결국 일본의 고서로 눈을 돌릴 수밖에 없었고《고사기》,《일본서기》,《풍토기》,《구사기》 등의 원문을《신찬성씨록》의 성씨와 대조하는 작업을 하면서 한반도에서 왜로 건너간 고대 인물의 정체를 파악할 수 있었으며 이를 기반으로 금관국, 가라, 가야에 대해서도 실체를 알게 되었습니다.

물론 이렇게 고대사에 매진하게 된 것은 임나일본부설이라는 허구의 학설을 깨뜨리기 위한 목적이었고 이제 왜의 천황이 한반도 남부를 지배한 것이 아니라 한반도의 왕이 왜를 지배했다는 것을 학술적으로 증명할 수 있게 되었습니다.

그것을【일본서기 천황과 임나일본부는 허구】라는 세 권의 시리즈로 선보이고자 하며 그 첫 권인《신찬성씨록을 통해 본 일본 고대 인물의 정체》를 이번에 출간하게 되었습니다. 다음 권은 《일본서기 신대기와 신공황후 신라 정벌의 본질》, 마지막 권은 《일본서기 해석을 통해 본 임나일본부의 허구》로 나올 예정입니다.

이번 저서는 일본의 고대 서적에 나오는 수많은 인물이 실제로는 한반도에서 건너간 누구인지 밝히는 책입니다. 그래서 이를 바탕으로 일본서기를 해석한, 시리즈의 다른 책들보다는 읽기가 어렵게 되어 있습니다.

하지만 학술적으로는 가장 근간이 되는 책이며 《고사기》, 《일본서기》, 《풍토기》 등을 읽는 바탕이 되는 책이기 때문에 아주 중요하다고 생각합니다. 세인들은 마지막 권에 더 흥미를 느끼겠지만 저자의 입장에서 이 책이 가장 애착이 가는 점은 부인할 수 없습니다.

오랜 세월 임나일본부를 바라보며 시각이 달라졌고 특히 일본 고대 서적의 성씨를 집중적으로 해부한 근래 몇 년 동안에 큰 변화가 있었습니다. 중국 고서에 나오는 왜의 주인이 누구인지 알게 되었고 고대 왜를 다스린 한반도인의 정체도 알게 되었습니다.

최근 한일 역사학자들이 임나일본부를 천황의 사신 정도로 타협하는 분위기가 있습니다만 고대 일본에는 천황체제가 존재하지 않았고 오히려 왜가 한반도의 지배를 받은 것이 눈에 선하게 들어옵니다. 그래서 이번 저서가 더 소중하게 느껴집니다.

한여름이 지나가고 있습니다.

따가운 볕은 인간 활동에 제약을 가하기도 하지만 만물을 키워서 가을의 결실이 있게 해줍니다. 이 책도 그런 책이 되기를 바랍니다. 많은 논쟁을 야기하겠지만 그런 논쟁이 임나일본부설을 넘어서는 기반이 되어 올바른 한일 고대사가 정립되었으면 합니다.

마지막으로 어려운 길을 묵묵히 응원해 준 사랑하는 가족과 부모형제, 친구들의 깊은 애정에 감사드리며, 언제나 교정에 수고해 주시는 정혜자님, 출판과 교정에 남다른 관심을 베풀어주신 김훤주 기자님께 깊은 감사를 드리며 도서출판 피플파워의 무궁한 발전을 기원합니다.

2022년 8월

江賢 조정래

차례

책머리에

제1장 신찬성씨록

제2장 신찬성씨록의 실존 인물(황별)

제3장 신찬성씨록의 실존 인물(신별)

제4장 신찬성씨록의 실존 인물(제번과 미정잡성)

제5장 성씨록 인물 비정에 따른 결론

부록 신찬성씨록 원본

제1장

신찬성씨록

1. 신찬성씨록

신찬성씨록(新撰姓氏錄)은 고대 일본의 성씨와 그 시조를 적은 책으로 제52대 차아천황 시절인 815년에 총 30권으로 편찬되었다고 한다.

서문에 의하면 만다친왕 외 5명이 삼체(三體)와 삼례(三例)에 의거해 편찬했으며 경기(京畿)지역의 1182개 성씨를 기록했다고 되어 있다. 경기지역은 수도인 평안경(平安京)과 산성(山城), 대화(大和), 섭진(攝津), 하내(河內), 화천(和泉) 등 다섯 국가이다.

삼체는 원래의 태생에 따라 성을 구분한 것으로 황별(皇別), 신별(神別), 제번(諸蕃)이 있으며 황별은 천황과 천황의 아들, 후예를 시조로 하는 성씨이고 신별은 천신(天神)과 그 후예인 천손(天孫), 땅에 있는 신을 의미하는 지기(地祇)를 적은 성씨이다. 제번은 한(漢)나라와 백제, 고려[1], 신라, 임나에서 온 성씨이다.

삼례는 성씨의 멀고 가까움, 친함과 그렇지 않음을 구별해 보인 것으로 출자(出自)와 종씨(宗氏), 후(後)로 무리를 구별했다. 출자는 따로 갈라져 나온 성씨의 우두머리나 특별히 시조가 된 경우를 말하며 종씨는 같은 조상의 후예, 후는 고기에 근거해 특별히 조(祖)를 세운 경우이다.

이렇게 삼체와 삼례에 따라 성씨를 분류해 정리한 목적은 오랜 세월을 거치며 많은 갈래가 생기고, 씨족지까지 만드는 등 민간의 성씨가 난잡해지자 성씨와 그 계통을 정확하게 분류하기 위한 것이었다.

서문에는 초대천황인 신무가 등극해 국조(國造)와 현주(縣主)[2]가 생겨난 이래로 우여곡절도 있었지만 그런대로 이어오던 성씨가 승보[3] 연간에 제번의 청을 들어 원하는 성을 내려준 후 서로 고귀한 뿌리라고 주장하면서 다툼이 일어나고 이에 만다친왕 등이 고기(古記)와 박관(博觀), 구사(舊史)를 탐구해 신찬성씨록을 편찬했다고 되어 있다.

이와 관련해 "삼한번빈 칭 일본지신윤(三韓蕃賓 稱 日本之神胤)"이라는 구절이 있다. 삼한에서 건너온 자들이 일본신의 혈통이라고 이야기했다는 것인데 그 자체는 성씨가 난잡해졌음을 말하고자 한 것이지만 이 구절이야말로 당시 일본의 상황을 정확하게 보여주는 것이 아닐 수 없다.

한반도에서 건너간 사람들이 일본에서 신이 되었다면 신의 후예인

---

1 고구려를 의미한다.

2 국조는 국가를 만든 사람이라는 뜻이므로 한 나라를 처음 다스린 왕이다. 현주는 지방의 관리관을 의미한다.

3 제46대 천황인 효겸이 749년부터 757년까지 사용한 천평승보라는 연호로 보인다.

천황도 역시 한반도에서 건너간 사람들이다. 그런 사실은 엄청난 노력으로 수많은 손을 거쳐 확립해 온, 일본은 고대부터 천황이 다스렸고, 독자적으로 문명을 발전시켜 왔다는 주장을 일시에 무너뜨리는 것이다.

그래서 성씨를 정리해 더 이상 한반도에서 건너간 사람들이 신들의 후예라고 주장하지 못하도록 만든 것이 신찬성씨록이다. 다시 말해 신찬성씨록의 편찬 목적은 한반도에서 건너온 성씨를 제후국에서 귀화해 온 정도로 만들고 일본은 천황 중심의 국가로 유지해 왔다는 것을 뒷받침하는 것이었다.

이는 제번이라는 성씨의 분류에서도 그대로 드러난다. 제번은 여러 번국이라는 개념이고 한나라와 백제, 고구려, 신라, 임나가 모두 일본의 번국이라는 시각인데 이런 천황 중심의 사상이 지금도 버젓이 자리하고 있는 것이 현실이다.

하지만 지금까지의 고고학적인 발굴 성과는 한반도 문명의 일본 유입을 이야기하고 있고 신찬성씨록을 통해서도 그걸 증명할 수 있다. 본서를 읽다보면 왜 한반도에서 건너 간 사람들이 일본신의 혈통이라고 주장했는지 깨닫게 될 것이다.

2. 신찬성씨록의 판본과 성씨 개수

필자가 국내에서 신찬성씨록을 구해본 결과 총 3개의 판본을 찾을 수 있었다.

하나는 1828년 발간자 미상으로 발간된 목활자본으로 조선총독부 고서분류표 古6-47번이고 또 하나는 1901년 동경 경제잡지사에서 발행한 조선총독부신서부분류표 10-00인 군서유종(群書類從) 제16집에 실린 것이며 마지막으로 1835년 발간자 미상으로 발간된 조선총독부 고서분류표 古6-44번인 정정(訂正) 신찬성씨록이다.

각 판본을 비교해 보면 古6-47 판본은 총1174개의 성씨가 기록돼 있으며, 권후에 4개의 성씨를 추가하고 있어서 총1178개의 성씨가 기록되어 있다.

이 판본은 오류가 많다. 원래 신찬성씨록은 황별, 신별, 제번과 미정잡성의 3질로 구분하고 질당 10권씩으로 되어 있다. 그래서 황별과 신별은 각각 10권이고 제번은 9권이며 마지막 30권에 미정잡성을 부가하면서 전체가 30권으로 구성되는 것이다.

그런데 이 판본은 질로 구분하지 않고 상·중·하권으로 구분했는데 하권이 21권부터 시작해야 하나 19권에 속하는 하내국 천손부터 시작하고 있으며 상권 중 87, 88페이지가 89, 90페이지에 기재되어 있고 89, 90페이지가 87, 88페이지로 되어 있다.

성씨의 개수도 권두에 표기된 것과는 차이가 많다. 1권은 33개가 아닌 44개 성씨가 기록되어 있고, 2권은 32개가 아닌 42개 성씨, 9권은 46개가 아닌 45개 성씨, 13권은 20개 성씨가 아닌 22개 성씨가 기록되어 있고 석변공은 설명이 없다.

14권은 36개가 아닌 34개, 15권은 설명이 없는 이여부가 덧붙여져 28개가 아닌 29개, 16권은 35개가 아닌 45개, 23권은 39개가 아닌 38개, 24권은 63개가 아닌 60개, 28권은 56개가 아닌 54개, 30권은 119개가 아닌 116개 성씨가 기록되어 있다.

권후에 평조신을 기록한 후 성씨록에 싣지 않은 성씨 39개를 기록하고 있는데 표기에는 31개로 되어 있다. 그 뒤에 안부공, 찬기공, 별등 3개 성씨가 부가되어 있다.

군서유종에 실린 10-00 판본도 권두에는 1182개의 성씨를 표기했다고 했지만 실제로는 1179개의 성씨가 기록돼 있으며 권후에 평조신의 성씨를 추가기록하고 있다.

1권은 43개가 아닌 44개 성씨, 9권은 46개가 아닌 45개, 13권은 20개가 아닌 21개, 15권은 28개가 아닌 29개, 24권은 63개가 아닌 62개, 28권은 56개가 아닌 55개, 29권은 20개가 아닌 19개, 30권은 119개가 아닌 117개 성씨가 기록되어 있다.

古6-44 판본인 정정신찬성씨록도 권두에는 1182개의 성씨를 표기했다고 되어 있지만 28권이 56개가 아닌 55개 성씨여서 총1181개의 성씨가 기록돼 있으며 권후에 5개의 성씨를 추가로 기록하고 있어서 총1186개의 성씨가 기록되어 있다.

각 판본에 따른 권별 성씨의 개수는 표1)과 같다.

표1) 신찬성씨록 판본별 성씨 개수

구분	신찬성씨록목활자본 조선총독부고서분류표 古6-47		신찬성씨록(군서유종본) 조선총독부신서부분류표 10-00		정정신찬성씨록 조선총독부고서분류표 古6-44	
	실제수록	수록표기	실제수록	수록표기	실제수록	수록표기
합계	1174	1152	1179	1182	1181	1182
1권	44	33	44	43	44	44
2권	42	32	42	42	42	42
3권	32	32	32	32	32	32
4권	33	33	33	33	33	33
5권	34	34	34	34	34	34
6권	24	24	24	24	24	24
7권	18	18	18	18	18	18
8권	29	29	29	29	29	29
9권	45	46	45	46	46	46
10권	33	33	33	33	33	33
11권	38	38	38	38	38	38
12권	23	23	23	23	23	23
13권	22	20	21	20	21	21
14권	34	36	36	36	36	36
15권	29	28	29	28	29	29
16권	45	35	45	45	45	45
17권	44	44	44	44	44	44
18권	45	45	45	45	45	45
19권	63	63	63	63	63	63
20권	60	60	60	60	60	60
21권	35	35	35	35	35	35
22권	37	37	37	37	37	37
23권	38	39	39	39	39	39

24권	60	63	62	63	62	62
25권	22	22	22	22	22	22
26권	26	26	26	26	26	26
27권	29	29	29	29	29	29
28권	54	56	55	56	55	56
29권	20	20	19	20	20	20
30권	116	119	117	119	117	117
권후 (不載姓 제외, 성씨 개수 제외)		4		1		5

각 판본은 성씨의 개수뿐만 아니라 내용에 있어서도 많은 차이를 보이고 있는데 아무튼 본서에서는 가장 정리가 잘 되어 있는 古6-44 판본의 정정신찬성씨록을 인용했으며 필요한 경우 다른 판본을 참조했다.

3. 고대 일본 서적의 성씨

가. 성씨를 수록한 고대 일본 서적

신찬성씨록 외에 성씨의 시조를 표현한 고대 일본의 서적으로는 고사기(古事記)와 일본서기(日本書紀)를 대표적으로 꼽을 수 있다.

일본에서 가장 오래된 문헌인 고사기는 야스마로(安萬侶)가 712년 1월에 완성했다는 서문이 붙어 있어서 일단은 지은이와 편찬 연도를 알 수 있다. 내용은 천지개벽과 칠대에 걸쳐서 신들이 탄생하는 신세 칠대, 이자나기명과 이자나미명이라는 두 신에 의한 여러 신들의 탄생, 신무천황부터 추고천황까지 33대에 걸친 천황에 관한 이야기이다.

총3권으로 구성했는데 상권은 신들의 이야기이며, 중권은 초대 천황인 신무천황부터 응신천황까지 15명의 천황, 하권은 인덕천황부터 추고천황까지 18명의 천황에 관한 이야기를 다루고 있다. 중요한 뼈대는 일본서기를 편찬하는 토대가 된 것으로 보인다. 역사적 사실을 전설이나 설화처럼 꾸미고 여러 가공인물을 등장시키기 때문에 읽을 때 주의를 요한다.

성씨에 대한 부분은 누구라는 인물이 어떤 성씨의 조(祖)가 되었다는 표현이 주를 이루고 부(部)의 설치, 국조나 현주, 군(君)의 임명 등도 성씨와 연관성이 있다. 250개 정도의 관련 표현이 있다.

720년에 완성했다고 속일본기(續日本紀)에 쓰여 있는 일본서기는 고대 역사서로 평가받는다. 하지만 서문이나 발문이 없어서 지은이와 정확한 편찬 연도를 알 수 없으며 고사기를 토대로 수많은 가공인물을 등장시켜 만들어낸 역사서이기 때문에 역시 읽을 때 주의를 요한다.

내용은 신들의 이야기를 다룬 신대기(神代紀)와 천황의 이야기를 다룬 인대기(人代紀)로 구분되어 있다. 신대기는 11단으로 구분되어 있는데 일곱 대에 걸쳐 탄생한 신들에 이어 대팔주 생성, 사신 출생, 서주맹약, 보검출현의 제8단까지가 상권, 천손강림, 해궁유행, 천황승운이 하권으로 되어 있다.

인대기에는 초대천황인 신무천황부터 제40대 지통천황까지의 내용을 수록하고 있다. 고사기에 없는 제34대 서명천황부터 황극·효덕·제명·천지·천무·지통천황기와 함께 신공황후의 섭정부분도 추가되어 있어서 차이가 있다.

특히 일본서기는 기록을 연·월·일 순으로 정리해 편찬하는 방식인 편년체로 구성되어 있는데 신무천황의 등극 이전의 활약과 기원전 660년의 천황 등극부터 기원후 697년 지통천황의 양위까지 1360여 년을 편년으로 적고 있어서 비판의 대상이 되어 왔다. 이에 대해서는 나중에 다시 언급하고자 한다.

일본서기의 성씨에 관한 내용도 고사기와 크게 차이가 없지만 천무천황 시기에 연(連)이나 조신(朝臣), 진인(眞人), 기촌(忌寸) 등을 임명하는 내용이 160여 개 성씨에 이른다. 이들은 성씨의 등급과 같은 것인데 가령 ○○련에서 ○○조신이 되면 품계가 올랐다고 볼 수 있다. 일본서기에는 390개에 가까운 표현이 있다.

다른 책으로 기후와 지역에 대한 이야기를 기록한 일본 최초의 지방 지리서인 풍토기(風土記)가 있다. 713년 원명천황의 명에 의해 편찬됐다고 하나 속일본기에는 언급이 없어서 후세의 가필로 여겨진다. 915년 군이나 향의 이름, 산출되는 품목, 산천 이름의 유래, 옛 노인이 전하는 이야기 등을 작성해서 헌상하라는 조정의 명에 의해 만들어진 것으로 보인다.

상륙(常陸)·출운(出雲)·번마(播磨)·풍후(豊後)·비전(肥前) 등 다섯 지방의 것이 전하는데 고사기나 일본서기에 나오는 여러 가공인물의 이야기를 지역별로 정리한 결과물이다.

성씨에 대해서는 풍토기도 고사기나 일본서기와 다를 바가 없다. 다만 풍토기에는 고사기나 일본서기의 인물과 똑같더라도 한자가 워낙 달라서 주의 깊게 읽어야 한다. 누구의 시조 어떤 사람이라는 직접적인 표현은 30개 정도에 불과하지만 지명과 인물을 연계시켜서 성씨를 추정할 수 있는 경우도 많다.

한편 일본서기 추고천황 28년 12월조를 보면 이 해에 황태자와 도대신(島大臣)이 상의해 천황과 나라, 신하 등 180부와 공민에 대한 본기를 기록했다고 기록되어 있다. 황태자는 우리가 흔히 성덕태자로 부르는 구호풍총이황자(廐戶豐聰耳皇子)이고 도대신은 소아마자숙네(蘇我馬子宿禰)이다.

이 둘이 기록한 책이 선대구사본기(先代舊事本紀)[4]인데 일본에서 1874년 편찬된 오두구사기(鼇頭舊事紀)[5]가 바로 선대구사본기에 주석을 붙인 책으로서 서문을 보면 추고천황 28년 2월에 편찬을 시작해 30년 2월에 완료했다고 나온다. 즉 서기 620년에 책을 만들기 시작해서 622년에 완성한 것이다.

이 책은 총 열 권으로 구성되어 있으며 제1권은 신대(神代) 및 음양(陰陽)본기를 다루고 있고 이후 신기(神祇), 천신(天神), 지기(地祇), 천손(天孫), 황손(皇孫), 천황(天皇), 신황(神皇), 제황(帝皇), 국조(國造) 등에 관한 내

4 이하 본서에서는 구사기라 한다. 본기를 붙여서 구사기 신대본기처럼 인용하기도 했다.

5 오두는 서적의 본문 윗 란에 써놓은 주해문을 말한다. 그래서 오두구사기는 선대구사기에 주석을 붙인 책이라는 의미이다.

용으로 되어 있다.

구사기는 완전히 인물 중심으로 꾸며져 있어서 책 전체가 성씨와 관련됐다고 할 수 있다. 많은 부분이 누구의 아들이 어떤 사람이라는 식으로 구성되어 있는데 한 인물에 대해 길게 설명한 부분이나 이름만 있는 부분을 제외하고 성씨에 참고할 수 있는 표현을 간추리면 430여 개가 된다.

속일본기에도 성씨에 관한 내용이 있다. 속일본기는 문무천황이 등극한 697년부터 환무천황 연력 10년인 791년까지의 역사를 적은 책이다. 일본서기와 마찬가지로 편년체로 구성되어 있으며 당시 도읍인 나라(奈良)의 시대 연구에 중요한 사료로 평가받지만 고사기나 일본서기의 가공인물을 구체화시키는 작업이 이루어지기 때문에 읽을 때 주의를 요한다.

성씨에 관한 부분은 누구에게 어떤 성을 내려주었다거나 누구를 어떤 성으로 바꾸는 것을 허락한다는 것이 주된 표현인데 사례가 320여 개에 이른다. 다만 속일본기는 여러 성을 가진 많은 사람에게 한꺼번에 사성(賜姓)[6]하거나 사성을 허락하는 사례가 많기 때문에 성씨와 관련된 전체 표현이 560여 개에 달한다.

마지막으로 고어습유에도 많지는 않지만 30여 개의 성씨와 관련된

---

6 한자 그대로 천황이 성을 준다는 표현이다. 고사기나 일본서기를 통해 너무 많은 가공인물을 만들다 보니 그들이 실제로 누구인지 알 수 있도록 하는 장치로 성씨가 채택되었다. 그래서 성씨가 아주 많을 뿐만 아니라 그만큼 중요하기도 하다.

사례가 있다. 고어습유는 아주 축약된 신대의 이야기에다 물부와 장부, 십악검과 초치검, 이세신궁과 신기궁의 제사에 관한 이야기를 담고 있는 짧은 글인데 신찬성씨록을 보완하는 부분이 있으므로 참조할 만하다.

나. 성씨의 시조에 대한 용어 차이

여러 고서에서 시조를 가리키는 용어로 가장 많이 사용되는 것은 조(祖)이다. 고사기는 성씨의 시조를 가리키는 용어가 조로 통일되어 있다. 경행기와 응신기에 어조(御祖)가 나오는데 그것은 성씨의 시조가 아니고 모(母)를 표현한 것이다.

경행기에서 대중비매명이 향판왕과 인능왕의 어조라고 했는데 대중비매명이 중애천황의 비(妃)로서 둘을 낳았기 때문이다. 응신기에도 갈성지고액비매명이 식장대비매명의 어조라고 했는데 마찬가지다.

일본서기는 조 외에도 원조(遠祖), 시조(始祖), 상조(上祖), 본조(本祖), 선(先), 선조(先祖) 등 여러 가지 용어를 사용하고 있다.

우선 신대기에는 조와 원조, 시조, 상조, 본조가 쓰이다가 신무천황 이후 원조, 시조, 조가 사용된다. 응신천황 이후에는 원조가 사라지고, 반정천황 이후에는 시조도 사라지며 조가 사용된다. 웅략천황 때 선, 청녕천황 때 선조가 나타나고 무열천황 이후 선이 사용되다 민달천황 때 다시 조가 나타나 선과 함께 사용되고 있다.

고사기와 달리 일본서기는 왜 성씨의 시조를 이렇게 세분된 용어로 적은 것일까? 결론부터 말하자면 그 까닭은 일본서기의 편년체에 대한 신빙성을 높이고자 의도적으로 그렇게 적었다는 것이다.

고사기와 같이 그냥 설화적인 내용으로만 적었더라면 한 인물을 여러 번에 걸쳐 나누어 적어도 크게 의심받지 않지만 일본서기는 연대순으로 적었기 때문에 같은 인물이 반복되어 나타나면 편년의 의미가 사라진다. 그 때문에 되도록 같은 사람이 반복되어 나타나지 않도록 해야 할 필요성이 있었고 그래서 여러 가공인물이 나타난 것이다.

하지만 시기적으로 멀리 떨어져 있어도 같은 인물이라는 것을 표기해야 했기 때문에 어떤 성씨의 시조라고 표현해서 인물을 연결시킨 것이다. 그러나 조라는 단어를 계속 나열하면 쉽게 여러 가공인물이 한 사람인 것을 알아챌 수 있기 때문에 원조, 시조, 선조 등의 다양한 용어를 동원한 것이다. 그렇게 했다 할지라도 한 성씨의 시조가 동일한 인물이어야 한다는 사실은 변함이 없다.

신대 제7단에 중신련의 원조 천아옥명, 기부의 원조 태옥명이 나오고 신대 제9단에는 중신의 상조 천아옥명, 기부의 상조 태옥명이 나온다. 따라서 원조와 상조는 아무런 차이 없이 한 성씨의 시조라는 의미로 쓰인 것임을 알 수 있다.

신대 제6단에 출운신, 토사련의 조 천수일명이 나오고 신대 제7단에 출운신, 무장국조, 토사련의 원조 천수일명이 나오는데 역시 조나 원조도 차이 없이 사용된 것임을 알 수 있다.

중애천황 8년 정월조에 강현주의 조 웅악(熊鰐, 와니)이 나오고 응신천황 16년 2월조에 서수 등의 시조 왕인(王仁, 와니)이 나오는데 이름에 사용된 한자는 다르지만 발음이 같아서 동일한 사람이며 역시 조와 시조도 차이 없이 사용되었다.

흠명천황 14년 7월조에 선련(船連)의 선 왕진이(王辰爾, 와우진니)가 나오고 민달천황 원년 5월조에 선사(船史)의 조 왕진이가 나오므로 선과 조도 차이 없이 사용된 것임을 알 수 있다.[7]

따라서 원조나 상조, 조, 시조, 선 등이 비록 용어는 다르지만 한 성씨의 시조를 나타내는 동일한 말로 사용되었음을 알 수 있고 고사기와는 달리 일본서기는 편년체로 적다 보니 신빙성을 높이기 위해 용어를 구분한 것으로 단정할 수 있다.

그리고 일본서기를 따라 각 지역의 내용을 정리한 풍토기는 역시 일본서기와 같이 조 외에 원조, 시조, 상조, 선조가 나오는데 일본서기에 없는 초조(初祖)라는 용어가 보이는 것이 특이하다. 구사기도 조에 더해 원조, 상조 등이 사용되고 있다.

4. 고대 일본 서적의 등장인물

가. 성씨 시조의 유한성

일본서기가 시조를 원조나 상조, 선조, 선, 조 등의 여러 용어를 혼

7 흠명천황 14년 7월조에 왕진이에게 성을 하사해 선사라 했는데 지금의 선련의 시조라는 구절이 있어서 선사와 선련이 같은 성임을 알 수 있다. 연(連)이나 사(史)는 진인, 조신, 신, 수, 숙네, 기촌과 같은 성씨의 분류체계 중 하나이고 선(船)이 성씨의 이름이다. 그래서 선련과 선사는 같은 성씨이고 일본서기도 그렇게 적고 있다.

용했다 하더라도 한 성씨의 시조가 두 사람 이상일 수는 없다. 한 사람이 여러 개 성씨의 시조가 될 수는 있어도 하나의 성씨에 시조가 여러 명 있을 수는 없기 때문이다. 따라서 전혀 다른 시대에, 전혀 다른 이름이 몇 번이나 나오더라도 같은 성씨의 시조이면 그들은 한 사람일 수 밖에 없다.

일본서기 신대 제7단 일서3에 나오는 자성국조, 액전부련의 원조 천진언근명과 신공황후 47년 4월조에 나오는 액전부, 규본수 등의 시조 천웅장언은 같은 액전부의 시조이므로 동일한 인물이다.

효원천황 7년조에 나오는 아배신, 선신, 아폐신, 협협성산군, 축자국조, 월국조, 이하신 등 모두 7개 성씨의 시조 대언명과 현종천황 원년 2월조에 나오는 협협성산군의 조 왜대숙네도 같은 인물이다.

개화천황 6년조에 나오는 화이신의 원조 모진명과 숭신천황 10년 9월조에 나오는 화이신의 원조 언국즙, 신공황후 섭정원년 3월조에 나오는 화이신의 조 무진웅, 응신천황 2년 3월조의 화이신의 조 일촉사주, 인덕천황 30년 10월조에 나오는 화이신의 조 구자신과 인덕천황 65년조의 화이신의 조 난파근자무진웅도 모두 동일한 인물로서 여섯 번이나 반복되어 나타나고 있다.

고사기도 마찬가지다. 경행천황의 계보조에 나오는 길비신의 시조 약건길비진일자와 왜건명의 동국정벌조에 나오는 길비신의 시조 어서우이건일자도 동일인이다.

이이예명기에 나오는 대반련의 시조 천인일명과 신무천황기에 나오는 대반련의 시조 도신명도 역시 동일인물이다.

효소천황기에 나오는 미장련의 시조 오진여증과 효원천황기에 나오는 미장련의 시조 의부나비, 숭신천황기에 나오는 미장련의 시조 의부아마비매, 응신천황기에 나오는 미장련의 시조 건이나타숙네, 계체천황기에 나오는 미장련의 시조 범련도 모두 같은 인물로서 다섯 번이나 나타나고 있다.

고사기와 일본서기를 함께 검토할 수 있다. 고사기 수인천황 계보조의 삼미군의 조 석충별왕과 계체천황기의 삼미군의 조 약비매, 일본서기 수인천황 34년 3월조의 삼미군의 시조 반충별명은 동일인물이다.

고사기 응신천황의 자손조에 나오는 삼국군의 조 대랑자, 다른 이름[8] 의부부저왕과 일본서기 계체기 원년 3월조의 삼국군의 선 완자황자도 동일인이다.

고사기 숭신천황의 계보조에 나오는 하모야군의 조 풍목입일자명과 일본서기 숭신기 48년 4월조의 하모야군의 시조 풍성명도 역시 같은 인물이다.

그렇다면 무엇 때문에 이렇게 동일인물을 반복해서 적었을까? 이는 일본서기가 실제 일어난 일을 순서대로 적은 것이 아니라 짧은 역사를 길게 늘이다 보니 한 인물의 활동을 여러 군데 적어야 했기 때문이다.

같은 이름을 전혀 연관이 되지 않는 시기에 적으면 편년이 거짓임

8 원문에는 역명(亦名)으로 되어 있다. 대랑자의 별명이 의부부저왕이라는 뜻이다.

이 바로 탄로 나기 때문에 다른 이름을 창작해서 적은 것이다. 다만 그 사람이 본래 누구라는 것은 알고 있어야 바른 역사를 복원할 수 있기 때문에 성씨의 시조라는 표현이 사용된 것이다.

위에서도 모진명과 언국즙, 무진웅과 난파근자무진웅이 일본서기의 시대상으로 기원전 152년, 기원전 87년, 서기 201년, 서기 377년으로 많은 차이가 나니까 어쩔 수 없이 다른 이름을 붙인 것이다. 그래도 사실은 알아야 하기에 화이신의 원조, 조라는 표현으로 동일인임을 알 수 있도록 해놓은 것이다.

결국 화이신의 조라고 반복해서 적은 것은 책을 읽으면서 실수하지 말라고 나침판을 마련해 둔 셈이다. 다른 시기에, 다른 이름으로 나오더라도 같은 인물이라는 것을 알려주는 역할을 하는 것이 성씨의 시조를 표기하는 목적인 것이다.

같은 인물이 한 권의 책에서 여러 곳에, 시기도 다르게 등장한다면 그 책의 편년은 임의로 표기한 것이지 사실이 될 수 없다. 그래서 일본서기의 편년은 거짓일 수밖에 없는데 이를 보충하는 여러 근거들에 대해서는 마지막 장에서 다시 고찰하겠다.

나. 실존 인물과의 연계성과 대수

앞에서 한 인물이 여러 다른 이름으로 나오는 것을 봤는데 그 중에서 실존 인물과 가장 가까운 등장인물을 찾는 것이 바로 신찬성씨록을 활용하는 것이다. 일단 신찬성씨록에 나오면 실존 인물과 연계되어 있을 가능성이 있고[9] 그렇지 않으면 완전한 가공인물이다.

예를 보자. 일본서기 신대 제7단에는 중신련의 원조 천아옥명, 제7단 일서2에는 중신의 원조 천아옥명, 수인천황 25년 2월조에는 중신련의 원조 대록도(大鹿島), 3월조 주서에는 중신련의 조 탐탕주(探湯主)가 나온다.

일단 천아옥명, 대록도, 탐탕주 중에서 신찬성씨록에 등재되어 있는 인물이 실존 인물과 연계되어 있는 사람이다. 중신련이라는 성씨를 찾아본 결과는 다음과 같다.

- 중신련 : 천아옥근명지후야[10](하내국천신, 풍57[11])
- 중신련 : 진속혼명 11세손 뢰대신명[12]지후야(하내국천신, 풍56)

천아옥근명이 나왔는데 일본서기의 천아옥명과 한자는 다르지만 일본어 발음은 아마노코야네노미코토로 같아서 같은 인물이다. 그리

9 신찬성씨록에 등재되었다고 모두 실존 인물은 아니다. 거기에도 수많은 가공인물이 있으며 그걸 파헤치는 것이 본서의 목적이다. 성씨록에 있다고 실존 인물은 아니므로 실존 인물과 연계되어 있다는 표현을 썼다.

10 之後也. 앞에 있는 인물의 후예라는 뜻이다. 중신련이라는 성씨는 천아옥근명의 후예 즉 중신련의 시조가 천아옥근명이라는 표현이다. 미정잡성에는 지후자(之後者)도 나오는데 역시 같은 쓰임새이다.

11 본문의 성씨가 수록되어 있는 정정신찬성씨록 내 페이지다. 중신련이란 성씨가 풍57페이지에 수록되어 있다는 뜻이다. 정정신찬성씨록은 3질로 나누어지는데 1질인 황별은 조(鳥), 2질인 신별은 풍(風), 3질인 제번과 미정잡성은 월(月)로 구분되어 있으며 질별로 1페이지부터 시작하고 있다. 풍57은 2질인 신별의 57페이지에 수록되어 있다는 뜻이다. 정정신찬성씨록 원문이 부록으로 첨부되어 있으므로 참조하면 된다. 이하 모두 같다.

12 雷大臣命이다. 두음법칙을 따라야 하지만 사람 이름으로 혼동을 줄 수 있어서 따르지 않았다. 이하 같다.

고 대록도와 탐탕주는 보이지 않으므로 이 둘은 천아옥근명을 대신하는 가공인물이고 실존 인물과 연계되어 있는 인물은 천아옥근명[13]인 것이다.

또한 진속혼명은 등원조신과 진도조신이라는 성씨를 보면 천아옥명의 조부로 나온다. 따라서 실존 인물과 연계되어 있는 인물은 천아옥근명임이 재확인된다.

- 등원조신 : 출자 진속혼명 3세손 천아옥근명야(좌경천신, 풍1)
- 진도조신 : 대중신조신 동조. 진속혼명 3세손 천아옥근명지후야 (섭진국천신, 풍48)

이렇게 천아옥근명이 실존 인물과 연계되어 있음을 알았는데 이제 그 대수가 정확한 것인지 확인해 보자. 위 성씨에서 천아옥근명은 진속혼명의 3세손이고 뢰대신명은 11세손이므로 뢰대신명은 천아옥근명의 8세손이어야 한다. 그런데 그렇지 않다.

- 중신율원련 : 천아옥근명 11세손 뢰대신지후자(미정잡성우경, 월64)

뢰대신의 경우로 따지면 진속혼명과 천아옥근명이 동일한 대수의

---

13 천아옥명과 천아옥근명이 같은 이름이지만 신찬성씨록에 실린 이름이 가장 정확하다고 보므로 앞으로 신찬성씨록의 이름을 사용한다.

조상으로 같은 사람이 된다. 이런 믿을 수 없는 일이 일어나므로 고사기나 일본서기뿐만 아니라 신찬성씨록도 읽을 때 주의를 요한다. 무턱대고 그 대수를 믿어서는 안 된다는 것이다.

사실 신찬성씨록은 어느 정도의 계보는 믿을 수 있지만 대수는 정확하지 않다. 그 이유는 고사기나 일본서기에 등장하는 인물에 맞추어 기록하다 보니 그런 것이다.

"아무개 몇 대손 누구"라는 방식에서 아무개와 누구라는 사람이 모두 실존 인물이라면 대수도 정확할 것이다. 그러나 몇 되지 않는 실존 인물로 무수한 가공인물을 만들다 보니 대수에 의미를 부여할 수 없으며 아무개와 누구라는 인물이 실제로는 동일인물인 경우도 있고 심지어 아무개가 누구의 후손인 경우도 있다.

이처럼 대수가 맞지 않는 것이 허다하므로 전체적으로 신찬성씨록의 대수는 큰 의미가 없는 것이다.

다. 연관된 성씨를 확인하는 방법

다음은 연관된 성씨를 확인하는 방법을 알아보자. 여전히 천아옥근명이 대상이다. 화천국천신에 중신부라는 성씨가 있는데 천아옥근명이 시조이다. 앞서 살펴본 진도조신이라는 성씨도 마찬가지다.

- 중신부 : 대중신조신 동조. 천아옥근명지후야(화천국천신, 풍67)
- 진도조신 : 대중신조신 동조. 진속혼명 3세손 천아옥근명지후야 (섭진국천신, 풍48)

그런데 이 성씨들이 대중신조신이라는 성씨와 같은 조상이라고 나오므로 대중신조신을 살펴보면 등원조신이라는 성씨를 거쳐 다시 천아옥근명으로 돌아온다.

- 대중신조신 : 등원조신 동조(좌경천신, 풍2)
- 등원조신 : 출자 진속혼명 3세손 천아옥근명야(좌경천신, 풍1)

앞서 신찬성씨록의 서문에 삼례의 하나로 출자는 따로 갈라져 나온 성씨의 우두머리나 특별히 시조가 된 경우를 말한다고 했는데 실제로는 이렇게 사용된다. 즉 천아옥근명이 따로 갈라져 나온 성씨의 우두머리이거나 특별히 시조가 된 경우라는 것이다.

아무튼 중신련, 등원조신, 진도조신, 중신율원련에 이어 대중신조신까지 모두 천아옥근명과 연관이 있는 성씨라는 것을 알았다. 그래서 신찬성씨록을 다시 보면 대중신조신이라는 성씨와 조상이 같은 성씨가 여러 개 있는데 이들도 모두 천아옥근명과 연관된 성씨임을 알 수 있다.

- 관생조신 : 대중신조신 동조. 진속혼명 3세손 천아옥근명지후야(하내국천신, 풍56)
- 궁처조신 : 대중신조신 동조. 천아옥근명지후야(화천국천신, 풍66)
- 양원조신 : 대중신조신 동조. 진속혼명 3세손 천아옥근명지후야(섭진국천신, 풍48)

- 대가신 : 대중신조신 동조. 진속혼명지후야(대화국천신, 풍41)
- 대조련 : 대중신조신 동조. 천아옥근명지후야(화천국천신, 풍67)
- 황성조신 : 대중신조신 동조. 진속혼명 3세손 천아옥근명지후야 (섭진국천신, 풍49)
- 중신주인숙녜 : 대중신조신 동조. 천아옥근명 10세손 거협산명지후야(좌경천신, 풍2)

이처럼 많은 성씨가 천아옥근명과 연관되어 있고 일본서기 수인천황기에 나오는 대록도나 탐탕주는 보이지 않는다. 따라서 그들이 가공인물임을 다시 확인할 수 있고 실존 인물과 연계된 인물은 천아옥근명뿐인 것이다.

그런데 위에서 살펴본 것처럼 천아옥근명과 연관되어 있는 성씨가 굉장히 많다. 심지어 화천국천신에는 너무 동일한 내용이 많아서 9개 성씨를 소개하지 않았으며 그 외에도 많은 성씨가 동일한 내용의 중복이라서 일부러 빠트렸다. 연관된 성씨까지 모두 합하면 28개나 된다.

그래서 신찬성씨록이 1182개의 성씨를 소개하고 있다지만 실제로 등장하는 인물은 훨씬 적고 그만큼 고사기나 일본서기의 실존 인물도 줄어들 수밖에 없다.

라. 실존 인물과 연계된 인물의 최종 정체

1) 속고왕과 근초고왕

지금까지 가공인물 그리고 실존 인물과 연계된 인물을 찾는 방법을 알아봤는데 이제 그 실존 인물이 정확히 누구냐는 문제로 들어가 보자. 이를 위해서는 다시 신찬성씨록의 구성과 삼체에 대해 짚고 넘어가야 한다.

정정신찬성씨록은 1질은 조(鳥), 2질은 풍(風), 3질은 월(月)로 별도의 이름을 명명하고 있다. 제1질(鳥) 중 1권은 좌경황별과 우경황별을 주로 싣고 있는데 특이하게 마지막에 산성국과 대화국, 섭진국 황별의 성씨를 하나씩 싣고 있다. 이는 성씨의 개수를 맞추기 위한 것으로 생각된다.

2권과 3권은 좌경황별 상·하, 4권과 5권은 우경황별 상·하, 6권은 산성국황별, 7권은 대화국황별, 8권은 섭진국황별, 9권은 하내국황별, 10권은 화천국황별로 분류되어 있다.

제2질(風)의 11~13권은 좌경신별 상·중·하, 14~15권은 우경신별 상·하, 16권은 산성국신별, 17권은 대화국신별, 18권은 섭진국신별, 19권은 하내국신별, 20권은 화천국신별로 분류되어 있다.

제3질(月)의 21~22권은 좌경제번 상·하, 23~24권은 우경제번 상·하, 25권은 산성국제번, 26권은 대화국제번, 27권은 섭진국제번, 28권은 하내국제번, 29권은 화천국제번, 마지막으로 30권은 미정잡성으로 분류되어 있다.

이렇게 보면 당시 수도인 평안경을 좌경과 우경으로 나누고 산성, 대화, 섭진, 하내, 화천 등 다섯 국가의 성씨를 삼체 즉 황별, 신별, 제번으로 나누었음을 알 수 있다.

앞에서도 밝혔지만 황별은 천황과 그 후예를 시조로 하는 성씨이고 신별은 천신, 천손, 땅에 있는 신인 지기를 적은 성씨이며 제번은 한(漢)나라와 백제, 고구려, 신라, 임나에서 온 성씨로 되어 있다.

문제는 이 삼체의 구분을 정확한 것으로 믿을 수 있느냐는 것이다. 즉 천황은 천황대로 실제 존재했고, 천신과 지기도 실제이며 제번은 일본서기에 쓰인 대로 귀화한 사람이 맞느냐는 것이다. 그렇다면 이 삼체의 구분도 정확할 것이고 한반도에서 건너간 사람이 일본신의 후예라고 주장하는 일도 없었을 것이다.

하지만 실제로는 그렇지 않다는 것인데 이제 그걸 알아내는 방법을 보자. 하내국제번 백제조를 보면 금부련이라는 성씨가 있다.

- 금부련 : 삼선숙녜 동조. 백제국 속고대왕지후야(하내국제번백제, 월53)
- 삼선숙녜 : 백제국 속고대왕지후야(우경제번하백제, 월24)

이제 속고대왕(速古大王)이 백제의 왕인 것은 알겠는데 그런 이름의 왕이 없으므로 다른 왕을 감춘 것이 분명하다. 그래서 삼국사기에서 비슷한 왕을 찾으면 초고왕(肖古王)과 근초고왕(近肖古王)이 있다.[14]

우리는 肖를 닮았다는 의미의 '초'로 많이 발음하지만 꺼지다, 쇠퇴하다는 의미의 '소'라는 음도 가지고 있으므로 肖古王은 소고왕으로도 읽힌다. 또한 속(速)을 일본어사전에서 검색하면 그 음이 '소구'로 나오

14 速이 들어가는 왕은 없고 古가 들어가는 왕으로 고이왕이 더 있지만 글자 위치가 달라서 비교 대상에서 제외했다.

는데 '소고'와 다를 바 없는 발음이다.[15]

그래서 속고왕은 초고왕 또는 근초고왕 중 한 분이고 속고왕을 대왕이라고 했으므로 크다는 의미의 근(近)이 덧붙어져 있는 근초고왕이 된다. 그런데 마침 금부련의 주(註)를 보면 속 앞에 근이 있는 판본이 있다고 해서 속고왕이 근속고왕이 되어 근초고왕인 것을 바로 알 수 있도록 해두고 있다.

즉 신찬성씨록의 속고왕은 우리가 잘 알고 있는 백제 13대왕, 근초고왕이며 따라서 금부련과 삼선숙녜는 백제 근초고왕을 시조로 하는 성씨이다. 우경제번하 백제의 진야조라는 성씨도 백제국인 속고왕지후로 나와 있어서 역시 근초고왕을 시조로 하고 있다.

2) 요속일명과 근초고왕

2001년 12월 23일 당시 천황이었던 아키히토 천황은 68회 생일을 맞아 도쿄의 천황궁에서 "내 몸속에도 한국인의 피가 흐르고 있다.", "한국의 말(馬)문화, 문자문화, 불교문화 등이 모두 백제로부터 일본에 건너와서 일본문화를 눈부시게 꽃피워 주었다."고 말했다.[16]

천황도 인정했듯이 일본의 뿌리가 백제에 있는데 근초고왕이 격이 낮은 제번의 시조로만 되어 있을 리가 만무하다. 그래서 금부련과 같은

---

15 速의 음독이 '소쿠'인데 '이'와 '히'처럼 '쿠'와 '구'도 쉽게 변음 처리되는 발음이다. 또 野를 '노' 또는 '누'로 발음하듯이 소고와 소구도 별 차이가 없는 발음이다.

16 홍윤기 저, 한누리미디어 발간, 《일본문화사신론》 2011.7.7. 초판, p.140

성씨인 금부수를 찾아보면 다음과 같이 되어 있다.

• 금부수 : 신요속일명 12세손 물부목대련지후야(산성국천신, 풍33)

위 금부련과 금부수에서 수(首, 오비코)와 연(連, 무라지)은 진인(眞人, 마히토), 조신(朝臣, 아소미), 숙녜(宿禰, 스쿠네), 기촌(忌寸, 이미키), 신(臣, 오미)과 같이 성씨의 분류체계 중 하나이고 금부가 성씨의 이름이다. 그래서 두 성씨는 같은 성씨이고 요속일명(饒速日命)이 근초고왕이다.

윤영식 씨가 지은 백제에 의한 왜국통치 삼백년사라는 책에는 백제왕의 성씨가 '부여(扶餘)' 또는 그냥 '여(餘)'인데 '여(餘)'와 소리가 비슷할 뿐만 아니라 뜻도 통하는 '요(饒)'를 가져오고 '일(日)'은 왕을 상징하는 의미이며 '속(速)'은 속고왕에 쓰인 글자 그대로이므로 요속일명이 속고왕 곧 근초고왕이라고 했다.[17]

또한 일본 암파서점에서 발간한 일본서기 흠명기 31년 7월에 나오는 금부수대석(錦部首大石)과 관련한 주석의 "금부수는 백제계 귀화인의 성씨다. 천평신호 원년[18]에 연(連)의 성을 받았고 그 일부가 대동 2년 이전에 삼선숙네로 개성했다."는 글을 인용하면서 요속일명이 근초고왕임을 부연해서 보여주었다.[19] 금부련, 삼선숙네가 금부수에서 시작했

17 神饒速日命의 神(카무)는 命과 함께 존칭이다. 饒는 수식어이며 日은 왕이라는 표현이므로 神饒速日命은 速王이다.

18 천평신호는 칭덕천황 시기의 첫 번째 연호로 원년은 서기 765년이다.

으므로 세 성씨는 시조가 같은 사람이어야 하고 근초고왕이 될 수밖에 없다.

이렇게 해서 근초고왕이 요속일명이라는 이름으로 산성국 천신에 등재되어 있는 것이다. 다만, 그냥 신찬성씨록의 개개 성씨만을 보는 사람은 이를 절대 알아차릴 수가 없다.

다음 요속일명을 카무니기하야히노미코토로 읽고 속일은 하야히인데 왜 이렇게 읽을까 하는 것이다. 마침 구사기 국조본기를 보면 하도국조(下道國造)로 도건별(稻建別)이 있어서 이나타케와케로 읽는데 일본서기 응신천황 22년조를 보면 하도신(下道臣)의 조 도속별(稻速別)을 이나하야와케로 읽는다.

도건별과 도속별은 하도국조와 하도신의 조로 같은 사람이어서 타케와 하야는 같은 의미임을 알 수 있다. 타케의 무(武)는 굳세다, 용맹하다, 맹렬하다, 군사를 지휘하다는 뜻인데 많은 군사로 전쟁에서 싸우는 것을 의미하고 히는 해이고 왕을 의미한다. 따라서 타케히는 많은 군사로 맹렬히 싸울 수 있는 왕, 대왕을 의미하고 하야히도 같은 의미이다.

3) 천족언국압인명과 근초고왕

이제 황별에서 근초고왕을 찾아보자. 일본서기 신무 즉위 전 무오년 12월조를 보면 장수언이 요속일명을 임금으로 모신다는 구절이 있

---

19 윤영식 저《백제에 의한 왜국통치 삼백년사》도서출판 청암, p.21

고 요속일명이 물부(物部)씨의 원조라고 했다. 이를 신찬성씨록에서 찾아보면 다음과 같다.

- 물부 : 요속일명 6세손 이향아색웅명지후야(화천국천신, 풍69)
- 물부 : 포류숙녜 동조. 천족언국압인명지후야(화천국황별, 조69)
- 포류숙녜 : 시본조신 동조. 천족언국압인명 7세손 미병도대사주명지후야(대화국황별, 조51)
- 시하조신 : 대춘일조신 동조. 천족언국압인명지후야(대화국황별, 조51)
- 대춘일조신 : 출자 효소천황 황자 천대언국압인명야(좌경황별하, 조20)

※ 시본과 시하는 카키모토로 읽어서 발음이 같음[20]

일단 물부라는 2개 성씨를 보면 천신인 요속일명이 황별인 천족언국압인명과 연결되어 있다. 그래서 요속일명은 근초고왕이 신별일 때 이름이고 황별에는 천족언국압인명으로 등재되어 있음을 알 수 있다. 천족언국압인명과 천대언국압인명은 글자가 하나 다르지만 둘 다 아메타라시히코쿠니오시히토노미코토로 읽어서 같은 이름이다.

성씨를 보면 물부가 포류숙녜로 다시 시본조신으로 연결되고 시본조신과 동일한 시하조신을 거쳐서 대춘일조신으로 연결되어 있어서 같은 시조의 성씨들이다. 물론 포류숙녜는 근초고왕인 천족언국압인명

20 시하조신의 부가 설명에 민달천황 때 대문에 감나무가 있어서 시본이라는 성을 내려주었다고 되어 있다.

의 7세손인 미병도대사주명이 시조인데 제2장 왕인과 언모진명 항목에서 살펴보겠지만 미병도대사주명은 근구수왕이어서 대동소이하고 한반도 출신인 것은 변함이 없다.

또한 근초고왕이 효소천황의 아들로 되어 있는데 이는 일본서기에 그렇게 나와 있기 때문이며 이미 우리는 그럴 리 없다는 것을 알고 있다.

이렇게 제번부터 신별, 황별에 이르기까지 신찬성씨록에서 근초고왕이 백제국 속고왕, 요속일명, 천족언국압인명이라는 이름으로 얼굴을 바꾸며 실려 있는 것을 살펴보았다.

이름을 바꿀 수밖에 없는 이유는 역시 시대가 다르기 때문이다. 일본서기를 보면 요속일명은 기원전 663년에 등장하고 천족언국압인명은 기원전 446년 이후에 태어난 것으로 되어 있다. 그러니 둘을 같은 이름으로 할 수 없었던 것이다.

그리고 백제 속고왕이라고 하면 더 빨리 실제 사항을 알아차리기 때문에 최대한 은폐하면서, 즉 근초고왕을 숨기고 숨겨서 쉽사리 알아차릴 수 없도록 만든 것이 일본서기와 신찬성씨록, 이외의 다른 고대 서적인 것이다.

5. 성씨와 관련해서 유의할 점

본서를 읽다 보면 느끼겠지만 성씨의 시조와 관련해서는 상식 밖의 결론이 나올 때가 있으므로 마음을 열어두어야 한다. 필자도 처음에는 믿기 어려운 결과에 반신반의할 때가 있었는데 나중에는 그럴 수밖에 없었다는 것을 인식하게 되었다.

대표적인 경우로 성씨록의 시조를 실존 인물로 밝혀내면 A 몇 대손 B 라고 했을 때 반드시 B가 A의 후손은 아니다. A와 B가 동일인물일 수도 있고 A가 B보다 후대의 인물일 수도 있다.

신대기부터 인대기에 이르기까지 수많은 인물의 계보를 만들다 보니 동일한 사람의 이름을 달리해 반복해서 삽입했는데 실존 인물의 수는 워낙 적고 가공인물은 수없이 많다 보니 A를 선대, B를 후대로 해서 정확하게 가공인물을 창조하는 것은 불가능했던 것이다.

또한 한 성씨에 부자간인 실존 인물이 시조로 되는 경우도 허다하다. 한 성씨의 시조가 한 사람만 있어야 하지만 아버지의 성씨를 아들이 쓰면서 둘 다 같은 성씨의 시조로 되어 있는 것이다. 성씨의 시조가 모두 실존 인물이면 완벽하게 정리할 수 있겠지만 수많은 가공인물을 만들다 보니 잘못된 경우가 아니면 그냥 둔 것이다.

어쩌면 위의 두 사례는 성씨록의 시조를 실존 인물로 비정하는 데 방해가 되게끔 의도적으로 그렇게 한 것일 수도 있다. 너무 비상식적이라서 설마 그럴까 하고 오히려 의구심을 가지면 연구가 다른 방향으로 갈 수 있는 것이다. 그래서 열린 마음으로 읽어달라고 당부하고 싶다.

한 가지 더 정말 당부하고 싶은 것은 성씨의 시조를 실존 인물로 밝혔다고 해서 그 이름이 사용된 고사기나 일본서기의 그 장면에 바로 존재했다는 것은 아니라는 점이다. 가령 A라는 인물이 같은 성씨의 시조로서 고사기나 일본서기의 여러 부분에 기록되어 있다고 할 때 그 기록된 장면이 모두 실존 인물 A의 활약상이 아닐 수도 있다는 것이다.

실제 일어난 일을 적은 것으로 보이지만 실존 인물 A가 존재했던 시대와는 격차가 많이 벌어진 경우 고사기나 일본서기에는 A의 활약으로 기록되어 있지만 A의 후손이 활약하는 장면일 가능성이 농후하다는 것이며 필자가 봤을 때도 그렇게 해석할 수 있는 부분들이 존재한다.

하지만 본서는 고사기, 일본서기 등 일본의 고대 서적에 나타나는 인물들이 한반도에서 건너간 사람들이라는 것을 밝히는 것이지 고사기나 일본서기의 내용을 해석하는 책은 아니다.

일본 고대 서적의 내용을 해석하는 것은 별도의 작업을 필요로 하며 우리나라, 또 중국의 역사책과 비교를 거쳐 본래의 사실을 밝혀야 하는 것이므로 본서의 범위를 벗어나는 것이다.

성씨의 시조로 나타난 인물들의 실체를 밝힌 다음 그에 따라 도달할 수 있는 결론에 대해서는 마지막 장에서 일부 설명하겠지만 고사기나 일본서기의 세밀한 해석은 역사에 뜻을 둔 진정한 인물을 기다릴 따름이다.

다만 본서를 포함해 추가로 발간될 책들은 일본서기 천황과 임나일본부의 허구를 밝히는 책으로서 한일고대사에 밀접하게 연관되어 있는 부분에 대해서는 추가로 증명하고자 하는데 신공황후가 정벌한 신라의 위치와 의미, 실제로 일어난 일을 적은 신공황후기 후대 기사에 대한 해석, 또 임나라는 나라의 실체와 임나일본부의 허구에 대해서는 별도의 책에서 다루고자 한다.

제2장

신찬성씨록의 실존 인물

(황별)

신찬성씨록 제1질(鳥)은 황별로 분류된 성씨로서 천황과 그 후손들의 성씨이니만큼 고대 일본을 대표하는 성씨라고 할 수 있다. 아마 지금도 후손들은 자신들이 고대 천황의 후손이라고 자랑스러워할 것이다. 하지만 실상은 그렇지 않다는 것인데 이제 고대 천황과 후손의 실체를 성씨를 통해 알아보자.

1. 시조로 분류된 인물

신찬성씨록 제1질(鳥)에는 335개의 성씨가 실려 있어서 335명의 시조가 있다. 얼핏 보기에는 많은 것 같지만 신무천황이 등극한 기원전 660년부터 신찬성씨록이 편찬된 815년까지 1475년 동안 수많은 천황의 등극과 자손의 번성을 생각하면 적어도 너무 적은 숫자이다.

성씨를 살피는 것은 고대 인물의 정체를 밝히기 위함이고 개수를 살피는 것은 성씨의 시조를 파악해 실존 인물의 수를 알아내기 위한 것이다. 그런데 성씨의 개수가 적으면 실존 인물의 수도 적어지고 자연히 고대 일본을 다스렸다는 수많은 천황의 존재에 대해 의구심을 갖게 되는 것이다.

그뿐만 아니라 335개 성씨라는 적은 숫자조차 더 축소되어야 하는 문제가 있다. 한 인물이 여러 성씨를 가진 경우가 많아서 성씨가 아닌 실제 인물의 숫자는 확연히 줄어들고 만다.

제1질에 수록된 성씨에서 시조로 표현된 인물을 살펴본 것이 표2)인데 인물의 숫자는 76명으로 어이가 없을 정도이다.[21] 신찬성씨록이 편찬되는 차아천황 이전에 51명의 천황이 있었고 일본서기에 의하면 응신천황만 하더라도 20명의 자식을 낳았다고 했는데 76명이라는 것은 말이 되지 않는 이야기다.

사실은 이보다 더하지만 우선 표2)에서 괄호가 있는 부분을 살펴보자, 무내숙네와 건내숙네가 한자이름은 다르지만 일본어 발음은 타케우찌노스쿠네여서 같은 사람이다. 대언명과 대일자명도 오호비코노미코토로 같고, 일본무존과 왜건존도 야마토타케노미코토로 같다.

성씨록의 표기가 완자는 마리코, 마려고는 마로코로 다르지만 일본암파문고에서 발행한 일본서기의 완자 발음은 마로코이므로 같은 사람이다.[22] 기성진언명과 지기도비고명은 한자가 완전히 다르지만 발음

21 A 몇 대 손 B라고 했을 때 A만 인물 수에 포함했다. A가 한반도에서 건너간 사람이면 B는 자동적으로 한반도 출신이 되기 때문이다.

은 둘 다 시키쯔히코노미코토여서 같은 사람이다.

표2) 황별 수록 인물

연번	중복 개수	수록된 인물(시조 표현 인물)	수록 인물수
합계			76
1	45	무내숙녜(건내숙녜)	1
2	33	대언명(대일자명)	1
3	30	천족언국압인명, 풍성입언명	2
4	19	언좌명	1
5	14	신팔정이명	1
6	9	백제왕	1
7	8	치순모이우왕, 언태인신명	2
8	7	난파왕, 치무언명, 언팔정이명, 언모진명	4
9	6	대대명,	1
10	5	일본무존(왜건존),	1
11	4	완자(마려고)왕, 대도여명, 예옥별왕,	3
12	3	탁석별명, 대산수명, 미병도대사주명, 신즐별명, 춘일왕, 거세웅병숙녜, 고시왕, 다기파세군, 화염왕,	9
13	2	신전부왕, 소아(종아)석전숙녜, 기성왕, 기성진언(지기도비고)명, 도배입언명, 오십일족언명, 갈성(갈목)습진언, 하도왕, 기입언명, 건풍우(무풍엽)협별명, 기각숙녜, 평군목토숙녜	12
14	1	장왕, 중왕, 제승, 어방대야, 아거내왕, 옥주인웅건저심명, 왜일향건일향팔강다명, 안세, 팔다팔대숙녜, 식률왕, 인치명, 어지별명, 강성, 식장언인대형기성명, 대탁석화거명, 대우미, 토왕, 미내숙녜, 언파렴무로자초집부합존, 식속별명, 반충별명, 오백목입언명, 도구족니, 하미혜파왕, 하양왕, 내목왕, 무엽협별명, 무파도량화기명, 사인왕, 풍공협별명, 파다시대숙녜, 광세, 신, 언협도명, 언옥주전심명, 비고유모수미명, 언국즙명,	37

22 계체천황 원년 3월조에 나오는 삼국공의 선(先) 완자황자와 선화천황 원년 3월조에 나오는 단비공, 위나공의 선 상식엽황자 일명 완자의 발음이 둘 다 마로코이다.

이제 76명에 대해 더 자세히 살펴보자. 일견 시조처럼 보이더라도 다른 사람의 자손이면 시조가 될 수 없기 때문에 76명 중에 그런 인물이 있는지 살펴봐야 하는 것이다.

효원紀[23]에 언태인신명은 무내숙네의 조부로 나오고 성씨록에도 그렇게 되어 있다. 그래서 무내숙네는 언태인신명의 아래로 들어가야 한다. 다만, 무내숙네가 가진 성씨가 제일 많아서 고대 일본사에서 가장 주된 인물로 보인다.

옥주인웅건저심명(야누시오시오타케이고로노미코토)은 경행紀에 무내숙네의 아버지 옥주인남무웅심명(야누시오시오타케오코코로노미코토), 일명 무저심(타케루코코로)[24]이므로 역시 언태인신명 아래로 들어가야 한다.

언팔정이명은 신팔정이명의 아들이어서 역시 그 아래로 들어가야 하고, 언모진명은 천족언국압인명의 아들로, 언국즙명은 3 내지 4세손[25]으로, 미병도대사주명은 6 내지 7세손으로 나오므로 모두 천족언국압인명 아래로 들어가야 한다.

대도여명은 대언명의 아들, 언옥주전심명은 그의 손자로 나온다. 소아석전숙네는 무내숙네의 4세손, 갈성(갈목)습진언과 기각숙네, 평군

---

23 앞으로 일본서기는 紀로 표현한다. 예로 응신紀는 일본서기의 응신천황 기록, 중애紀는 중애천황 기록을 말한다.

24 일본 암파문고에서 발행한 일본서기(2014년 21쇄)의 주석에 옥주인남무웅신명을 언태인신명의 아들이라 했고 무저심은 옥주인웅건저심명이라고 했다.

25 제1장 성씨 시조의 유한성에서 언모진명과 언국즙명은 같은 사람이라고 했는데 대수가 이렇게 다른 것은 역시 신찬성씨록의 한계이다.

목토숙네와 팔다팔대숙네, 도구족니와 파다시대숙네는 모두 무내숙네의 아들로 되어 있다.[26] 언협도명은 풍성입언명의 아들, 다기파세군은 5세손이다.

우경황별하 우사공이란 성씨에서 반충별명의 다른 이름이 신즐별명이라고 했으므로 둘은 같은 사람이다. 대탁석화거명(오호누테시와케노미코토)의 오호는 크다는 수식어로서 이름이 탁석별명(누테시와케노미코토)과 같다.

무엽협별병과 무파도량하기명도 타케하즈라와케노미코토로 같다. 풍공협별명(토요하즈라와케노미코토)의 토요는 풍요롭다는 뜻이며 강하다는 의미의 타케와 같은 수식어여서 같은 이름이다. 이 세 이름은 건풍우협별명(타케토요하즈라와케노미코토)과 다를 바 없다.

이렇게 되면 76명이 다시 55명으로 줄어든다. 335개 성씨의 335명이 55명, 16%밖에 되지 않는 숫자로 줄었지만 이것은 시작일 뿐이다. 이제 이 인물들이 실제로 누군지 알아보자.

2. 천어중주존과 근초고왕

천족언국압인명과 요속일명이 근초고왕인 것을 알고 있는데 고사

---

26 도구족니는 쯔쿠노스쿠네로 읽는데 인덕천황 원년조에 나오는 평군신의 시조 목토숙네와 발음이 같고 목토숙네는 성씨록에 무내숙네 남(男) 평군목토숙네로 나온다. 파다시대숙네는 하타노야시로노스쿠네로 읽는데 팔다팔대숙네와 발음이 같다.

기와 일본서기가 신대기부터 시작하므로 편의상 도입부를 조금 살펴본 다음 황별의 인물을 알아보자.

일본서기에 의하면 태초에 가장 먼저 생겨난 신인 국상입존을 비롯해 신대기의 맨 처음에 여러 신들이 탄생하는데 이 신들의 정체를 알아야 이야기의 시작점을 알 수 있다.

신대紀 제1단에는 국상입존을 비롯해 국협퇴존, 풍짐순존이 탄생한다. 일서1에는 국상입존과 별명 국저입존, 국협퇴존과 별명 국협입존, 풍국주존이 나온다. 그리고 풍국주존의 별명으로 풍조야존, 풍향절야존, 부경야풍매존, 풍국야존, 풍설야존, 엽목국야존, 견야존 등을 병기하고 있다.

일서2에는 가미위아언구존과 국상입존, 국협퇴존의 세 신, 일서3에는 가미위아언구존과 국저입존이 탄생한다. 일서4에는 국상입존, 국협퇴존의 탄생과 함께 고천원에 생긴 신으로 천어중주존, 고황산영존, 신황산영존이 있다. 일서5에는 국상입존, 일서6에는 천상입존과 가미위아언구존, 국상입존이 기록되어 있다.

너무 많은 이름이 한꺼번에 쏟아져 나와서 갈피를 잡기 어려운데 이 이름들은 기억할 필요는 없고 그냥 어떤 인물인지 따라가 보자. 성씨록을 보면 관련된 인물이 나온다.

- 복부련 : 천어중주명 11세손 천어모명지후야(대화국천신, 풍41)
- 복부련 : 선지속일명지후야(하내국천신, 풍62)
- 복부련 : 선지속일명 12세손 마라숙녜지후야(섭진국천신, 풍52)

천어모명(天御梓命, 아메노미호코노미코토)은 고사기 응신천황기에 나오는 신라왕자 천지일모(天之日矛, 아메노히보코)와 동일한 사람이다. 호코와 보코의 호와 보는 청음과 탁음으로 구분되는 발음인데 음이 쉽게 바뀌지는 소리이다.[27]

미(御)는 다스린다는 의미여서 왕과 연관되고 히(日)도 왕과 연관되는 글자이므로 같은 의미로 보아서 천어모명은 천지일모와 동일한 인물이고 천지일모는 일본서기의 신라왕자 천일창으로서 제3장 소잔오존과 소나라 항목에서 무내숙네로 밝혀진다.

또한 대화국천신에 유부대취(풍42[28])라는 성씨가 있는데 시조가 천삼수명 8세손 의부마라로 되어 있고 선지속일명 12세손 마라숙네와 동일인물이다. 의부는 오호로 읽어서 크다는 수식어이고 숙네는 성씨의 등급과 비슷한 표현으로서 이름만은 마라로 같다.

복부련이라는 같은 성씨의 시조이므로 의부마라와 마라숙네는 천어모명과 같은 인물이다. 그래서 의부마라와 마라숙네가 천지일모이고 무내숙네가 된다. 대수가 1대 차이가 있기는 하지만[29] 복부련이라는 같

---

27 호(ho)는 ほ, 보(bo)는 ぼ로 표기하는데 호를 울림소리로 하면 보가 된다. 그래서 호와 보처럼 청음과 탁음으로 연결되는 소리는 고대 인물의 발음에서 그 발음의 차이만으로 다른 사람으로 비정하기는 힘들므로 같은 인물로 간주한다.

28 유부대취라는 성씨가 정정신찬성씨록 제2질인 풍(風) 42페이지에 수록되어 있다는 표현이다. 이하 같다.

29 제1장에서 본 진속혼명과 천아옥근명, 뢰대신의 경우처럼 신찬성씨록에서 대수는 중요하지 않다. 실존 인물이라면 대수가 아주 중요하겠지만 어차피 가공인물들이고 대개 일본서기에서 인용된 시간차이만큼의 대수를 어림잡아 정한 것이기 때문에 교정을 했다고 하는 정정신찬성씨록에서도 대수가 들쭉날쭉하다.

은 성씨 안에서 무내숙네라는 동일한 실존 인물의 선조로 천어중주존[30]과 선지속일명이 있기 때문에 이 둘은 동격으로 동일한 인물이다.

선지속일은 히노하야히로 읽는데 하야히는 요속일명의 속일로 읽히는 하야히로서 근초고왕을 나타내는 이름이다. 히노 하야히는 해의 하야히, 해나라의 하야히라는 뜻이고 해나라의 대왕이라는 의미여서 백제가 해나라를 강조했다고 볼 수 있다.

선지속일명이 근초고왕이므로 천어중주명도 근초고왕이 된다. 또 구사기 신대본기에 천어중주존의 별명을 천상입존으로 적고 있어서 천상입존도 근초고왕이다. 천상입존의 천과 국상입존의 국은 하늘, 나라라는 의미의 수식어로 이름은 토코타찌로 같아서 국상입존도 근초고왕이다.

국상입존의 별명이 국저입존이어서 국저입존도 근초고왕이다. 구사기에는 국상입존의 별명이 국협입존, 국협퇴존, 엽목국존으로 나와서 이들은 모두 근초고왕이다. 엽목국존은 풍국주존의 별명 엽목국야존과 같은 이름[31]이므로 풍조야존, 풍향절야존, 부경야풍매존, 풍국야존, 풍설야존, 견야존까지 모두 근초고왕이다. 구사기에 풍국주존의 별명이 풍짐순존이어서 그도 근초고왕이다.

이렇게 모두 근초고왕이고 가미위아언구존과 고황산영존, 신황산영존만이 남는다. 태초의 신이 근초고왕에서 출발했으므로 고사기나

30 일본서기의 처음에 명과 존은 둘 다 미코토로 읽어서 같다고 되어 있다.

31 야(野)의 발음은 노 또는 누인데 연결음이어서 굳이 표현하자면 엽목국의 존이 된다.

일본서기의 내용이 근초고왕 이후의 일을 적은 것임을 알 수 있다.

고황산영존(高皇産靈尊)과 신황산영존(神皇産靈尊)은 한자 그대로 보면 고귀한 천황을 낳은 영험한 존재, 신과 천황을 낳은 영험한 존재로 해석되는데 실제 성씨록에 등장하기 때문에 실존 인물이면서 최초의 인물이 되기 때문에 근초고왕이 된다.

가미위아언구존(可美葦牙彦舅尊)의 가미는 아름답다는 뜻으로 주석[32]이 되어 있고 위의 많은 신들이 본래 갈대 싹이 변해서 탄생했으므로 아름다운 갈대 싹에서 태어난 점잖은 어른 신이라는 정도로 해석되는데 역시 근초고왕을 말한다.

이런 신들의 탄생에 이어 다시 세 쌍의 신이 탄생한 후 이장낙존과 이장염존이 탄생해 국토를 생성하고 만물을 만든다. 신대紀 제5단 일서6에 보면 무옹퇴신의 조상으로 옹속일신이 나오는데 속일을 하야히로 읽어서 선지속일명처럼 근초고왕이고 다음에 태어난 한속일신도 역시 근초고왕이다.

이후 이장낙존과 이장염존이 천하를 다스릴 주인을 낳자고 해서 일신인 천조대신과 월신인 월궁존, 그리고 소잔오존을 탄생시킨다. 이 때부터 만물의 시작이었던 근초고왕은 뒤로 물러나고 일신과 월신인 근구수왕, 그리고 소잔오존인 무내숙네[33]의 이야기가 신대기와 인대기

---

32 일본 암파문고에서 발행한 일본서기의 주석이다.

33 일신이 근구수왕인 것은 아래 천조대신 항목에서, 월신이 근구수왕인 것은 궁월왕과 윤공천황 항목에서, 소잔오존이 무내숙네인 것은 제3장 소잔오존과 소나라 항목에서 밝히고 있다.

에서 펼쳐지는데 황별부터 확인해 보자.

3. 언태인신명과 무내숙네(건내숙네)

가. 언태인신명과 미내숙네

효원紀를 보면 언태인신명이 무내숙네의 조부로 나와 있고 경행紀 3년(73)조에는 옥주인남무웅심명(일명 무저심)이 백원에 가서 9년을 지내는 동안 기직(紀直)의 원조 토도언의 딸 영원에 장가들어 무내숙네를 낳았다고 되어 있다.

이후 경행 25년부터 활약이 보이는 무내숙네는 경행과 성무 기간에 대신을 지냈으며 성무천황과 같은 날에 태어나 특히 총애했다는 구절이 있다. 중애천황이 재위 9년에 죽자 그 사실을 감추고 시신을 수습했으며 그 다음해 군사를 거느리고 인능왕을 물리쳐 신공황후가 섭정을 시작하도록 도왔다.

마지막으로 보이는 기사는 응신 9년(278)인데 동생 감미내숙네가 축자에 간 그를 음해하자 뜨거운 물에 손을 넣는 내기를 해 이겼는데 천황이 동생을 석방해 기직(紀直)의 조로 봉했다는 내용이다.

우선 73년부터 278년까지는 206년이고 마지막이 죽었다는 기사도 아니기 때문에 200살을 넘게 살았다는 것인데 이것이 현실적이라고 믿는 사람은 없으리라 생각한다. 또 장인인 토도언이 동생 감미내숙네가 같은 기직의 원조와 조로 되어 있어서 같은 인물이 되는데 이런 말도 안 되는 이야기가 이어지는 것이 일본서기이다.

감미내숙녜는 주석[34]에 고사기 효원천황기에 나오는 비고포도압지신명의 아들 미사내숙녜와 동일인으로 되어 있다. 고사기의 미사내숙녜는 산대(山代, 야마시로)의 내신(內臣)의 조로 되어 있는데 성씨록 대화국 황별 내신(조49)의 시조는 언태인신명이어서 같은 인물이다. 대화국황별 산공(조50)이 내신과 동조로 되어 있어서 시조 미내숙녜가 언태인신명과 동일인물이고 미사내숙녜, 감미내숙녜와도 동일하다.

고사기에는 무내숙녜가 건내숙녜로 나온다. 둘 다 타케우찌노스쿠네로 읽어서 이름이 같다. 부(父)가 비고포도압지신명인데 일본서기에서 조부로 나온 언태인신명과 발음이 같은 동일인물이다.[35] 그렇다면 일본서기에는 조부이고 고사기에는 부가 되어 혈통이 맞지 않다.

일본서기를 보면 감미내숙녜가 무내숙녜의 동생인데 위에서 본 것처럼 무내숙녜의 조부인 언태인신명과 동일인이 되는 등 마구잡이로 혈통이 섞여 있는데 여러 이명을 지어서 대수를 늘리다 보니 바르게 정리를 할 수 없는 것이다. 이렇게 맞지도 않는 혈통을 줄줄이 이어서 늘어놓은 것이 고사기와 일본서기이기 때문에 편년이 엉터리가 될 수 밖에 없다.

---

34 일본 암파문고에서 발행한 일본서기의 주석이다.

35 고사기와 암파문고 일본서기의 발음이 히코후쯔오시노마코토노미코토이다. 정정신찬성씨록에는 히코후토오시마코토노미코토로 되어 있다. 고사기에 있는 노가 없는데 연결음이기 때문에 없어도 된다. 태(太)의 일본어사전 발음은 후토인데 일본 암파문고의 일본서기의 발음이 후쯔로 나오는 것은 고사기에 맞추기 위한 것이다.

일단 비고포도압지신명의 포도(布都)와 언태인신명의 태(太)의 발음이 후쯔로 되어 있다. 신대紀 제9단을 보면 위원중국[36]을 평정하기 위해 천수일명과 천치언을 보내도 소용이 없자 다시 경진주신을 보내 평정시키는데 경진의 발음이 후쯔로 되어 있어서 비고포도압지신명, 언태인신명과 동일한 인물이다.[37]

그런데 태(太)는 본래 일본어사전의 발음이 후토이므로 언태인신명의 태도 후토로 읽어야 정상이다. 그래서 성씨록을 보면 언태인신명의 태를 모두 후토로 읽었다.

후토를 쓰는 인물이 한 명 더 있는데 태옥명(太玉命)으로 고사기 이이예명조에는 포도(布刀)옥명으로 나와서 비고포도압지신명의 포도와도 연결되어 있다. 신대紀 제7단에 태옥명을 기부(忌部)의 원조라 했다.

• 재부숙녜 : 고황산영명 자 천태옥명지후야(우경천신, 풍24)

※ 기부와 재부는 이미베로 읽어서 같은 발음임

기부와 재부가 같은 성씨이고 고황산영명은 근초고왕이므로 그 아들은 근구수왕이 되어 비고포도압지신명, 언태인신명, 태옥명은 모두 근구수왕이다. 그래서 감미내숙녜, 미사내숙녜, 미내숙녜도 근구수왕

36 葦原中國. 갈대가 있는 중심국인데 중심국은 천황이 직접 다스린다는 의미이며 고대 일본을 말한다.

37 비고와 언은 히코로 읽는데 선비 같은 남자라는 수식어이고 압과 인은 오시로 읽고 위력이 강하다는 수식어이므로 포도신, 태신으로 동일하게 후쯔만 남아서 경진주신과 같은 이름이 된다.

이 된다. 감미내숙네와 토도언은 같은 기직의 조이므로 토도언도 근구수왕이 된다.

한편 무내숙네, 건내숙네는 근구수왕의 아들 아니면 손자이다. 무내숙네를 낳았다는 옥주인남무웅심명은 나중에 따로 설명한다.

나. 석상포도대신과 칠지도

요속일명이 근초고왕임을 알고 있는데 구사기에 나오는 이름은 천조국조언천화명즐옥(明櫛玉)요속일존이다. 구사기에 옥과 관련된 이름이 많이 나오는데 위에서 본 천신본기의 태옥명 외에도 천명옥명이 옥작의 조, 천옥즐언명이 간인련의 조, 천즐옥명이 압현주의 조로 되어 있고 신기본기에는 즐명옥명이 옥작의 조로 되어 있다. 신대본기에 천신옥명도 있다.

이런 여러 이름은 명즐옥의 글자를 따와서 앞뒤로 글자를 바꾸거나 글자를 생략하는 수법으로 여러 가지 이름을 지어서 새로운 인물로 창조한 것인데 모두 근구수왕이다.

구사기 음양본기에 보면 건옹퇴지남신(建甕槌之男神, 타케미카쯔찌노카미)이 있는데 다른 이름이 건포도신(建布都神, 타케후쯔노카미), 풍포도신(豊布都神, 토요후쯔노카미)이라고 했다. 타케는 무력이 강한, 토요는 풍요롭다는 수식어이므로 이름은 후쯔가 되어 건포도신, 풍포도신은 비고포도압지신명과 같은 이름이다.

구사기는 이 건포도신, 풍포도신이 지금 상륙국 녹도에 있는 대신 즉 석상포도대신(石上布都大神)이라고 했는데 석상은 나라현 천리시에 있는 석상신궁을 말하는 것이고 성씨록 좌경 석상조신(풍3)의 시조가 요속일명이므로 석상은 근초고왕을 말하는 것이다.

이 신궁에는 근초고왕이 만든 칠지도가 보관되어 있다. 칠지도는 근초고왕이 만들어 근구수왕에게 준 것으로 백제 왕가의 상징인 칼이므로 그만큼 위엄이 있는 칼이다. 이 칼을 근구수왕이 받았지만 실제는 다른 인물이 들고 다니다 최종적으로 석상신궁의 근구수왕에게 돌아오게 된 것인데 이에 대해서는 제3장 십악검과 초치검 항목에서 다룬다.

아무튼 석상신궁의 제사는 포도어혼대신(布都御魂大神)에게 지내는데 이 신을 구사기에서는 석상포도대신이라고 한 것이다. 포도어혼대신, 석상포도대신은 그 이름만으로도 근구수왕이란 것을 알 수 있다.

신대紀 제9단을 다시 보면 경진주신에게 무옹퇴신(武甕槌神, 타케미카쯔찌노카미)을 딸려 보낸다. 그런데 발음을 보면 건옹퇴지남신과 동일해서 같은 인물이다. 그래서 무옹퇴신도 근구수왕이 된다. 그러면 근구수왕에게 근구수왕을 딸려 보낸 것이 되는데 이런 황당한 이야기가 끝없이 이어지는 것이 고사기, 일본서기이다.

그리고 칠지도에 대한 이야기가 신무紀 즉위전기 무오년 6월조에 나오는데 천황이 웅야의 들판에 도착했을 때 신이 독을 뿜어서 모두 잠이 들었는데 고창하의 꿈에 천조대신이 무옹뢰신(武甕雷神)[38]에게 위

38 타케미카쯔찌노카미로 읽어서 무옹퇴신과 발음이 같다. 이 역시 근구수왕이다.

원중국이 아직도 소란하다며 가서 평정하라고 하자 무옹뢰신이 직접 가지 않더라도 칼을 내려주면 평정된다고 하므로 그렇게 하겠다고 했고 고창하가 깨어보니 실제로 그 칼이 집에 있어서 천황께 바치자 잠에서 깨어나게 되었다는 것이다.

칼의 이름이 잡영(韴靈)이고 후쯔노미타마로 읽도록 되어 있는데 이는 후쯔의 영혼, 근구수왕의 영혼이라는 뜻이다.

고사기 신무기에도 같은 내용이 있는데 칼의 이름을 좌사포도(佐士布都), 옹포도(甕布都), 포도어혼(布都御魂)이라고 해서 근구수왕과 연결되어 있고 석상신궁에 있다는 구절로 칠지도임도 알 수 있게 했다.

구사기 천손본기를 보면 요속일존이 장수언의 누이를 얻어 낳은 아들이 우마지마치명인데 신무천황의 동정 시 장수언이 불복하자 우마지마치명이 그를 죽이고 귀순했으며 이에 천황이 신검을 내려주었다고 되어 있다.

이 신검의 이름이 잡영검도(韴靈劍刀)로 다른 이름이 포도주신혼도(布都主神魂刀), 좌사포도(佐士布都), 건포도(建布都), 풍포도신(豊布都神)으로 되어 있어서 역시 근구수왕과 연결되어 있음을 알 수 있다.

다. 천인수이존과 화명명, 천조대신, 천뢰신, 경경저존

신대紀 제9단을 보면 천조대신의 아들 천인수이존이 고황산영존의 딸 고번천천희와 낳은 아들이 경경저존으로 그를 황손(皇孫)이라 했으며 이 경경저존이 하늘에서 내려와 목화개야희와 낳은 아들에 화명명과 언화화출견존이 있다.

언화화출견존이 해신의 딸과 낳은 아들이 언파렴무로자초집부합존인데 노자(鸕鶿, 가마우지)의 깃털로 지붕을 얹은 집에서 태어났기 때문에 이름을 그렇게 지었고 이 부합존이 신일본반여언존을 낳았으며 그가 신무천황에 등극한다.

그래서 신무천황은 경경저존의 증손자가 되는데 엉뚱하게도 신무紀를 보면 어릴 때 이름이 언화화출견이라고 해서 조부와 동일인으로 되어 있으며 경경저존의 아들 격으로 되어 있다. 물론 이것은 없는 대수를 늘리기 위해 온갖 방법을 동원하다 보니 그런 것이고 일본서기의 편년은 전혀 믿을 수 없다는 것을 보여주는 사례의 하나이다.

구사기 천신본기를 보면 천인수이존이 고황산영존의 아들 사겸신의 누이동생 고번천천희와의 사이에 낳은 아들을 요속일존이라 했으며 동생을 경경저존이라고 한 구절이 있고 고황산영존이 요속일존을 자기 아들이라고도 했다.

그런데 천손본기에는 요속일존의 별명을 화명존, 담저기단저수명이라 했으며 천조대신의 아들 천인수이존이 고황산영존의 딸 고번천천희를 맞아 낳은 아들로 그를 천손(天孫) 또 황손이라 한다고 했다.

이처럼 구사기도 요속일존이 동생 경경저존의 아들 화명명과 동일인이라 했고 고황산영존은 외손자인 요속일존을 자기 아들이라고 하는 등 종잡을 수 없는 것은 일본서기와 마찬가지다.

이제 이들이 누군지 살펴보자. 천인수이존의 원래 이름은 정재오승승속일천인수이존으로 속일이 들어 있어서 근초고왕임을 바로 알 수 있지만 다시 확인해 보자. 신대紀 제9단 일서6에는 천인수이존을 천인수근존이라 했고 천인수근존은 성씨록 좌경지기 궁삭숙녜에 나오는 천압수근존과 아마노오시호네노미코토로 발음이 같아서 동일인물이며 석상조신으로 연결되어 근초고왕인 것을 알 수 있다.

- 궁삭숙녜 : 출자 천압수근존 세어수시 수중화생신 이기도마려야[39] (좌경지기, 풍18)
- 궁삭숙녜 : 석상 동조(좌경천신, 풍4)
- 석상조신 : 신요속일명지후야(좌경천신, 풍3)

구사기 천손본기에는 천조국조언천화명즐옥요속일존의 별명으로 천화명명, 천조국조언천화명존, 요속일명, 담저기단저수명을 들고 있다. 요속일존은 요속일명과 동일한 이름이고 화명명과 담저기단저수명도 요속일명의 별명으로 나와 있으므로 역시 근초고왕이다.

천조대신(天照大神)은 천조태신(天照太神)이라고도 하는데 하늘을 비추는 큰 신이라는 의미이며 일신(日神)의 별명이다.[40] 신무紀 즉위전기 무오년조를 보면 대반씨의 원조 일신명(日臣命)이 대래목(大來目)을 거느리고 두팔지조를 따라 길을 잘 인도해서 도신(道臣)이란 이름을 주었다[41]

---

39 천압수근존이 손을 씻을 때 그 물에서 생겨난 신(神), 이기도마려라는 뜻이다. 이기도마려는 제3장에서 근구수왕으로 밝혀진다.

40 일본서기 신대기 제5단에 일신의 별명으로 대일영귀, 천조대신, 천조대일영존을 들고 있다.

41 신무천황에 관한 기록이므로 일신에게 도신이란 이름을 내려준 주체는 신무천황이다.

고 되어 있다.

신대紀 제9단 일서4와 고사기 이이예명조를 보면 대반련의 시조로 천인일명(天忍日命)이 나오는데 천은 하늘에 있다는 수식어, 인은 오시로 읽고 위력이 강하다는 수식어이므로 원래 이름은 일명이 되어 일신과 같은 인물임을 알 수 있다.

- 대반숙녜 : 고황산영명 5세손 천압일명지후야(좌경천신, 풍9)
- 좌백숙녜 : 대반숙녜 동조. 도신명 7세손 실옥대련공지후야(좌경천신, 풍9)
- 좌백수 : 천압일명 11세손 대반실옥대련공지후야(하내국천신, 풍58)
- 좌백조 : 천뢰신 손 천압인명지후야(우경천신, 풍22)

천인일명과 천압일명은 둘 다 아메오시히노미코토로 읽어서 같은 인물이다. 그런데 성씨록은 천압일명이 고황산영명의 5세손으로 되어 있지만 구사기 신대본기에는 천인일명이 고황산영존의 아들로 되어 있어서 근초고왕의 아들인 근구수왕임을 알 수 있다.

천인일명과 천압일명이 근구수왕이므로 수식어를 뺀 이름인 일명과 같은 일신도 근구수왕이 되고 일신의 별명인 천조대신, 천조태신도 근구수왕이 된다. 또 일신에게 도신이란 이름을 내려주었으므로 도신도 일신과 같은 근구수왕이다.

천뢰신의 손 천압인명은 아메오시비토노미코토로 읽는데 다른 용례가 없고 천압일명과 닮은 이름이므로 동일인으로 본다. 따라서 근구수왕이다.

성씨록에서 뢰(雷)는 이카쯔찌 또는 이카쯔로 읽는데 무옹뢰신의 뢰(雷)와 같다. 무옹뢰신의 무는 역시 수식어이고 옹뢰를 미카쯔지로 읽어서 이카쯔찌와 발음이 닿아 있으므로 천뢰신은 무옹뢰신과 동일 인물로 보며 근구수왕이다. 무옹뢰신이 근구수왕인 것은 앞서 석상포도대신과 칠지도 항목에서 설명한 바 있다. 그러면 좌백조 성씨의 시조는 근구수왕의 손자 근구수왕이 되는데 역시 이명을 만들어 시대를 이어가다 보니 생기는 일이다.

신대紀 제9단을 보면 경경저존이 하늘에서 축자, 지금은 큐슈의 일향에 있는 고천수봉으로 내려오는 것으로 되어 있는데 풍토기일문의 산성국조를 보면 일향의 증산에 내려오는 신이 하무건각신명으로 되어 있다.

하무건각신명은 풍토기 주석에 성씨록의 압무진신명, 구사기의 압적명이라고 했는데 조금 뒤 보게 될 두팔지조와 압건진신명 항목에서 압무진신명과 같은 이름인 압건진신명이 근구수왕임을 밝히고 있다. 따라서 압무진신명과 압적명, 하무건각신명, 경경저존까지 모두 근구수왕이 된다.

라. 신무천황과 무내숙녜

고사기 신무천황기를 보면 신팔정이명이 의부신, 소자부련, 판합부련, 화군, 작부신, 작부조, 미장단파신, 도전신 등의 조로 나와 있다. 작부(雀部)를 성씨록에서 보면 다음과 같다.

• 작부신 : 다조신 동조. 신팔정이명지후야(화천국황별, 조68)

• 작부조신 : 거세조신 동조. 건내숙녜지후야(좌경황별상, 조16)

• 다 조 신 : 출자 신무황자 신팔정이명지후야(좌경황별상, 조17)

• 거세조신 : 석천 동씨. 거세웅병숙녜지후야(우경황별상, 조29)

• 석천조신 : 효원천황 황자 언태인신명지후야(좌경황별상, 조14)

성씨를 보면 신팔정이명과 건내숙녜, 거세웅병숙녜가 모두 같은 사람이고 언태인신명과 동씨인데 앞서 언태인신명과 미내숙녜 항목에서 언태인신명이 근구수왕이고 건내숙녜는 언태인신명의 아들 아니면 손자라는 것을 살펴봤는데 이에 부합한다.

속일본기 효겸제 3년 2월조에 작부조신 진인이 조를 올려 거세대신을 고쳐서 작부대신으로 해달라고 하자 이를 허락하는 구절이 있다. 거기에 거세남병숙녜의 아들이 세 명 있는데 성천건일자(星川建日子, 호시카하타케히코)는 작부조신, 이도숙녜는 경부조신, 호리숙녜는 거세조신의 조상이라고 했고 거세와 작부는 같은 성이라고 했다.

또한 성씨록 좌경황별상 작부조신(조16)에 대한 추가 설명을 보면 성하건언숙녜(星河建彦宿禰, 호시카하타케히코노미코토)가 응신천황 시절에 황태자 대초료존을 위해 음식 수발을 해서 대작신(大雀臣)의 성을 주었다고 나온다.

성천건일자와 성하건언숙녜는 일본어 발음이 같은 동일인이고 속일본기에서 성천건일자가 작부조신의 시조인데 성씨록에서는 작부조신의 시조가 건내숙녜이므로 성천건일자, 성하건언숙녜, 건내숙녜는 동일인물이다.

또한 작부신과 작부조신도 같은 성씨이므로 신팔정이명과 건내숙네도 같은 인물이 될 수밖에 없다. 거세남병숙네와 거세웅병숙네도 같은 이름인데[42] 성천건일자의 부로 되어 있지만 성씨록에는 그렇지 않으므로 거세웅병숙네도 건내숙네, 신팔정이명과 같은 인물이다.

고사기 효원천황기에 건내숙네의 아들로 나오는 허세소병숙네(許勢小柄宿禰)도 거세웅병숙네와 동일한 발음일 뿐만 아니라 허세신, 작부신, 경부신의 조라고 했으므로 역시 무내숙네이다.

한편 성씨록에 왜 성하건언숙네를 부가해 적었을지 살펴보면 이 성하, 성천이 또 다른 인물에게로 연결되어 있다.

• 성천조신 : 석천조신 동조. 무내숙네지후야(대화국황별, 조49)

성천(星川)은 성하(星河)의 호시카하와 발음이 같고 시조가 무내숙네인데 이는 일본서기에 나오는 이름이고 고사기에는 건내숙녜로 나오며 동일인물이다.

---

42 코세노오카라노스쿠네로 발음이 같다. 다만 남(男)은 오(お), 웅(雄)은 오(を)로 발음 길이의 차이가 있는데 다른 인물이라고 하기는 그 차이가 너무 미미하다. 고사기 효원천황기를 보면 건내숙네의 아들인 허세소병숙네가 나오는데 허세신, 작부신, 경부신의 시조로 되어 있다. 거세웅병숙네와 같은 발음이고 작부신의 시조이므로 신팔정이명, 건내숙네와 동일인물이다. 허세와 거세는 코세로 같은 발음이고 허세소병숙네라는 한 사람이 거세신, 작부신, 경부신의 시조이므로 속일본기의 성천건일자, 이도숙네, 호리숙네는 모두 허세소병숙네이다. 따라서 거세남병숙네도 이야기를 꾸리기 위해 지어낸 인물이지 실존 인물이 아니며 건내숙네와 동일인물이다. 고사기, 일본서기, 성씨록 등을 살펴보면 건내숙네의 아버지나 아들로 되어 있는 인물이 건내숙네 본인인 경우가 대부분이다.

고사기 효원천황기를 보면 파다팔대숙네(波多八代宿禰)가 파다신, 임신, 파미신, 성천신(星川臣), 담해신, 장곡부군의 조로 나오는데 성천이란 성씨로 연결되어 파다팔대숙네도 무내숙네와 동일인물이다. 파다팔대숙네, 팔다팔대숙네, 파다시대숙네는 모두 하타노야시로노스쿠네로 읽어서 같은 인물이다.

그러고 보면 성천과 관련된 성씨가 무내숙네와 건내숙네라는 동일한 인물을 이어주는 역할을 하고 있는데 작부조신의 추가설명에 건내숙네 대신 성하건언숙네라고 적은 이유가 이 때문인 것이다.

그런데 다조신 성씨를 보면 신무황자 신팔정이명으로 되어 있어서 'A 천황 황자 B'가 아닌 'A 황자 B'로 표현되어 있다. 이에 대해서 백제에 의한 왜국통치 삼백년사는 'A 천황 황자 B'라는 표현은 'A 천황의 아들 B'이고 'A 황자 B'는 'A 천황이 바로 B'라고 명기하고 있는데[43] 본서도 이에 따른다.

그러므로 신무천황은 신팔정이명이 되며 바로 무내숙네이다. 무내숙네는 일본서기에는 근초고왕의 손자로, 고사기에는 아들로 되어 있다. 아들인지 손자인지를 살펴보면 구사기 황손본기에 경경저존의 증

43 윤영식 저, 백제에 의한 왜국통치 삼백년사, 도서출판 청암, p.47 가라국의 왜지 개척 중.

위 성씨에서 작부신의 신팔정이명과 작부조신의 건내숙네는 같은 성씨의 시조이므로 신팔정이명은 건내숙네이다. 다조신의 시조가 신무황자 신팔정이명인데 신무천황은 제3장 의부다다니고와 숭신천황 항목에서 다시 확인하지만 무내숙네이다. 건내숙네와 무내숙네는 같은 인물이므로 신무천황과 신팔정이명도 같은 인물이다. 결국 신무황자 신팔정이명은 신무천황인 신팔정이명이라는 표현이다.

A 황자 B라는 표현은 일종의 이정표 역할을 한다. A 천황 황자 B는 실존 인물을 찾았을 때 A 천황과 그 아들 B가 같은 인물일 수도 있고 아닐 수도 있으며 앞의 과정을 거쳐서 검토해야 하지만 A 황자 B는 검토를 거치면 확실히 A 천황이 B가 되므로 그대로 믿어도 된다는 의미이다.

손자가 반여언존으로 되어 있고 반여언존은 신무천황의 화풍시호인 '신일본반여언천황'의 반여언과 같아서 동일인물이다.

무내숙네인 신무천황이 구사기에 경경저존인 근구수왕의 후예로 되어 있으므로 근수구수왕과 형제지간이 될 수는 없다. 그러므로 신무천황이자 신팔정이명이고 건내숙네이기도 한 무내숙네는 근초고왕의 손자가 된다.

또한 건내숙네의 건(建)은 우리말 '큰'에 해당하고 일본어 발음 타케(たけ)는 장(長), 대(大)의 뜻을 갖고 있으므로 건내숙네이자 무내숙네는 근구수왕의 큰아들이 된다.

그런데 삼국사기에는 이에 대한 언급이 없다.[44] 일단 이는 일본의 고서에 따라 무내숙네가 백제 왕가에 반발해 근구수왕과 전쟁을 벌이다가 제명되었기 때문으로 짐작할 수 있는데 고사기와 일본서기의 저자들은 이 내분을 최대한 가려서 쉽게 알아채지 못하도록 세심한 주의를 기울여 적은 것으로 보인다. 한편으로 삼국사기에 없는 인물이기 때문에 근구수왕의 아들이 아닐 가능성도 존재한다.[45]

---

44 삼국사기에는 침류왕이 근구수왕의 큰아들로 되어 있다.

45 무내숙네는 일본 고대 서적의 연구결과에 의해 필연적으로 등장하는 인물이다. 근구수왕의 아들로 나타나고 본서에서도 인물 비정에 그렇게 적고 있다. 한반도에서 건너간 인물임은 확실하지만 실제로 근구수왕의 아들인지, 둘의 다툼이 내분인지에 대해서는 따로 연구가 필요하다. 제5장에서 필자의 견해를 피력했는데 앞으로 활발한 논의가 있기를 바란다.

4. 대언명

가. 대언명과 귀수왕

효원紀 7년조를 보면 대언명은 아배신, 선신, 아폐신, 협협성산군, 축자국조, 월국조, 이하신 등 모두 7개 성씨의 시조로 되어 있다. 반면 성씨록은 다음과 같다.

- 아배조신 : 효원천황황자 대언명지후야(좌경황별상, 조12)
- 아폐신 : 아배조신 동조. 대언명지후야(산성국황별, 조46)
- 아폐신 : 대언명 남 언배립대도여명지후야(우경황별상, 조34)
- 이하신 : 대도여명 남 언옥주전심명지후야(우경황별상, 조34)

성씨록 좌경황별상 고교조신(조12)을 보면 아배조신과 동조이고 대언명의 아들인 대도여명의 후예인데 추가 설명에 경행천황이 동국으로 사냥을 갔을 때 대합을 잡아서 바쳤기에 선신이란 성을 내려주었고 천무천황 때 고교조신으로 개성했다고 나와 있다. 고교조신과 관련된 성씨를 찾아보면 다음과 같다.

- 고교련 : 요속일명 12세손 소전숙녜지후야(산성국천신, 풍32)
- 고교련 : 신요속일명 7세손 대신하명지후야(우경천신, 풍19)
- 고교련 : 요속일명 14세손 이기포도대련지후야(하내국천신, 풍60)
- 고교신 : 아배조신 동조. 대언명지후야(섭진국황별, 조53)

• 선신 : 우태신 송원신 아배조신 동조 대조선신 等 幷 대언명지후야
(화천국황별, 조68)

다음 구사기 천손본기를 보면 물부건언련공이 고교련, 입야련, 도도련, 횡광련, 갈정련, 이세황비전련, 소전련 등의 조라고 나오므로 고교련이 갈정련과 시조가 같음을 알 수 있고 연관된 성씨를 찾아보면 다음과 같다.

• 갈정숙녜 : 관야조신 동조. 염군 남 미산군지후야(우경제번백제, 월23)
• 관야조신 : 백제국 도모왕 10세손 귀수왕지후야(우경제번백제, 월23)
• 궁원숙녜 : 관야조신 동조. 염군 남 지인군지후야,
一本) 백제국 도모왕 10세손 귀수왕지후야(우경제번백제, 월23)

아배신의 대언명이 고교조신의 대도여명을 거쳐 다시 갈정숙녜, 관야조신으로 해서 귀수왕(貴須王)에 이르렀는데 그가 누군지 살펴보자. 속일본기 연력 9년 7월조에 백제왕 인정, 원신, 충신 등 3명과 성이 진련인 진도가 표를 올려 관야조신을 허락받는 내용이 나오는데 자신들이 백제국 귀수왕(貴須王)에게서 나왔다고 했다. 그리고 귀수왕을 백제의 제16대 왕이라고 했으며 태조가 도모왕이라고 했다.

이어서 근초고왕이 신공황후 때 왜국에 처음 찾아왔고, 응신천황이 황전별을 시켜 백제에 가서 지식이 있는 자를 데려오도록 했는데 귀수왕이 손자 진손왕(일명 지종왕)을 보내주어 황태자의 스승으로 삼았으며,

인덕천황이 진손왕의 손자 태아랑왕을 가까이 두었고 태아랑왕의 아들이 해양군, 그의 아들이 오정군인데 3남을 두어 장자 미사, 둘째 진이, 막내 마려에게 갈정(葛井), 선(船), 진련(津連)의 성을 내려주었다고 되어 있다.

속일본기 환무천황 연력10년 4월조에도 문기촌 최제와 무생련 진상이 자기들이 한(漢) 고제의 후손으로 난(鸞)이 있고 그 후손인 왕구(王狗)가 백제에 이르렀고 구소왕(久素王) 때 천황이 문인을 초청하자 구(狗)의 자손인 왕인을 바쳤는데 문(文), 무생(武生) 등의 시조라고 나온다.[46]

이를 응신紀에서 확인해 보면 15년조에 황전별과 무별을 보내 왕인(王仁, 와니)을 불렀고 16년조에 왕인이 와서 태자 토도치랑자의 스승이 되었으며 서수(書首)의 시조라고 했다. 또한 이 해에 아화왕이 죽어서 직지왕을 보내 계승했다고 되어 있는데 이는 일본서기의 편년이라서 믿을 수 없다.

그래서 신공섭정紀를 보면 55년 백제 초고왕이 죽었다. 56년 백제 왕자 귀수(貴須)가 왕이 되었다. 64년 백제국 귀수왕이 죽어 왕자 침류왕이 왕이 되었다는 구절이 있다. 여기서 초고왕은 근초고왕, 귀수왕과 구소왕은 근구수왕임을 알 수 있다.[47] 속일본기에 근초고왕 이후에 귀수왕이 있는 것과도 일치한다.

아배신의 대언명이 고교련과 갈정숙네, 다시 관야조신으로 연결

46 이에 따르면 백제가 한(漢)에서 갈라져 나온 국가가 되는데 그럴 리는 없다. 한 고조나 난왕은 신찬성씨록에서 따온 인물인데 한반도 출신으로 밝혀진다.

되어 대언명은 백제 도모왕 또는 귀수왕이 되는데 도모왕은 백제 태조라 했으므로 상징적인 이름에 불과하고[48] 결국 대언명은 근구수왕이 된다.

또한 고교조신에서는 대도여명이 대언명과 동격으로 되어 있고 성씨록 이하신의 시조인 언옥주전심명은 효원紀 이하신의 시조가 대언명으로 되어 있어서 역시 동격이므로 대도여명과 언옥주전심명도 함께 근구수왕이다.

나. 왕인과 언모진명, 난파왕, 미병도대사주명

위에서 귀수왕의 손자 진손왕, 일명 지종왕이 왕인과 같은 사람이고 서수, 문, 무생 등의 시조로 되어 있다. 귀수왕이 근구수왕이므로 왕인은 그 후예가 되어야 하는데 그렇지 않다.

고사기 응신기를 보면 백제 조고왕(照古王)[49]이 암수 말을 아직사의 조인 아지길사(阿知吉師)[50]를 통해 헌상했고 큰 칼과 거울도 헌상했다. 또 천황이 현인을 보내달라고 하자 화이길사(和邇吉師, 와니키시)에게 논

47 삼국사기에는 근구수왕이 제14대 왕이어서 16대와는 맞지 않다. 조선상고사는 신라가 개국하기 이전에 고구려와 백제가 개국했으며 삼국사기에서 그 연대를 삭감했다고 하는데 이와 관련이 있을 수 있다. 하지만 성씨록에서 태조를 도모왕이라고 하고 근구수왕이 10세손이라고 한 것은 비교 자체가 불가하다.

48 일본서기 태초의 신이 근초고왕부터 시작하므로 그 이전의 왕은 고려 대상이 아니다. 이것은 성씨록에서도 동일하다.

49 일본서기의 초고왕으로 백제 근초고왕을 말한다.

50 성씨록에는 아지왕으로 나온다.

어 10권과 천자문 1권을 주어 함께 바쳤는데 그는 문수(文首)의 조로 나온다.

일단 서수(書首)와 문수는 의미상 하나도 다를 바 없는 성씨이다. 길사는 키시로 발음하는데 고대 우리나라의 족장 또는 왕을 부르는 호칭[51]이므로 아지길사, 화이길사는 아지왕, 화이왕이다. 또 왕인과 화이는 동일하게 와니로 발음되므로 화이길사는 왕인왕이라는 표현이다.

이 와니는 성씨로 쓰이기도 하는데 고사기에는 환이신(丸邇臣, 와니노오미), 일본서기에는 화이신(和珥臣, 와니노오미)으로 나온다. 고사기 개화천황기에 환이신의 조 일자국의기도명, 숭신천황기에 일자국부구명, 중애천황기에도 난파근자건진웅명이 있다.

일본서기에는 화이신의 조로 훨씬 많은 인물이 등장하는데 개화紀의 모진명, 효소紀의 천족언국압인명, 숭신紀와 수인紀의 언국즙, 신공섭정紀의 무진웅, 응신紀의 일촉사주, 인덕紀의 구자신과 난파근자무진웅이 있다.

51 아지길사와 화이길사의 '길사'는 『고사기』에서 'kici'로 훈독(訓讀)하고 있는데, 이는 '대군(大君)'의 뜻으로서 백제왕을 호칭하는 『주서(周書)』 백제전에서의 '건길지(鞬吉支)'의 '길지(吉支)', 『일본서기』에서의 'konikisi' 또는 'kokisi'의 'kisi'와 같은 어원어(語源語)이다. '건', 'koni', 'ko'는 '대(大)'의 뜻인 '큰'에 해당한다. 이 밖에 길사(kici)는 신라의 왕명인 거서간(居西干)의 '거서(kyesye kese)'와 신라관등의 제14급인 '길사(吉士)'와도 같은 어원어로 생각된다. 그런데 아직기와 왕인에게 붙여진 '길사'라는 호칭은 왕이라는 뜻보다는 귀인 또는 대인의 뜻으로 한정하는 것이 옳다. [네이버 지식백과] 길사[吉師] (한국민족문화대백과, 한국학중앙연구원, 2022년 3월)

백제왕을 호칭하는 건길지에서 '건'이 '큰'의 뜻이므로 백제왕은 대왕으로 불린 것이다. 길사는 신라도 왕명으로 사용했다. 그래서 처음에는 왕을 지칭했지만 의미가 버슬아치까지 점차 하락한 것으로 본다. 본서에서는 아지길사와 화이길사가 아신왕, 근구수왕으로 백제의 왕이 분명하므로 귀인, 대인이 아니라 왕으로 했다.

우선 천족언국압인명은 근초고왕인데 잠시 후 보겠지만 아지길사는 삼국사기의 아신왕으로 시대적으로 함께 할 수 없는 인물이다. 따라서 근초고왕은 이야기를 끌어가기 위한 수단으로 들어온 것이고 실질적 인물이 아니므로 제외하고 논의를 이어가자.

모진명은 섭진국황별 우속수(조56)의 시조인데 언모진명으로 나오고 천족언국압인명의 아들이다. 따라서 모진명, 언모진명은 근구수왕이다. 또한 언모진명은 히코오케쯔노미코토로 읽고[52] 고사기의 일자국의기도명은 히코쿠니오케쯔노미코토로 읽는데 쿠니는 나라라는 수식어이므로 일자국의기도명도 근구수왕이다.

일자국부구명과 언국즙명은 히코쿠니부쿠노미코토로 읽어서 동일한 이름이다. 언국즙명은 성씨록을 보면 천족언국압인명의 3세손 내지 4세손으로 되어 있다.

좌경황별하 장부(丈部, 조23)라는 성씨는 천죽언국압인명의 손자 비고의기두명을 시조로 하는데 발음이 히코오케쯔노미코토여서 언모진명과 같다. 그래서 언모진명이 천족언국압인명의 손자로 되어 있기도 하다.

하지만 이들은 모두 일본서기의 기록에 맞추어 대수를 설정하다 보니까 그런 것이고 실제로는 모두 근구수왕의 이명이다. 성씨 왕인의 시조가 모두 근구수왕으로 나오므로 왕인도 근구수왕이다. 따라서 귀

---

52 일본서기의 모진명은 하하쯔노미코토로 읽어서 다른 발음이지만 한자가 같기 때문에 동일인이다.

수왕의 손자 진손왕, 일명 지종왕이라고 한 것은 귀수왕의 손자 귀수왕이 되어 역시 대수 늘리기임을 알 수 있다.

한편 와니노오미의 시조에 무진웅, 난파근자무진웅, 난파근자건진웅명 등 또 다른 그룹이 있는데 무진웅이나 건진웅이나 다 타케후루쿠마로 읽어서 이들은 모두 동일한 이름이다. 난파근자는 난파의 근원이라는 의미인데 난파를 성씨록에서 보면 다음과 같다.

- 난파 : 난파기촌 동조. 대언명 손 파다무언명지후야(하내국황별, 조59)
- 난파기촌 : 대언명지후야(하내국황별, 조59)

- 로진인 : 출자 민달황자 난파왕야(좌경황별, 조2)
- 로숙녜 : 판상대숙녜 동조(우경제번한, 월17)
- 화이부조신 : 대춘일조신 동조. 언모진명 3세손 난파숙녜지후야 (좌경황별하, 조21)
- 화이부 : 소야조신 동조. 천족언국압인명 6세손 미병도대사주명지후야 一本) 언모진명 3세손 난파숙녜지후야(산성국황별, 조45)
- 판상대숙녜 : 후한 영제 남 연왕지후야 一本) 출자 후한 영제야(우경제번한, 월16)

난파가 성씨로 된 것은 시조가 대언명인데 그가 이미 근구수왕임을 살펴봤다. 다음은 난파를 인물로 하는 것인데 난파왕과 난파숙녜는 동일한 인물이고 근구수왕인데 같은 근구수왕인 언모진명의 3세손으로 되어 있는 것은 역시 대수를 늘린 것이다.

후한 영제의 후예라 한 것도 한반도 출신임을 가리기 위한 수작이고 성씨록의 후한 영제는 근구수왕이다. 성씨 판상대숙네가 로숙네와 동조이고 같은 성씨인 로진인의 난파왕으로 연결되어 후한 영제는 난파왕, 난파숙네이다. 또 난파가 성으로 되어 있는 난파기촌의 시조가 대언명으로 근구수왕이므로 난파왕, 난파숙네, 후한 영제는 모두 근구수왕이다.

한편 대화국황별 구미신(조52)에 천족언국압인명 5세손 대난파명이 나오는데 이는 난파왕과는 다른 인물로 제3장 대삼륜신과 대난파명 항목에서 설명하고 있다.

왕인을 성씨로 한 인물이 모두 근구수왕이고 그 성씨의 시조와 연계되는 인물도 모두 근구수왕이므로 왕인은 근구수왕이 틀림없다. 따라서 구소왕의 손자 진손왕이니, 직지왕이 등극하는 해에 왜로 왔다느니 하는 것도 일본서기나 속일본기의 역사 늘리기 수법에 불과한 것임을 다시 확인할 수 있다.

그리고 위의 성씨 로진인(조2)을 보면 민달황자 난파왕으로 되어 있어서 앞서 신무황자 신팔정이명에서 살펴본 것처럼 민달천황이 난파왕이 되고 근구수왕이 된다. 또 무진웅의 발음인 타케후루쿠마의 후루는 석상신궁이 있는 나라현 천리시의 지명인데 표기는 포류(布留)이며 성씨록에는 다음과 같이 되어 있다.

• **포류숙녜 : 시본조신 동조. 천족언국압인명 7세손 미병도대사주명지후야**

(대화국황별, 조51)

• 시하(시본)조신 : 대춘일조신 동조. 천족언국압인명지후야(대화국황별, 조51)

• 대춘일조신 : 출자 효소천황 황자 천대언국압인명야(좌경황별하, 조20)

※ 시하와 시본은 카키모토로 발음이 같음

천족언국압인명과 천대언국압인명은 발음이 같아서 둘 다 근초고왕이다. 미병도대사주명은 위에서 본 성씨 화이부에서 난파숙네와 동일인물이므로 근구수왕이다. 미병도(米餠搗)는 쌀을 찧어서 떡을 만들어 먹는다는 의미인데 고어습유에 진(秦)씨에게 주공(酒公)을 하사한 구절이 있고 이 주공은 나중에 백제왕과 주왕 항목에서 살펴보겠지만 근구수왕이다.

쌀을 찧어서 떡을 만드는 것이나 술을 빚는 것은 같은 행위여서 같은 인물에 붙여진 것이고 이 주공이 많은 비단을 바쳐서 우두마좌라고 하는 대목이 웅략紀 15년조에 나오는데 그 비단이 부드럽기가 살결 같다고 해서 떡을 만드는 쌀을 부드럽게 찧는 것과도 맥이 닿아 있다.

다음은 서수, 문수, 또 문, 무생 등의 시조로서의 왕인을 성씨록에서 살펴보자.

• 문숙네 : 출자 한 고황제 지후 난왕야(좌경제번한, 월3)

• 문기촌 : 문숙네 동조. 우이고수지후야(좌경제번한, 월3)

• 문기촌 : 판상대숙네 동조. 도하직지후야(우경제번한, 월17)

• 무생숙네 : 문숙네 동조. 왕인 손 하랑고수(一本아랑고수)지후야(좌경제번한, 월3)

• 판상대숙네 : 후한 영제 남 연왕지후야.

一本) 출자 후한 영제야(우경제번한, 월16)

한 고황제도 후한 영제와 마찬가지로 한반도 출신을 가리기 위한 것이고 하랑고수, 아랑고수가 있는데 하랑은 가라, 아랑은 아라로 읽어서 가라의 고수, 아라의 고수라는 말이 된다. 가라나 아라는 한반도에 있었으므로 하랑고수, 아랑고수는 한반도에서 온 고수라는 뜻이다.

또한 우이고수의 우(宇)는 집, 지붕, 하늘, 천하의 뜻을 가지고 있는데 여기서는 하늘 즉 한반도에서 온 고수라는 의미를 가진다.

우리는 이미 왕인이 근구수왕이라는 걸 알고 있는데 그러고 보면 한반도에서 온 고수의 고수도 구수와 크게 차이가 없는 발음으로 선택된 것이고 고수는 근구수왕이다. 그래서 한의 난왕과 후한의 연왕도 근구수왕을 지칭하는 것이 된다.

이중紀 6년조를 보면 장직(藏職)을 세우고 장부(藏部)를 정하였다는 기록이 있고 고사기 이중천황기에도 아지직에게 처음으로 장관을 임명했다는 기록이 있다. 고어습유에도 아지사주와 박사 왕인에게 재장과 내장의 출납을 관리하게 했다는 기록이 있다.

이것이 앞에서 본 재부숙네의 태옥명인데 재부(齋部)가 바로 출납을 관리하는 부서이다. 고어습유를 보면 천부명이 태옥명을 제사지내는 사당을 지었는데 지금의 안방사이고 재부씨(齋部氏)가 관리한다고 했다. 이후 신물과 궁물이 분리되어 있지 않아 장(藏)을 세우고 재장(齋藏)이라고 했으며 재부씨에 명해 영구히 그 직을 맡도록 했다고 되어 있다.

만약 왕인이 실존 인물이 틀림없다면 장관의 벼슬자리가 맞을 것이다. 하지만 왕인은 실존 인물이 아니고 태옥명과 같이 근구수왕으로 밝혀지므로 재부 내지 장관은 왜국의 주인자리를 말하는 것이지 한낱 장관 자리가 아니다.

태옥명이 근구수왕이므로 출납을 관리한 근구수왕은 왜국을 다스리는 주인, 즉 왕이었고 나중에 아지직도 왜국을 다스렸는데 아지직은 아래에 나오는 아지사주, 아지길사이다.

다. 아직기와 아지왕, 아지길사, 도하직

응신紀 20년조를 보면 왜한직의 조 아지사주(阿知使主)와 아들 도가사주(都加使主)가 무리 17현을 거느리고 내귀하였다는 구절이 있다. 내귀는 귀화와 동일한 개념이고 사주는 오미로 읽어서 성씨의 신(臣)과 발음이 같아서 진인, 숙네처럼 성씨를 구별하는 칭호이다.

고사기에도 백제 조고왕이 아직사(아찌키노후비토)의 조인 아지길사(阿知吉師)를 통해 암수 말과 큰 칼, 거울을 헌상한 내용이 있었고 앞서 길사는 키시로 발음되고 왕이라는 의미이므로 아지길사는 아지왕임을 살펴봤다.

여기서 아지사주와 아지길사는 존칭만 다를 뿐 이름이 같기 때문에 동일인이다. 또 아들 도가사주는 쯔카노오미로 읽는데 위 문기촌의 성씨 도하직의 쯔카노아타헤와 역시 동일인이다. 이들도 한반도에서 건너간 사람들이기 때문에 그 유래를 한반도에서 찾아야 할 것이다.

그래서 응신紀 15년조를 보면 백제왕이 아직기(阿直伎)를 시켜 양마

2필을 보냈고 경(輕)의 판상(坂上)의 마구간에서 기르게 했으며 아직기가 사육을 맡았다. 아직기가 경서를 읽을 줄 알아서 더 나은 사람이 있느냐고 물으니 왕인이 있다고 해서 황전별과 무별을 보내 왕인을 불렀으며 아직기는 아직기사의 시조라고 했다.

아지사주 내지 아지길사가 아직기로 바뀌었다. 그런데 응신紀 16년조에 삼국사기의 백제 아신왕을 아화왕(阿花王)이라 하고 그가 죽자 직지왕(直支王)을 보내 계승시켰으며 동한(東韓)의 땅을 주어 보냈다고 했다.

삼국사기에도 아신왕을 아방(阿芳), 전지왕을 직지(直支)라고 한다고도 했으므로 아신왕은 아화왕이고 전지왕은 직지왕임을 알 수 있다. 그러고 보면 아직기는 아화와 직지를 함께 부른 이름이고 아신왕과 전지왕을 함께 말하는 것이다.

따라서 아지사주와 아지길사는 아화왕, 아신왕만을 따로 부른 이름임을 알 수 있는데 일본서기의 도가사주는 성씨록의 도하직으로서 직지왕, 전지왕을 말하는 것이다. 아지사주는 성씨록에는 아지왕으로 나온다.

- 석점기촌 : 판상대숙네 동조 아지왕지후야(섭진국제번한, 월42)
- 회전기촌 : 석점기촌 동조 아지왕지후야(섭진국제번한, 월42)

또한 아지사주의 성씨를 왜한직이라고 했는데 성씨록에는 나오지 않는다. 다만 암파문고의 일본서기 주석에는 왜한과 동한을 같은 성씨라고 했는데 직지왕에게 동한의 땅을 주어 보냈다고 하는 것과 맥이 닿아있다. 왜한은 왜에 있는 한국 땅, 동한은 동쪽에 있는 한국 땅을 말하고 물론 그 주체는 백제이다. 고사기 응신기에도 한직(韓直)이 건너오는 구절이 있는데 주석에 왜한직, 동한직과 같은 성씨로 기록했다.

아직기가 경의 판상에서 말을 길렀다고 했는데 이 경(輕)은 효원천황이 도읍으로 경원궁(境原宮)을 지은 곳이며 웅략 10년에 새 기르는 사람을 안치시켰다고 한 경촌이기도 하다. 위치는 나라현 양원시 대경정(大輕町) 부근으로 나와 있다. 이곳을 판상이라고 한 것인데 판상대숙녜의 판상은 바로 이 지명이다.

5. 일본무존과 탁석별명, 언좌명

가. 일본무존과 탁석별명, 언좌명

일본무존(日本武尊, 야마토타케루노미코토)은 경행천황의 아들 소대존(小尊)이다. 경행紀 27년조를 보면 웅습국에 가서 괴수의 가슴을 찔렀는데 죽기 전에 누구냐고 묻자 경행천황의 아들 일본동남(日本童男)이라고 하니 용감한 사람이라며 존호를 일본무황자(日本武皇子)로 올렸는데 지금까지 일본무존이라고 높여 말하는 연유라고 했다.

경행 40년 동쪽 나라에서 폭도들이 일어나 진압을 나섰는데 많은 활약을 하지만 3년 뒤에 이세국의 웅포들판에서 죽고 그곳에 장사를 지냈는데 백조가 되어 날아가 금탄원에 머물러서 그곳에 능을 만들었고 다시 구시읍에 머물러 그곳에도 능을 만들었는데 이를 백조삼릉이라고 했다.

이후에 드디어 높이 날아서 하늘에 올라갔고 단지 의관만으로 장사를 지냈으며 공적을 기록하려고 무부(武部, 타케루베)를 정했다고 했다. 일본무존의 아들로 도의별왕이 나오는데 견상군(犬上君), 무부군(武部君)의 시조라 했다.

고사기에는 일본무존이 왜건명(倭建命)으로 나오는데 역시 아들 도의별왕이 견상군(犬上君), 건부군(建部君)의 조로 되어 있다. 하지만 성씨록에는 도의별왕이 나오지 않는다.

- 견상조신 : 출자 경행황자 일본무존야(좌경황별상, 조18)
- 건부공 : 견상조신 동조 일본무존지후야(우경황별하, 조39)

이렇게 되면 도의별왕이 일본무존이고 일본동남이며 왜건명이 되는데 성씨 견상조신이 경행황자 일본무존으로 되어 있어서 경행천황도 일본무존이 된다.

한편 고사기에는 왜건명이 동쪽 나라를 정벌하던 중 삼중촌(三重村)에 도착했을 때 내 다리가 삼중으로 구부러진 떡처럼 매우 피곤하다고 해서 삼중이라고 한다는 구절이 있고 얼마 후 세상을 떠난 것으로 되어 있다.

풍토기를 보면 번마국 하모군에 삼중리(三重里)가 있는데 한 여자가 죽순을 뽑아서 속을 먹었더니 다리를 삼중으로 구부리고 있다가 일어설 수 있어서 삼중이라는 한다고 했으며 주석에 왜건명이 다리를 삼중으로 한 것과 같다고 했다.

삼국사기를 보면 근구수왕 10년 2월에 해에 삼중으로 햇무리가 섰고 대궐 안의 큰 나무가 저절로 뽑혔으며 4월에 왕이 죽었다고 나온다. 고사기 왜건명과 근구수왕이 삼중이란 단어에서 일치하고 얼마 후 죽는 것까지 같아서 왜건명 즉 일본무존, 그리고 경행천황까지 근구수왕이다.

그리고 견상조신, 건부공과 연관된 성씨가 있는데 다음과 같다.

- 별공 : 건부공 동조(우경황별하, 조39)
- 별공 : 언좌명지후야(산성국황별, 조48)
- 화기공 : 견상조신 동조. 왜건존지후야(화천국황별, 조71)
- 화기조신 : 수인천황 황자 탁석별명지후야(우경황별하, 조37)
- 산변공 : 화기조신 동조. 대탁석화거명지후야(섭진국황별, 조56)

여러 성씨가 있는데 우선 근구수왕인 왜건존이 별공을 통해 언좌명과 연결되고, 화기조신을 통해 탁석별명과 연결되며, 산변공을 통해 대탁석화거명과 연결된다. 탁석별명은 누테시와케노미코토, 대탁석화거명은 오호누테시와케노미코토로 읽어서 같은 인물이고 언좌명까지 모두 근구수왕이다.

나. 두팔지조와 압건진신명

언좌명과 연관된 성씨로 산성국천신에 압현주(풍34)라는 성씨가 있는데 하무현주 동조로 되어 있고 부가 설명에 신무천황이 중주(中洲)[53]로 향할 때 신혼명의 손자 압건진신명이 큰 새로 변해 인솔했기 때문에 팔지조라는 이름을 내려주었다고 되어 있다.

이와 관련된 이야기가 일본서기에도 있는데 신무 즉위전기 무오년 6월조에 황군이 중주로 가려고 했으나 산이 험준해 나아갈 수 없었다. 이때 천황의 꿈에 천조대신이 나타나 두팔지조를 보내준다고 했고 과연 하늘에서 날아왔는데 천황이 까마귀가 온 것은 상서로운 꿈이 틀림이 없고 황조 천조대신이 창업을 돕고 있다고 하는 내용이다.

관련된 성씨를 보면 다음과 같다.

- 압현주 : 치전련 동조. 언좌명지후야(좌경황별하, 조29)
- 치전련 : 개화천황황자 언좌명지후야(좌경황별하, 조28)
- 압현주 : 하무현주 동조(산성국천신, 풍34)
- 하무현주 : 신혼명 손 무진지신명지후야(산성국천신, 풍34)
- 하무조신 : 대신조신 동조. 대국주신지후야(대화국지기, 풍46)

※ 압과 하무는 카모로 발음이 같음

53 왜의 본주(혼슈)를 말한다. 신무천황은 처음 큐슈에서 출발하는 것으로 되어 있다.

압현주의 부가 설명에 나오는 압건진신명이 하무현주로 오면서 무진지신명으로 바뀌었는데 압건진신명은 카모타케쯔미노미코토이고, 무진지신명은 타케쯔미노미코토이며 카모는 압(鴨), 하무(賀武)와 발음이 같아서 성을 덧붙인 것으로 같은 인물이다. 또 압과 하무의 발음이 같아서 압건진신명은 하무건진신명과도 같은 인물이다.

이 압건진신명 내지 하무건진신명, 무진지신명이 팔지조, 두팔지조이다. 신무紀 2년조를 보면 동정을 마친 후 논공행상을 할 때 두팔지조도 끼었으며 그 후예가 갈야주전현주부(葛野主殿縣主部)로 되어 있다.

일단 성씨록을 보면 압건진신명, 무진지신명, 팔지조가 모두 언좌명과 연결되어 있으므로 이들은 근구수왕이 되어야 한다. 그런데 고사기 숭신기에는 압군의 조가 의부다다니고로 나오는데 이를 추적하면 무내숙네로 이어진다.[54]

근구수왕인지 그 아들로 나오는 무내숙네인지 판단이 어려운데 마침 두팔지조의 후예가 갈야주전현주부라고 했으므로 구사기에서 찾아보면 갈야압현주의 조가 신대본기에는 천신옥명, 천신본기에는 천신혼명으로 나오는데 둘 다 아메노카무타마노미코토로 읽어서 동일인물이다. 그래서 옥(玉)은 혼(魂)과 혼용해서 사용하는 글자임을 알 수 있다.

석상신궁의 제신을 포도어혼(布都御魂)이라고 했는데 여기서 어(御)는 경칭이고 포도(布都)와 태(太)는 후쯔로 발음이 같아서 포도어혼은 태

54 제3장 의부다다니고와 숭신천황 항목에서 무내숙네와 관련된 부분을 다룬다.

혼(太魂)이 된다. 혼은 옥과 혼용되므로 혼을 옥으로 바꾸면 태옥(太玉)이 된다. 포도어혼이 태옥으로 연결되고 천신본기에 기부수의 조 천태옥명이 있고 이는 근구수왕이라고 했다.

따라서 압건진신명, 무진지신명, 팔지조가 근구수왕이 된다. 다만, 같은 압군으로 의부다다니고가 나오고 무내숙네로 이어지는 것은 근구수왕의 아들이라는 관계 때문이다. 두팔지조가 신무천황조에 나오고 신무천황이 무내숙네이기 때문에 같은 성씨를 사용한 것으로도 보인다.

위에서 본 성씨 하무조신의 시조가 대국주신인데 조금만 살펴보자. 고사기 수좌지남명의 자손조를 보면 수좌지남명(須佐之男命)[55]의 자손으로 대국주신이 있는데 다른 이름이 대혈모지신, 위원색허남신, 팔천과신, 우도지국옥신이라고 했다.

신대紀 제8단 일서1에도 소잔오존이 출운에 내려와 도전희와 낳은 아들의 5세손이 대국주신이라고 했는데 다른 이름으로 대물주신, 국작대기귀명, 위원추남, 팔천과신, 대국옥신, 현국옥신을 들고 있다. 구사기에도 대기귀신의 다른 이름으로 대국주신, 대물주신, 국조대혈모지명, 대국옥신, 현견국옥신, 위원추웅명, 팔천과신이 있다.

한편 고사기 대국주신의 주석에는 국토의 위대한 주재신이라는 의미와 함께 원래 별개의 이름이었던 대혈모지신, 위원색허남신, 팔천과신 등의 이름을 하나의 신으로 통합해 새롭게 붙인 이름이라고 했고

55 일본서기에는 소잔오존(素戔鳴尊)으로 되어 있다.

역시 암파문고의 일본서기 주석에도 대국주신은 별개의 설화나 가요에 등장하는 주인공을 결합해 붙인 이름이고 개개 인물의 행동을 별개로 봐야 한다고 했다.

이는 대국주신이 압현주의 언좌명에 따라 근구수왕, 압군의 의부다다니고로 무내숙네가 되는 것처럼 하나의 고정된 인물이 아니라 상황에 따라 여러 인물이 될 수 있다는 것이다.

하지만 이것은 일본서기를 보이는 그대로 해석한 것이고 대국주신도 하나의 인물, 한 사람이다. 왜 그런지는 제3장 대기귀신의 별명 항목에서 다룬다.

6. 백제왕과 신즐별명, 반충별명, 치순모이우왕

가. 백제왕과 주왕, 신즐별명, 반충별명

백제왕은 그 이름답게 백제의 왕일 것인데 성씨록을 보면 다음과 같다.

- 대원진인 : 출자 민달 손 백제왕야(좌경황별, 조3)
- 지상량인 : 정중창태주부(민달)천황 황자 백제왕지후야(미정잡성좌경, 월62)
- 지변직 : 판상대숙녜 동조. 아지왕지후야(화천국제번한, 월57)
- 문기촌 : 판상대숙녜 동조. 도하직지후야(우경제번한, 월17)
- 판상대숙녜 : 후한 영제 남 연왕지후야.(우경제번한, 월16)

※ 지변과 지상은 이케노베로 발음이 같음

앞서 왕인과 아직기에서 아지왕은 아신왕, 도하직은 전지왕으로 확인되었다. 그런데 백제왕은 근구수왕인 민달천황의 아들 내지 손자로 되어 있어서 침류왕 또는 아신왕이 되는데 지상량인과 지변직이 동일한 성씨이므로 백제왕이 아지왕임을 알 수 있고 판상이 아직기가 말을 기른 곳이므로 아지왕인 백제왕은 삼국사기의 아신왕이 된다.

다음은 성씨록에서 백제를 성씨로 하는 사례를 모아보았다.

- 백제조신 : 백제국 도모왕 30세손 혜왕지후야(좌경제번백제, 월10)
- 백제공 : 백제국 주왕지후야(화천국제번백제, 월58)
- 백제공 : 백제국 도모왕 30세손 문연왕지후야(좌경제번백제, 월10)
- 백제공 : 인귀신감화지의명. 씨위귀실(우경제번백제, 월24)
- 백제기 : 백제국 도모왕 손 덕좌왕지후야(우경제번백제, 월25)
- 백제씨 : 백제국 모리가좌왕지후자(미장잡성좌경, 월62)
- 백제왕 : 백제국 의자왕지후야(우경제번백제, 월22)

우선 혜왕은 백제 28대 왕이고 의자왕은 31대 왕이다. 문연왕(汶淵王)은 제22대인 문주왕(文周王)의 다른 이름 문주왕(汶洲王)과 이름이 닮아서[56] 동일인으로 보이지만 장담할 수는 없다. 우경제번 백제공의 귀신이 감화했다고 한 부분은 제4장 백제공 항목에서 다룬다.

주왕(酒王)은 웅략紀 15년조에 나오는 진조주(秦造酒)로 천황이 총애

했다고 한다. 진(秦)나라에서 와서 흩어진 사람을 진조주에게 관리하게 했더니 조세로 모은 비단이 조정에 쌓였기 때문에 우두마좌(宇豆麻佐, 우쯔마사)의 성을 주었다고 했으며 우두모리마좌(宇豆母利麻佐)는 꽉 차게 쌓은 모양을 말한다고 되어 있다.

이와 같은 내용이 성씨록에도 있는데 좌경제번의 태진공숙네(월1)를 보면 진시황제 13세손 효무왕의 후로 되어 있고 아들 공만왕이 중애천황 때 내조했으며, 그 아들 융통왕(일명 궁월왕)이 응신천황 14년 127현의 백성을 거느리고 귀화했고, 인덕천황 때 여러 곳에 나누어 살게 했는데 많은 비단을 바쳐서 파다공(波多公), 진공주(秦公酒)의 성씨를 내렸고, 웅략천황 때 우도만좌(禹都萬佐, 우쯔마사)라는 이름을 내렸다고 되어 있다.

그래서 응신紀를 보면 14년조에 궁월왕이 백제로부터 들어와 120현의 백성을 거느리고 귀화하려고 하는데 신라국이 방해해 가라국에 머물러 있어서 갈성습진언을 보냈는데 3년이 지나도 돌아오지 않았고 16년 8월조에 평군목토숙네, 적호전숙네를 가라에 보내자 신라왕이 항복해 궁월의 백성을 거느리고 습진언과 같이 돌아왔다고 되어 있다.

우선 태진공숙네(太秦公宿　)는 진(秦)의 시황제로부터 출발하는 성씨인데 그는 기원전 259년에 태어나 기원전 221년에 천하를 통일했으며 기원전 210년에 죽고 4년 뒤에 진나라도 망하고 만다.

그런데 응신14년인 283년, 웅략15년인 461년에 진나라 사람이 왔

56 연(淵)은 물이 모인 곳이고 주(洲)는 물이 고인 가장자리로 의미가 닿는 부분이 있다.

다는 것은 말이 되지 않는 이야기이고 일본서기에도 궁월왕이 백제로부터 왔다고 되어 있다. 따라서 이 진(秦, 하타)이라는 성씨는 한반도 출신임을 가리기 위해 만든 것이다.

다시 주왕(酒王)을 보면 고사기 경행천황기에 신즐왕이 주부아비고(酒部阿比古), 우타주부(宇陀酒部)의 조로 되어 있어서 주왕이 신즐왕인 것을 알 수 있는데 성씨록에서 주부를 보면 다음과 같다.

- 주부공 : 찬기공 동조. 신즐별명지후야(화천국황별, 조71)
- 주부공 : 대족언인대별(경행)천황 황자 신즐별명 3세손 족언대형왕지후야(우경황별하, 조39)
- 찬기공 : 대족언인대별(경행)천황 황자 신즐별명지후야
  一本) 대족언인대별(경행)천황 황자 오십향족언명지후야(우경황별하, 조38)

- 화기조신 : 수인천황 황자 탁석별명지후야(우경황별하, 조37)
- 산수 : 수인천황 황자 오십일족언명지후야(섭진국황별, 조57)
- 산공 : 수인천황 황자 오십일족언별명지후야(화천국황별, 조72)
- 산공 : 내신 동조. 미내숙녜지후야(대화국황별, 조50)
- 내신 : 효원천황 황자 언태인신명지후야(대화국황별, 조49)

경행紀 4년조를 보면 신즐황자가 찬기국조의 시조로 나와 있는데 암파문고의 찬기국조에 대한 주석에는 정관6년 찬기조신의 성을 화기조신으로 바꾸어 준 것이 삼대실록에 실려 있다고 나온다.

따라서 찬기공의 신즐별명이면서 주왕이기도 한 인물은 화기조신의 탁석별명과 동일인물이고 탁석별명은 이미 근구수왕으로 밝혀졌기 때문에 주왕 신즐별명도 근구수왕이다. 우경황별하 우사공(조38)이란 성씨를 보면 수인천황황자 반충별명의 후로 되어 있는데 일본(一本)에 반충별명의 다른 이름을 신즐별명이라고 했으므로 반충별명도 근구수왕이 된다.

찬기공의 오십향족언명과 산수의 오십일족언명은 둘 다 이소카타라시히코와케노미코토로 읽어서 같은 사람이고 신즐별명이므로 근구수왕이 된다. 그리고 같은 아들을 두고 있는 수인천황과 경행천황도 동일인이며 경행천황이 근구수왕이므로 수인천황도 근구수왕이 된다.

한편 고사기 효원천황기의 미사내숙네가 산대 지방의 내신의 조이고 산공의 미내숙네와 동일하게 근구수왕으로 된 것은 앞서 언태인신명과 미내숙네 항목에서 살펴본 바 있다.

다시 백제왕으로 되돌아가서 모리가좌(牟利加佐, 모리카사)왕을 보면 꽉 차 있는 모양이라고 한 우두모리마좌의 모리마좌(母利麻佐, 모리마사)와 별 다를 바 없는 이름이므로 모리가좌왕은 주왕이 된다.

덕좌왕(德佐王)의 덕(德)은 크다는 의미이고 꽉 차 있으면 크게 보이므로 모리가좌왕과 같은 이름이며 따라서 덕좌왕, 모리가좌왕, 주왕은 다시 신즐별명이 되어 모두 근구수왕이다.

나. 치순모이우왕

백제왕에 대해서 많은 것을 살펴봤는데 조금만 더 보자. 성씨 태진공숙네(월1)에 융통왕(일명 궁월왕)의 후손에게 파다공(波多公), 진공주(秦公酒)의 성씨를 내려주었다고 했는데 파다(波多, 하타)와 진(秦, 하타)이 발음은 같지만 갈래는 다르게 되어 있다.

- 팔다조신 : 석천조신 동조. 무내숙네명지후야(우경황별상, 조29)
- 팔다진인 : 출자 응신황자 치야모이우왕야(좌경황별, 조1)

※ 팔다도 하타로 읽힘

- 진기촌 : 신요속일명지후야(산성국천신, 풍33)
- 진기촌 : 태진공숙네 동조. 공만왕 3세손 진공주지후야(우경제번한, 월20)
- 진기촌 : 진시황제 5세손 궁월왕지후야(산성국제번한, 월34)
- 진기촌 : 태진공숙네 동조. 진시황제지후야(산성국제번한, 월32)
- 태진공숙네 : 진시황제 13세손 효무왕지후야(좌경제번한, 월1)

위의 하타(波多) 성씨는 무내숙네, 그리고 응신천황인 치야모이우왕이 나왔는데 같은 성씨이므로 응신천황과 치야모이우왕은 모두 무내숙네이다. 이미 고사기 효원천황기의 파다신(하타노오미)의 조 파다팔대숙네가 무내숙네임도 살펴봤다.

치야모이우왕은 응신紀에는 치야모이파왕, 고사기에는 약소모이우왕으로 나오며 성씨록에는 대부분 치순모이우왕으로 나온다. 물론 이들은 모두 무내숙네이다.

반면 하타(秦) 성씨는 근초고왕인 요속일명의 후예로 백제국 주왕

(酒王)이자 진공주인 근구수왕과 연관되어 있다. 진시황제는 백제를 가리기 위한 것이고 요속일명과 연결시킴으로 해서 근초고왕인데 근초고왕을 진시황제와 대등한 인물로 설정한 것은 흥미를 자아낸다.

다. 검근명과 갈성습진언

아직 공만왕과 융통왕(일명 궁월왕)의 정체가 밝혀지지 않았는데 궁월왕이 백제에서 왔다고 했으므로 근초고왕의 후예 중 누군지 살펴보자.

위에서 나온 진기촌(월32) 성씨를 보면 태진공숙네 동조, 진시황제 지후 다음에 부가 설명이 있는데 물지왕[57], 궁월왕이 응신천황 때 귀화해서 대화 조진간(朝津間, 아사쯔마)의 액상지(腋上地)[58]에 거주하도록 했고 진덕왕의 아들 보동왕(古記 포동왕)이 인덕천황 때 파타(波陀, 하타)의 성을 받았고, 운사왕, 무량왕과 보동왕의 아들 진공주가 웅략천황 때 진(秦)을 받았다가 다시 주(酒)의 성을 받았고 우두만좌의 호를 받았다고 했다.

보동왕, 운사왕, 무량왕 등 인물이 더 많이 늘어났는데 큰 의미는 없고 조진간을 보면 윤공천황의 화풍시호가 웅조진간치자숙네천황(雄朝津間稚子宿禰天皇)이어서 궁월왕이 윤공천황과 관계가 있는 인물임을 알 수 있다. 조진간이 성씨로도 되어 있는데 조처조(朝妻造)는 아사쯔마노

57 物智王. 암파문고의 일본서기에 나온 궁월왕 주석에는 공지왕(功智王)으로 되어 있어서 판본이 따로 있는 것으로 보인다. 태진공숙네 성씨의 공만왕(功滿王)과 연결시키려는 의도일 수도 있다.

58 겨드랑이 위에 있는 땅이라는 의미인데 작은 고을을 의미한다.

미야쯔코로 읽어서 조진간과 조처가 같은 발음이다.

• 조처조 : 한국인. 도류사주(一本 도위사주)지후야(대화국제번한, 월39)

출운풍토기 도근(嶋根, 시마네)군 산구(山口, 야마구치)향조에 소잔오존의 아들 도류지일자명이 내가 통치하고 있는 산의 입구라서 산구라고 했다고 나오는데 도류사주와 도류지일자명의 도류는 쯔루기로 읽어서 같은 인물이다.

구사기 국조본기를 보면 검근명이 있는데 쯔루기네노미코토로 읽어서 도류사주, 도류지일자명과 같은 인물이다. 검근명은 갈성직의 조로 나와 있다.

• 갈목기촌 : 고어혼명 5세손 검근명지후야(대화국천신, 풍40)
• 갈목직 : 고혼명 5세손 검근명지후야(하내국천신, 풍58)
• 갈성조신 : 갈성습진언명지후야(좌경황별하, 조27)
• 황전직 : 고혼명 5세손 검근명지후야(화천국천신, 풍72)

※ 갈성과 갈목은 카즈라키로 읽어서 같은 발음임

앞서 무내숙네의 아들로 되어 있는 팔다팔대숙네와 파다시대숙네가 무내숙네 본인으로 밝혀졌는데 갈성습진언도 하내국황별 소가련(조61), 원정련(조61) 성씨를 보면 무내숙네의 아들로 되어 있다. 고사기 효원천황기를 보면 아예나신의 조 갈성장강회도비고가 있는데 카즈라키

노나가에노소쯔히코로 읽는다. 아예나는 아기나로 읽는데 성씨록에는 아지나로 나온다.[59]

• 아지나신 : 옥수조신 동조 무내숙녜 남 갈성증두비고명지후야 (섭진국황별, 조55)

• 아지나군 : 옥수조신 동조 언태인신명 손 무내숙녜지후야(대화국황별, 조50)

• 옥수조신 : 무내숙녜 남 갈목증두일고명지후야(우경황별상, 조32)

갈성증두비(일)고명은 카즈라키노소쯔히코노미코토로 읽는데 갈성습진언과 동일한 발음이어서 같은 인물인데다 갈성장강회도비고도 역시 동일인이다. 그리고 아지나군의 시조가 무내숙녜여서 같은 성씨인 아지나신의 갈성증두비고명도 무내숙녜가 되므로 갈성증두일고명, 갈성습진언, 갈성장강회도비고도 모두 무내숙녜이다. 그리고 검근명, 도류사주, 도류지일자명도 무내숙녜가 된다.

라. 궁월왕과 윤공천황

다시 태진공숙녜(월1)를 보면 조진간의 액상지에 궁월왕이 살도록 해주었는데 조진간은 조처로 또 검근명으로 이어져 결국 무내숙녜가 되었다. 따라서 조진간의 액상지라고 하는 것은 무내숙녜가 차지하고

59 아지나도 아예나와 같이 아기나로 읽는다.

있던 땅이며 궁월왕이 그 땅에 살게 된 것은 무내숙네가 궁월왕에게 그 땅을 빼앗겼음을 말한다.

앞서 백제왕과 주왕 항목에 나온 산공이란 성씨의 산(山)은 바로 여기서 말하는 조진간의 액상지, 무내숙네와 근구수왕이 다툰 곳을 말하는 것이다.

고사기, 일본서기 등에서 아내를 맞이했다, 아내와 헤어졌다는 것은 모두 땅을 빼앗았다, 빼앗겼다는 의미이다. 여기서도 검근명 즉 무내숙네가 다스린 산과 그 입구(山口, 야마구치)가 아내를 의미하는데 나중에 미내숙네 즉 근구수왕이 차지한 산이 되어 아내를 빼앗긴 것이 된다.

이런 내용이 윤공紀에도 황후와 황후의 동생인 의통랑희에 대한 이야기로 나온다. 천황은 의통랑희를 더 좋아했는데 그녀를 위해 등원궁을 지어서 살게 해주었다. 황후를 위해서는 형부(오시사카베), 의통랑희를 위해서는 등원부(후지하라베)를 정하는데 형부의 암파문고 주석에는 인판부(오시사카베)의 사람들이 많이 와서 일을 했기 때문에 그런 이름이라고 했다.

구사기 제황본기에는 압판언인대형황자의 이름을 달리 마려자황자라고 했다. 압판은 오사카로 읽어서 위력이 세다는 의미에서 인판과 다를 바 없는 글자이고 마려자황자는 잠시 후 완자왕과 상식엽황자 항목에서 보겠지만 무내숙네이다.

등원부는 성씨록에 등원조신(풍1)이라는 성씨가 있고 출자 진속혼명 3세손 천아옥근명으로 되어 있다. 천아옥근명은 근구수왕인데 제3장 진속혼명과 천아옥근명 항목에서 다룬다. 아무튼 윤공천황이 의통랑희를 더 좋아한 것은 그가 무내숙네가 아니라 근구수왕임을 말해주고 따라서 궁월왕도 근구수왕이 된다.

궁월왕과 관련해 한 가지 더 볼 것은 신대紀에 월궁존이 등장한다는 것이다. 신대 5단을 보면 이장낙존과 이장염존이 일신(日神)인 천조대신을 낳고 다음으로 월신(月神)인 월궁존을 낳고 마지막으로 소잔오존을 낳는다.

일신인 천조대신은 근구수왕임을 앞서 살펴봤고 소잔오존도 제3장 소잔오존과 소나라 항목에서 자세히 볼 텐데 무내숙네이다. 지금까지 반복적으로 본 이름이 근구수왕, 무내숙네인데 월신은 근구수왕일 것이다.

이를 확인하면 궁월은 유쯔키로 읽고 월신은 쯔키노키미, 월궁존은 쯔쿠유미노미코토로 읽는다. 궁월과 월궁은 순서만 바뀌었기 때문에 궁월은 유미쯔쿠 또는 유미쯔키로 읽어야 하는데 의도적으로 이름을 달리한 것은 역시 정체를 가리고자 한 것이고 월신, 월궁존은 궁월왕이 되어 근구수왕이다.

구사기 천신본기에 일기현주의 조 천월신명(아마노쯔키노카미노미코토)이 나오는데 우경천신 일기직(풍24)의 시조가 천아옥근명 11세손 뢰대신이고 앞서 천인수이존과 화명명 항목에서 뢰(雷)는 이카쯔찌 또는 이카쯔로 읽고 근구수왕인 것을 살펴봤다. 따라서 월신도 근구수왕이다.

다시 진기촌(월32) 성씨로 돌아가 보면 궁월왕인 근구수왕 다음으로 운사왕, 무량왕의 여러 인물이 있은 다음에 근구수왕인 진공주, 주왕으로 되어 있어서 그 사이에 있는 사람은 모두 근구수왕이 될 수밖에 없다. 궁월왕의 다른 이름인 융통왕도 근구수왕이다.

위에서 살펴 본 바 성씨 진기촌(월32)과 태진공숙네(월1)의 여러 왕들이 모두 근구수왕이므로 두 성씨의 시조는 근구수왕이 된다. 따라서 진기촌의 물지왕이나 태진공숙네의 공만왕, 효무왕도 근구수왕으로 비정한다.

다만 보동왕, 일명 포동왕은 파타(波陀, 하타)의 성을 받았고 파타는 파다(波多, 하타)와 같으므로 무내숙네이다.

7. 기성왕과 식장언인대형기성명, 비고유모수미명

가. 기성왕과 식장언인대형기성명, 소아석하숙네, 대우왕

앞서 신무천황과 무내숙네에 대한 설명에서 이 둘과 고사기 효원천황기에 나오는 허세소병숙네가 모두 무내숙네라고 했다. 그런데 이들에게서 파생되어 나간 성씨가 있어서 살펴보면 다음과 같다.

- 지기현주 : 다조신 동조. 신팔정이명지후야(하내국황별, 조63)
- 지기현주 : 작부신 동조(화천국황별, 조68)
- 삼원진인 : 출자 천무황자 정광일 기성왕지후야(좌경황별, 조5)
- 입원진인 : 삼원진인 동조. 기성왕지후야(좌경황별, 조5)

앞선 두 성씨 지기현주의 지기는 시키로 읽고 기성왕의 기성도 시키로 읽는데 현주는 지방의 수장으로서 왕과 의미가 닿아 있으므로 신팔정이명이 기성왕으로 연결되어 둘 다 무내숙네이다.

- 자전련 : 다조신 동조. 신팔정이명 남 언팔정이명지후야(우경황별하, 조43)
- 자전련 : 자전숙네 동조. 언팔정이명지후야(산성국황별, 조48)
- 자전승 : 경행천황 황자 식장언인대형기성명지후야(산성국황별, 조48)
- 자전진인 : 정중창태주부(민달)천황 손 대우왕지후야(미정잡성좌경, 월61)
- 다조신 : 출자 신무황자 신팔정이명지후야(좌경황별상, 조17)

자전이라는 똑같은 성씨에서 식장언인대형기성명이 언팔정이명 또 대우왕과 동일인물로 나와 있는데 신팔정이명의 아들로 되어 있는 언팔정이명의 실체를 보면 다른 사람의 정체도 알 수 있을 것이다.

고사기 경행천황기를 보면 즐각별왕이 자전하련의 조로 나오고 구사기 천황본기에도 즐각별명이 자전련의 조로 되어 있다. 그래서 언팔정이명이 즐각별명이다. 즐각을 쿠시쯔로 읽는데 구사기 천신본기에 나오는 내목부의 조 천환진이 아마노쿠시쯔여서 같은 인물이다.

신대紀에도 경경저존이 하늘에서 내려올 때 내목부의 원조 천환진 대래목이 수행하는 대목이 있다. 이 내목이 성씨록으로 오면 구미가 되는데 둘 다 쿠메로 읽어서 같다.

- 구미신 : 시본조신 동조. 천족언국압인명 5세손 대난파명지후야

(대화국황별, 조52)

- 구미조신 : 무내숙녜 5세손 도목숙녜지후야(우경황별상, 조32)
- 시하(시본)조신 : 대춘일조신 동조. 천족언국압인명지후야(대화국황별, 조51)
- 대춘일조신 : 출자 효소천황 황자 천대언국압인명야(좌경황별하, 조20)

언팔정이명이 즐각별명으로 다시 천환진으로 되고 천환진대래목과 대난파명 또 도목숙녜로 이어져서 이들이 모두 동일인물인데 도목숙녜를 성씨록에서 보자.

- 앵정조신 : 석천조신 동조 소아석천숙녜 4세손 도목숙녜대신지후야 (좌경황별상, 조15)
- 석천조신 : 효원천황 황자 언태인신명지후야(좌경황별상, 조14)
- 전중조신 : 무내숙녜 5세손 도목숙녜지후야(우경황별상, 조31)
- 소치전조신 : 종아석천숙녜 4세손 도목숙녜지후야(우경황별상, 조31)

일단 소아와 종아는 소가로 읽어서 소아석천숙녜와 종아석천숙녜는 동일인이다. 성씨를 보면 앵정, 전중, 소치전 성씨의 시조가 도목숙녜인데 고사기 효원천황기에 소아석하숙녜가 앵정신, 전중신(田中臣), 소치전신, 소아신 등 7개 성씨의 조로 되어 있어서 도목숙녜는 소아석하숙녜와 동일인이다.

소아석하숙녜는 소가노이시가와노스쿠네로 읽고 소아석천숙녜는 소가노이사가하노스쿠네로 읽어서 대동소이한 발음인데다 하(河)와 천

(川)은 의미가 같고 일본어사전의 발음도 같아서 같은 인물이다. 단지 다른 인물로 보이도록 발음을 바꾸었을 뿐이다.

위 성씨를 보면 도목숙네가 무내숙네의 5세손이고 소아석천숙네에게는 4세손이어서 소이석천숙네가 무내숙네의 아들인 것처럼 대수를 꾸며놓았는데 고사기 효원천황기에 소아석하숙네가 건내숙네의 아들로 되어 있기 때문이다.

그러나 도목숙네가 소아석천숙네와 동일인물이므로 대수는 아무 의미가 없고 갈래만 표시한 것이어서 도목숙네와 무내숙네도 동일인이 된다. 고사기 천조대어신과 수좌지남명조를 보면 왜전중직(倭田中直)의 시조로 천진일자근명이 나오는데 일본서기의 천진언근명으로 제3장 천진언근명과 산대일자명 항목에서 무내숙네임을 밝혔다. 왜전중직에서 왜는 일본을 표시한 것이고 전중직은 전중신과 동일한 성씨여서 소하석하숙네가 무내숙네로 연결된다.

구사기 국조본기의 강소국조를 보면 소아신 동조 무내숙네 4세손 지파승족니로 나와 있어서 무내숙네가 소아신의 시조임을 알 수 있는데 소아석하숙네도 소아신의 조라 했으므로 무내숙네와 소하석하숙네가 동일인물임이 재확인된다.

그래서 소아석천숙네, 도목숙네, 대난파명이 무내숙네이고 식장언인대형기성명과 언팔정이명, 대우왕에다 즐각별명, 천환진까지도 모두 무내숙네이다.

나. 천탕하판거와 이향아색웅명, 대초향황자

대우왕(大俣王)을 무내숙녜라고 했는데 이 인물에 대해서 좀 더 살펴보자. 고사기 개화천황기를 보면 대우왕의 아들로 서립왕과 토상왕이 있는데 서립왕은 이세의 품지부군과 좌나조의 조이며 토상왕은 비매타군의 조이다.

품지부(品遲部, 호무지베)와 관련된 것은 고사기 수인천황기에 나오는데 성을 태울 때 불 속에서 태어난 본모지화기어자(本牟智和氣御子, 호무지와케노미코) 왕자가 성인이 되어서도 말을 못했는데 백조 소리를 듣고는 한마디를 했다. 그래서 대제(大鶙)를 시켜 백조를 좇아 잡아오게 했는데 그래도 말을 못했다.

그때 천황의 꿈에 신이 나타나 자신의 신전을 궁전과 같이 꾸며준다면 왕자가 말을 할 것이라고 해서 신을 알아보니 출운대신이었다. 왕자를 출운에 보내 참배키로 하고 왕자를 수행할 사람이 누구일까 점을 치니 서립왕이 나왔다.

그에게 서약을 시키고 효험이 있는지 확인하니 백조와 떡갈나무가 죽었다 살아났다. 그렇게 해서 일행이 출발했는데 가는 곳마다 품지부를 설치했다. 참배 후 왕자가 말을 하게 되었고 이로 말미암아 천황이 조취부, 조감부, 품지부, 대탕좌, 약탕좌를 정했다고 되어 있다.

수인紀에는 본모지화기어자가 예진별왕(譽津別王)이고 대제는 천탕하판거(天湯河板擧)인데 천탕하판거에게 조취조의 성을 주었고 조취부, 조양부, 예진부(호무지베)를 정했다고 되어 있다. 구사기 천황본기에도 조취조, 조취부, 조양부, 예진부의 조가 천탕하판거로 되어 있다. 그래서 본모지화기어자, 예진별왕, 대제, 서립왕까지 모두 천탕하판거와 동일인물이다.

구사기 천신본기를 보면 조취련의 조가 천소언근명(아마노스쿠나히코네노미코토)로 되어 있다. 하리마풍토기 식마군 거구(筥丘)조를 보면 대여소일자근명이 나오는데 오호나무찌스쿠나히코네노미코토로 읽어서 같은 인물이다.

대여소일자근명은 같은 군 수예구(手켸丘)조의 대여명(오호나무찌노미코토)과 동일인물로 대여명의 주석에 대국주신의 별명으로 나와 있어서 대기귀신, 대혈지명인 무내숙네이다. 따라서 대여소일자명과 천소언근명, 본모지화기어자, 예진별왕, 대제, 서립왕, 천탕하판거까지 모두 무내숙네이다.

한편 왕자를 위해 설치한 부가 여럿인데 품지부는 예진부, 조감부와 발음이 같고 조취조와 조취부도 동일한 성씨이며 조양조와 의미가 같다. 대탕좌는 성씨록에 없고 약탕좌만 나온다.

- 조취 : 각응혼명 3세손 천탕하항명지후야(하내국천신, 풍58)
- 조취련 : 천각사리명 3세손 천탕하판거명지후야(산성국천신, 풍34)
- 조취부련 : 각응혼명 13세손 천탕하항명지후야(우경천신, 풍21)
- 약탕좌련 : 담저기단저수명지후야(하내국천신, 풍61)
- 약탕좌숙네 : 석상조신 동조. 신요속일명 6세손 이향아색웅명지후야 (섭진국천신, 풍49)
- 석상조신 : 신요속일명지후야(좌경천신, 풍3)

천탕하항명이 새로 나왔는데 천탕하판거와 조취라는 같은 성씨의 시조이고 발음까지도 비슷해서 동일인물이다.[60] 두 사람이 동일인물이면 똑같이 3세조로 되어 있는 각응혼명과 천각사리명도 동일인물이다. 성씨록 하내국천신 위문숙네(풍58)의 시조가 각응혼명으로 되어 있는데 위문은 왜문과 발음이 동일한 성씨이다.

수인紀 39년조를 보면 오십경부명에게 칼 1000자루를 만들게 해서 거두어 석상신궁에 두었다는 구절이 있는데 실제 그렇게 했을 리는 없으며 칠지도를 석상신궁에 넣었다는 것이고 오십경부명이 근초고왕임을 알려주고자 한 것이다.

오십경부명에게 왜문부 등 모두 10개의 부를 주었다고 했으므로 오십경부명이 각응혼명이 되어 근초고왕이고 천각사리명도 마찬가지이다. 담저기단저수명은 구사기 천손본기에 나오는 요속일명의 별명이라고 앞서 천인수이존과 화명명 항목에서 설명한 바 있는데 역시 근초고왕이다.

그리고 약탕좌숙네 성씨를 보면 천탕하판거명이 이향아색웅명으로 연결되는데 그를 살펴보자. 웅략紀 14년조를 보면 난파길사 일향향이 대초향부길사로 되어 있다. 일향향의 발음이 히카카인데 이향아색웅명의 이향아가 이카가이고 이와 히, 가와 카는 청음과 탁음의 관계이기 때문에 같은 발음으로 보며 동일인물이다.

---

60 천탕하판거는 아마노유카하타나, 천탕하항명은 아메노유카하타코노미코토이다.

대초향부는 오호쿠사카베로 읽고 고사기 인덕천황기에 역시 같은 발음인 대일하부가 있는데 대일하왕(별명 파다비능대랑자)의 이름을 길이 전하기 위해 설치한 것이다. 따라서 대일하왕, 파다비능대랑자는 대초향부황자를 비롯해 난파길사 일향향, 이향아색웅명, 천탕하판거가 동일인물이다.

파다비능대랑자를 하타비노오호이라쯔코로 읽는데 하타로 읽히는 파다(波多)는 무내숙네로 연결된다는 것을 앞서 치순모이우왕 항목에서 살펴본 바 있다. 그래서 파다비능대랑자는 무내숙네이고 대일하왕, 난파길사 일향향, 이향아색웅명, 천탕하판거도 무내숙네이다.

대초향부는 안강紀의 대초향황자와 관련이 있다. 천황이 웅략천황이 등극하기 전 대초향황자의 누이와 혼인을 시키려고 근사주를 보냈는데 그가 대초향황자로부터 압목주만(押木珠)을 받고는 자기가 차지했는데 천황이 알고서는 근사주를 죽이고 대초향황자를 위해 일한 난파길사일향향의 자손에게 대초향부길사의 성을 주었다고 되어 있다.

압목주만은 큰 나무에 구슬을 늘어뜨린 것으로 해석되는데 암파문고의 주석에는 경주에서 출토되는 금동관 모양으로 왕을 상징한다고 되어 있다. 그러므로 위 내용은 천황이 대초향황자에게 왕을 내놓으라고 한 것이고 그걸 주지 않으려고 근사주에게 주었는데 결국 빼앗겼다는 표현이다.

우선 만(縵)은 카쯔라로 읽고 성씨록을 보면 대화국제번 백제에 만련(월39)이 있는데 백제인 박의 후예로 되어 있다. 갈성, 갈목을 카쯔라기로 읽는데 기는 성(城)으로 나라라는 의미를 가지고 있다. 그래서 까쯔라기는 카쯔라의 나라라는 의미이고 갈성습진언과 연결된다.

구사기 국조본기에 검근명을 갈성직의 조라고 했기 때문에 대초향황자가 백제인 박, 갈성습진언, 검근명으로서 천탕하판거와 동일한 무내숙네이다. 본모지화기어자, 예진별왕, 대제, 서립왕이 무내숙네인 것이 다시 확인된다.

일본서기에 근사주의 후예가 판본신이 된 것도 이때부터라고 했고 성씨록을 보면 섭진국황별에 판본신(조55)이 기조신과 동조이고 언태인신명 손 무내숙네의 후예로 되어 있어서 위 내용이 다 같이 연결되어 있다.

다. 토도치랑자와 추근진언

응신紀 2년조에 천황의 아들로 토도치랑자가 있고 풍토기 번마국조에는 토도치랑자가 우치천황, 우치약랑자로 나온다. 토도와 우치는 모두 우지로 읽는다. 이 우치가 성씨에도 있고 이향아색웅명과 연결된다.

- 우치숙네 : 요속일명 6세손 이향아색웅명지후야(산성국천신, 풍31)
- 우치부련 : 요속일명 6세손 이향아색호명지후야(하내국천신, 풍60)

이향아색웅명이 무내숙네이므로 토도치랑자도 무내숙네이다. 치랑자라 해서 기직의 원조 토도언이 근구수왕인 것과 대비된다.

추근진언은 신무紀 즉위전기 갑인년조에 나온다. 처음 바다로 나가서 국토의 신인 진언(우즈히코)을 만났는데 그가 상앗대(椎橋, 시히사오)의 끝을 주기에 이를 잡고 따라가서 길을 잘 갈 수 있었기에 추근진언(시히네쯔히코)의 이름을 주었고 왜직부의 시조라고 했다.

고사기 신무천황기에는 고근진일자(시히네쯔히코)의 이름을 주었고 왜국조의 조로 되어 있다. 또 왜직의 조로 수인紀에는 장미시, 인덕紀에는 마려(麻呂, 마로)가 있다.

진언의 우즈히코는 경행천황 3년조에 나오는 기직의 원조 토도언의 우지히코와 같다. 우즈, 우지로 발음이 다르지만 토도(菟道)라는 같은 한자를 쓰므로 관계가 없다. 토도는 지명이다. 이 토도에서 나중에 근구수왕과 무내숙네가 전투를 하게 되는데 근구수왕이 손위이므로 토도언이 되고 무내숙네가 손아래이므로 토도치랑자가 됐다. 토도언이 감미내숙네와 같아서 근구수왕이었지만 다시 살펴보자.

• 기직 : 신혼명 5세손 천도근명지후야(하내국천신, 풍59)

천도근명은 신무천황 즉위전기 무오년조에 일신이 길을 잘 인도해서 내려준 이름인 도신과 같다. 천도근명의 천은 수식어이고 근은 '네'로 발음되는데 천아옥명을 천아옥근명으로도 읽는 것처럼 연결음이므로 도만 남아서 도신과 같은 이름이다. 도신, 일신이 근구수왕이었으므로 토도언도 근구수왕이 되고 진언과 추근진언도 근구수왕이다. 고근진일자, 장미시, 마려도 모두 근구수왕이 된다.

추근진언이 왜직부의 시조라 했는데 이를 살펴보자.

• 대화숙녜 : 출자 신지진언명야(대화국지기, 풍47)

대화숙녜 성씨는 구사기 천황본기에 추근진언을 대왜련의 조라고 한 것을 따른 것인데 대화나 대왜는 둘 다 오호야마토로 읽어서 같다. 대왜는 큰 나라 왜국의 의미이며 왜직부와 같은 성씨이다.

신지진언명은 추근진언을 성씨록 내에서 다시 별명을 지은 것이다. 대화숙녜(풍47)의 부가 설명에 일본서기와 똑같은 내용을 적고서 신지진언명이라고 했기 때문에 추근진언과 동일인물이고 근구수왕이다. 신지진언명, 추근진언명이 대왜, 대화라는 성씨의 시조가 된 것은 큰 나라 왜국의 왕이 되었다는 의미이다. 즉 백제가 왜를 다스린 것이다.

한편 추근진언이 상앗대(椎橋, 시히사오)의 끝을 주어서 신무천황을 잘 인도했다는 것은 근구수왕과 무내숙녜가 끝없는 싸움을 벌이는 가운데 겪은 경험을 토대로 무내숙녜가 왜의 왕이 될 수 있었던 것을 말한다. 또 근구수왕이 차지했던 왜를 다시 무내숙녜가 이어서 차지했기 때문에 잘 인도했다는 은유적인 표현을 한 것이다.

이것은 무내숙녜의 왜국이 백제에 병합된 후에 다시 백제가 망하고 697년 일본이 출범할 때 무내숙녜의 후예가 문무천황이 된 것도 상징적으로 표현하고 있다. 근구수왕의 계통인 기존 백제왕가 대신 무내숙녜계가 왜를 이은 받은 것이기 때문이다.

지통천황 11년 8월 황태자에게 위를 양보하면서 일본서기가 끝이 난다. 암파문고의 황태자에 대한 주석을 보면 사기(私記)에 문무천황의 어릴 때 이름이 가류(珂瑠)황자이고 천무천황의 아들인 초벽황자의 아들이라고 나온다.

백제에 의한 왜국통치 삼백년사에서 가류는 가루로 읽는데 같은 발음인 경(輕)으로도 표기하며 김달수 씨의 고대일조관계사입문을 인용해 경(輕)은 한(韓)을 말한다고 하면서 문무천황은 무내숙네의 후손이라고 했다.[61]

한(韓)은 가라로 읽는데 가라(加羅)와 발음이 같고 가라국왕인 아라사등은 무내숙네이다. 경황자를 한황자라고도 했는데 한국에서 온 황자를 말하며 화천국 천신의 한국련(풍68) 성씨를 보면 시조가 이향아색웅명이므로 역시 무내숙네이다.

한편 초벽(草壁)은 초향(草香), 일하(日下)와 같이 쿠사카로 읽는데 성씨록에는 일하로 나오고 섭진국황별 일하부숙네(조56)의 시조가 출자개화천황 황자 언좌명이어서 초벽황자는 근구수왕이고 그 아들은 무내숙네이다. 따라서 문무천황은 무내숙네의 후손이다.

라. 천일창과 응신천황, 이사사별신, 천도근명

풍토기 일문 축전국 이토군조를 보면 중애천황이 웅습을 치려고 축자에 왔을 때 오십적수(五十跡手, 이토테)가 나무를 뽑아 뱃머리에 세우고 위 가지에는 옥구슬, 가운데 가지에는 거울, 아래 가지에는 십악검을 걸고 찾아가 바쳤다.

61 윤영식 저, 백제에 의한 왜국통치 삼백년사, 도서출판 청암, pp.339~340

누구인지 물으니 고려국의 의려산(意呂山)에서 하강해 온 일모(日桙)의 후예 이토테라고 해서 천황이 이토테를 칭찬해서 본거지를 이소지(伊蘇志, 이소시)로 하면 좋겠다고 했으며 지금의 이토는 와전된 것이라고 나온다.[62] 일모는 고사기 응신천황기에 천지일모(天之日矛), 일본서기 수인기에는 천일창(天日槍)으로 나오는데 관련된 성씨는 다음과 같다.

- 삼택련 : 신라국 왕자 천일모명지후야(우경제번신라, 월31)
- 삼택인 : 대언명 남 파다무일자명지후야(섭진국황별, 조54)
- 사정조 : 삼택련 동조. 신라국인 천일창명지후야(대화국제번신라, 월41)

먼저 천일모명과 천일창명은 다 같이 아메노히호코노미코토로 읽어서 같은 인물이다. 대언명은 근구수왕이고 앞서 치순모이우왕 항목에서 하타로 읽히는 파다는 무내숙네라고 이야기했으므로 대언명의 아들 파다무일자명은 무내숙네이다. 따라서 천일창명, 천일모명도 무내숙네이다.

오십적수가 일모의 후예라고 했지만 신대紀 제6단에서 소잔오존이 천조대신과 맹약을 할 때 차고 있던 십악검, 또 신대紀 제8단에 소잔오

62 본거지를 이소지로 한다는 원문은 〈恪しきかも伊蘇志と謂ふ〉이다. 각(恪)을 이소로 읽는다. 이소시는 이소의 도시라는 의미이다. 주석에 각의 위치를 울산으로 비정하고 신라와 고구려의 경계로 고구려에 속한다고 했다. 위 본문을 보면 일모는 수인紀에 나오는 신라왕자 천일창이고 이 신라는 큐슈에 있던 나라여서 본거지가 큐슈인데 경주의 신라에서 온 것처럼 보이도록 울산을 비정해 놓았다. 물론 이는 잘못된 것이다. 일본서기의 신라에 대해서는 제3장 소잔오존과 소나라 항목에서 다룬다.

존이 머리와 꼬리가 여덟 개인 뱀을 물리칠 때 사용한 십악검을 오십적수가 갖고 있으므로 그는 소잔오존이며 제3장 소잔오존과 소나라 항목에서 소잔오존이 무내숙네로 밝혀지므로 오십적수와 이토테도 무내숙네이다.

수인紀 3년조를 보면 신라왕자인 천일창이 나라를 아우인 지고에게 주고 구슬, 칼 등 신의 보물을 가지고 왔으며 담협천(膽狹淺)의 대도까지 가지고 왔다고 되어 있다. 담협천에 대한 암파문고의 주석에는 이좌좌(伊佐佐, 이사사)라 했고 번마국 하고군[63]에 천이좌좌비고신사가 있다고 했다.

응신紀 즉위전기를 보면 처음 태자일 때 월국에 가서 각록[64]의 사반대신에 참배했고 그때 대신과 태자가 이름을 맞바꾸었다고 했다. 고로 대신을 거래사(去來紗, 이사사)별신이라 부르고 태자를 예전별존이라 한다고 했고 대신의 본명은 예전별신, 태자의 본명은 거래사별존이라고 되어 있다.

천일창이 이사사의 대도를 가지고 왔다는 것은 이사사가 천일창의 수중에 있다는 것이고 천이좌좌비고신사의 주재신이 천일창이라는 뜻이다. 천이좌좌비고신사에서 천은 하늘로 경칭이고 비고도 명, 존 등 인물에 대한 경칭의 고사기 표현이다. 그래서 천이좌좌비고는 이좌좌명, 이사사명이고 사반대신인 이사사별신과 동일인물이다.

63 현재 효고현 가고가와시로 나와 있다.

64 현재 일본 후쿠이현 쓰루가시이다.

천일창이 무내숙네이므로 천이좌좌비고, 이좌좌명, 이사사신, 사반대신이 무내숙네이고 사반대신이 응신천황과 이름을 바꾸었으므로 동일인이 되어 응신천황도 무내숙네이다. 응신천황이 무내숙네인 것은 이미 치순모이우왕 항목에서 살펴본 바 있다.

한편 천황이 본거지로 칭한 이소지를 성씨록에서 찾아보면 이소지신이 있다.

- 이소지신 : 자야숙네 동조. 천도근명지후야(대화국천손, 풍45)
- 자야숙네 : 기직 동조. 신혼명 5세손 천도근명지후야(우경천손, 풍29)
- 기직 : 신혼명 5세손 천도근명지후야(하내국천신, 풍59)
- 기조신 : 석천조신 동조. 옥주인웅건저심명지후야(우경황별상, 조30)
- 기조신 : 석천조신 동조. 건내숙네 남 기각숙네지후야(좌경황별상, 조15)

천도근명의 근은 네로 읽어서 연결음이고 이름은 도이다. 신무천황의 동정 시 일신이 길을 잘 인도해서 도신이라고 했으므로 천도근명은 도신과 같은 인물이고 일신이 근구수왕이므로 천도근명도 근구수왕이다. 이소지신의 시조가 근구수왕이 되는 것이다.

이토테를 칭찬하면서 본거지를 이소지라고 했으므로 누구나 이토테와 이소지신의 시조를 동일인물로 생각할 텐데 이토테는 무내숙네, 이소지는 근구수왕이 되어 다른 사람이다. 결국 이 이야기는 이토테인 무내숙네의 땅을 이소지신의 시조인 근구수왕에게 주었다는 표현으로 무내숙네가 싸움에 져서 본거지를 빼앗겼다는 말이다.[65]

이런 사례는 고사기나 일본서기를 읽을 때 반드시 성씨록을 참조해 숨겨진 실존 인물을 확인한 다음에 문장을 해석해야 하며 그렇지 않고 섣부르게 판단하는 것은 금물이라는 것을 잘 보여준다.

다음 기조신 성씨에서 옥주인웅건저심명은 경행紀에 백원에 가서 무내숙네를 낳았다고 했는데 잠시 후 목토숙네와 옥주인남무웅심명 항목에서 보면 무내숙네이다. 그래서 기직의 시조는 천도근명인 근구수왕이고 기조신은 무내숙네가 되어 압현주, 하모현주에서처럼 같은 성을 부자(父子)가 함께 쓰는 경우이다. 이런 경우가 여러 번 나오는데 제3장에서 한 성씨의 시조가 둘인 경우를 다룬다.

마. 토상왕과 토왕

위에서 치랑자, 대랑자를 통해 품지부, 서립왕, 천탕하판거 등이 무내숙네임을 봤는데 또 다른 대랑자(오호이라쯔코)가 있다.

고사기 응신천황기를 보면 천황의 아들인 약야모이우왕[66]이 낳은 아들이 대랑자인데 다른 이름이 의부부저왕이라고 했으며 삼국군, 하타군, 식장판군, 주인군, 산도군, 축자미다군, 포세군의 조로 되어 있다.

• 삼국진인 : 계체황자 완자왕지후야(좌경황별, 조2)

65 본거지를 이소지로 한 것은 무내숙네가 근구수왕에게 지금의 큐슈인 축자를 빼앗긴 것을 말한다. 고사기나 일본서기에는 전쟁에 관한 내용이 이렇게 숨겨져 있다.

66 와타누케후타마타노오호키미로 읽는다. 응신황자 치순모이우왕과 발음이 같다.

• 팔다조신 : 석천조신 동조. 무내숙네명지후야(우경황별상, 조29)

• 팔다진인 : 출자 응신황자 치야모이우왕야(좌경황별, 조1)

• 식장진인 : 출자 예전천황 시[67] 응신황자 치순모이우왕지후야(좌경황별, 조1)

• 산도진인 : 식장진인 동조 응신황자 치순모이우왕지후야(우경황별, 조6)

• 주인진인 : 계체천황 황자 토왕지후야(대화국황별, 조8)

• 주인소천진인 : 남태적(계체)천황 황자 토왕지후자(미정잡성우경, 월63)

• 주인소천진인 : 남태적천황 시 계체황자 토왕지후야(미정잡성우경)

〔古6-47판본〕

• 포세공 : 중애천황 황자 인치명지후야(산성국황별, 조48)

• 포세조신 : 아배조신 동조(좌경황별상, 조12)

• 아배조신 : 효원천황 황자 대언명지후야(좌경황별상, 조12)

위쪽 성씨를 보면 계체천황이 완자왕이고 무내숙네이며 치순모이우왕이고 古6-47판본을 보면 토왕까지도 동일한 인물이다. 삼국군의 경우 구사기 천황본기에 삼국군의 조 치소사이고황자가 있는데 와카누케후타마타노미코로 읽어서 치순모이우왕과 동일한 발음이므로 완자왕이 치순모이우왕임을 확인해주고 있다.

구사기 국조본기를 보면 축자미다와 발음이 같은 축자말다국조가

67 諡. 시호를 말한다. 성씨록에는 천황의 이름 앞에 이 시(諡)를 붙였는데 한글로는 의미가 전달되지 않아서 본서에서는 편의상 삭제했다. 다만 여기서는 그 의미가 명확하므로 그대로 인용한다.

식장공 동조 추소모이고명 손자 도기여가로 되어 있고 추소모이고도 치소사이고와 동일한 발음이어서 역시 치순모이우왕이 되어 무내숙녜임을 밝혀주고 있다.

한편 새롭게 등장한 인물 중 완자왕은 잠시 후 보기로 하고 토왕(菟王)을 보면 대우왕의 아들에 서립왕과 토상왕(菟上王)이 있다고 했으며 토상왕은 비매타군의 조로 되어 있다고 했다. 또 토(菟)는 토도치랑자의 토이기도 하며 우사기로 읽는데 계체紀 원년조에는 토(兎)황자가 주인공(酒人公)의 조로 되어 있다.

토상왕과 관련해 고사기 천조대어신과 수좌지남명조에서 천보비명의 아들 건비량조명이 상토상국조, 하토상국조, 출운국조, 무야지국조, 이자모국조 등의 조로 나온다. 천보비명은 신대紀에는 천수일명인데 무장국조, 출운신, 토사련 등의 조로 되어 있다. 천수일명은 제3장 천수일명과 천치언 항목에서 다루는데 무내숙녜이다.

토왕이 무내숙녜이므로 토상왕, 토도치랑자, 토황자가 모두 무내숙녜이다. 그리고 서립왕도 무내숙녜로 밝혀져서 대우왕의 두 아들이 모두 무내숙녜임을 알게 되었고 앞서 대우왕도 무내숙녜로 밝혀졌으므로 한 인물로 수많은 이명을 만들어낸 솜씨에 감탄할 뿐이다.

그리고 아래쪽 성씨의 포세군을 보면 아배조신 동조로 인치명이 대언명이 되며 대언명은 근구수왕으로 밝혀져서 위쪽 성씨의 결론과 상이한데 아래 항목에서 설명한다.

바. 비고유모수미명과 건풍파두나리기왕, 무품협별명

앞서 길사는 족장, 왕과 같은 의미라 했으므로 난파길사는 난파왕이 되며 왕인과 언모진명 항목에서는 민달황자와 난파왕이 동일인물로 근구수왕인 것을 살펴보았다. 천무紀에도 초향부길사대형에게 난파련의 성을 주었다고 했는데 하내국황별 난파기촌(조59)의 조가 대언명이므로 초향부길사대형은 근구수왕이다.

초벽(草壁)은 초향(草香), 일하(日下)와 같이 쿠사카로 읽는데 성씨록 섭진국황별 일하부숙네(조56)의 시조가 출자 개화천황 황자 언좌명이라고 했으므로 초향부길사대형이 근구수왕인 것이 확인된다.

그래서 난파길사 일향향을 근구수왕으로 생각할 수 있지만 초향부, 일하부와 별도로 대초향부, 대일하부라 한 것은 이유가 있다. 대초향부길사는 무내숙네로 이어지기 때문이다.

웅략紀 14년조에 난파길사 일향향의 자손에게 대초향부길사의 성을 주었다고 했고 고사기 인덕천황기에도 파다비능대랑자(별명 대일하왕)를 위해 대일하부를 설치했다고 나온다. 역시 파다는 하타로 읽어서 파다비능대랑자는 무내숙네이고 대초향부와 대일하부는 동일하므로[68] 난파길사 일향향도 무내숙네이다.[69] 따라서 난파왕과 난파길사 일향향은 다른 인물이다.

---

68 대초향부, 대일하부 모두 오호쿠사카베로 읽는다.

69 앞서 천탕하판거와 이향아색웅명 항목에서 일향향과 이향아의 발음으로 둘이 동일인물이고 무내숙네임을 확인한 바 있다.

한편 구사기에 품지부군의 조 언장책명이 있고 별명이 언탕산우명인데 그와 똑같은 발음이 성씨록의 비고유모수미명으로 인해부의 조이다. 또 고사기 개화천황기에 건풍파두나리기(타케토요하즈라와케)왕이 있는데 어명부조, 의강의 아비고, 인해부조, 도우인해부, 도수신, 단파의 죽야별 등의 조로 되어 있어서 인해부로 연결되는데 성씨록을 보면 다음과 같다.

- 도수조신 : 파다조신 동조. 팔다팔대숙녜지후야(화천국황별, 조66)
- 도수조신 : 개화천황 황자 무풍엽협별명지후야(좌경황별상, 조18)
- 도수신 : 도수조신 동조. 무엽협별명지후야(섭진국황별, 조57)
- 도수신 : 도수조신 동조. 무파도량화기명지후야(산성국황별, 조48)
- 도수신 : 도수조신 동조. 풍공협별명지후야(우경황별하, 조42)
- 도수조신 : 파다조신 동조. 무내숙녜 남 팔다팔대숙녜지후야(하내국황별, 조60)
- 금목 : 도수조신 동조. 건풍우협별명지후야(산성국황별, 조48)
- 팔다조신 : 석천조신 동조. 무내숙녜명지후야(우경황별상, 조29)

- 인해부 : 개화천황황자 비고유모수미명지후야(하내국황별, 조63)
- 경아손공 : 치전련동조 언금책명지후야(산성국황별, 조47)
- 치전련 : 개화천황황자 언좌명지후야(좌경황별하, 조28)

파다와 팔다는 하타로 읽어서 동일성씨이고 팔다팔대숙녜는 파다팔대숙네, 파다시대숙네 등으로도 표기하는데[70] 앞서 신무천황과 무내숙네 항목에서 파다신의 조 파다팔대숙네가 무내숙네인 것을 보았다.

한편 무풍엽협별명, 무엽협별명, 무파도량화기명, 풍공협별명, 건풍우협별명 등은 이미 이름에서 짐작하겠지만 공통적인 발음으로 하즈라가 들어있어서 같은 사람이다.[71] 그리고 무풍엽협별, 건풍우협별은 타케토요하즈라와케로 읽어서 건풍파두나리기왕과 일치하는 이름이다.

위쪽 성씨를 보면 무풍엽협별명, 무엽협별명, 무파도량화기명, 풍공협별명, 건풍우협별명이 팔다팔대숙네 또 무내숙네이므로 이들은 모두 무내숙네이고 건풍파두나리기왕도 무내숙네이다.

아래쪽 성씨를 보면 조금 전에 봤지만 비고유모수미명은 히코유무스미노미코토로 읽어서 언탕산우명과 발음이 같은 동일인이다. 언탕산우명의 다른 이름인 언장책명은 히코모스노미코토로 읽는데 언금책명이 히코이마스노미코토로 언장책명과 다를 바가 없다.

그래서 비고유모수미명과 언탕산우명, 언금책명, 언장책명은 모두 동일인물이고 이들이 언좌명과 연결되므로 모두 근구수왕이다.

앞서 대랑자(의부부저왕)가 삼국군, 하타군, 식장판군, 주인군, 산도군, 축자미다군, 포세군의 조이므로 무내숙네라 했지만 포세군의 조는 근

---

70 모두 하타노야시로노스쿠네로 읽는다.

71 하쯔라, 하주라, 하지라 등의 발음이 있는데 같은 한자도 이렇게 발음을 달리해 정체를 숨기려고 하는 것이 애처롭기도 하고 이렇게까지 해야 하는 점이 안타깝기도 하다.

구수왕이 된 것처럼, 건풍파두나리기왕도 어명부조, 의강의 아비고, 인해부조, 도우인해부, 도수신, 단파의 죽야별 등의 조여서 무내숙네이지만 인해부의 조가 근구수왕이어서 똑같이 이상한 결론에 도달한다.

이 결론이 틀림없다면 근구수왕이 무내숙네와 동일인이 되어야 하는데 지금까지 살펴본 바와는 다르므로 여기서는 연결고리의 어느 한 부분이 잘못되어 있다고 본다.

그런데 조취조, 조취부, 조양조, 조감부, 예진부, 대탕좌, 약탕좌까지 모두 살펴봐도 근구수왕과의 연결점이 하나도 없다. 그래서 구사기가 언장책명의 이름 아래 품지부군의 조라고 붙인 것은 잘못 기재된 것으로 보이며 이에 따라 성씨록 좌경황별상 포세조신(조12)을 아배조신과 동조라고 한 것도 역시 잘못된 것으로 본다. 이에 따라 성씨록 포세공(조48)의 조 인치명은 포세군의 조 의부부저왕과 동일하게 무내숙네로 본다.

다음 성씨록 인해부의 비고유모수미명과 동일한 언탕산우명, 언금책명, 언장책명이 언좌명으로 연결되어 근구수왕인 것은 치전련 성씨와 연결되는 경아손, 압현주 등을 볼 때 근구수왕이 확실하므로 고사기 개화천황기에서 건풍나리기왕을 인해부조, 도우인해부의 조라고 한 것이 잘못되었다고 본다.

근구수왕의 아들이 무내숙네로 나오므로 후세에 자손들이 선조의 성을 기재하면서 아버지의 성을 아들에게, 또 아들의 성을 아버지에게 적용한 것은 자연스러운 현상일 것이다. 그래서 이런 잘못이 생겼을 수 있다.

아니면 내분을 감추고자 인물까지 뒤죽박죽 섞어서 본래의 사실을 찾아가지 못하도록 방해한 것일 수도 있는데 근구수왕이거나 무내숙녜이거나 한반도에서 건너가 왜를 다스린 사실은 변함이 없다.

사. 완자왕과 상식엽황자

완자와 마려고는 둘 다 마로코로 읽어서 같은 인물이다. 앞서 토상왕과 토왕 항목에서 완자왕이 계체황자이면서 무내숙녜인 것을 살펴봤다. 그래서 마려고왕도 무내숙녜가 되는데 성씨록을 보면 용명황자 마려고왕이어서 용명천황도 무내숙녜가 된다.

- 삼국진인 : 계체황자 완자왕지후야(좌경황별, 조2)
- 당마진인 : 용명황자 마려고왕지후야(우경황별, 조7)

선화紀 원년 3월조를 보면 상식엽황자가 나오는데 별명을 완자라고 했으며 단비공, 위나공의 선(先)이라고 했다. 고사기 선화천황기에는 위나군, 다치비군의 조로 혜파왕이 나와서 상식엽황자, 완자가 혜파왕과 동일인이다.

성씨록에는 위나공이 보이지 않고 단비공이 나오는데 다음과 같다.

- 단비부 : 풍성입언명지후야(화천국황별, 조71)
- 단비련 : 화명명지후야(하내국천손, 풍63)
- 다치비진인 : 선화천황 황자 하미혜파왕지후야(우경황별, 조6)

※ 단비와 다치비는 타지히로 발음이 같음

단비부의 시조가 풍성입언명인데 잠시 후 대대명과 풍성입언명 항목에서 보겠지만 무내숙네이고 완자왕, 상식엽황자, 혜파왕 그리고 혜파왕의 성씨록 이름인 하미혜파왕 등도 모두 무내숙네이다. 단비련에 화명명이 나왔는데 이미 근초고왕임을 알고 있고 무내숙네가 손자이므로 계통이 일치한다.

8. 기성진언명과 신전부왕, 고시왕

기성진언명의 기성도 시키로 읽어서 기성왕과 동일인물로 보기 쉬우나 성씨록을 보면 다른 인물이다. 안령紀를 보면 기성진언명이 저사련의 조로 나온다. 또 구사기 천손본기에는 기성진언명이 저사련과 신전부의 조라고 했는데 성씨록에는 다음과 같다.

- 저사숙네 : 안령천황 황자 지기도비고명지후야(우경황별상, 조35)
- 빙상진인 : 출자 천무황자 일품태총관 신전부왕야(좌경황별, 조5)
- 삼원조신 : 천지천황 황자 일품 신전부왕지후야(좌경황별상, 조10)
- 어원진인 : 정중창태주부(민달)황자 언인대형왕지후야(미정잡성좌경, 월61)
- 신전부숙네 : 안령천황 황자 기성진언명지후야(좌경황별상, 조19)

※ 어원과 삼원은 미하라로 발음이 같음

지기도비고명은 시키쯔히코노미코토로 읽는데 기성진언명과 발음이 같아서 동일인물이다. 지기도비고명 즉 기성진언명이 신전부왕, 언인대형왕으로 연결되고 언인대형왕은 민달천황과 동일인물이므로 이들은 모두 근구수왕이다. 빙상진인의 천무황자 신전부왕에서 천무천황도 신전부왕과 같은 근구수왕이다.

그런데 앞서 기성왕과 식장언인대형기성명 항목에서 삼원진인(조5)[72]의 시조가 천무황자 기성왕이었고 기성왕은 무내숙녜였다. 그러면 천무천황은 근구수왕이기도 하고 무내숙녜도 되는 이상한 결론에 이르게 된다.

- 고계진인 : 출자 천무황자 정광일태정대신 고시왕야(좌경황별, 조5)
- 강진인 : 출자 천무황자 일품증태정대신 사인왕야(좌경황별, 조5)

고시왕은 인물로는 용례가 없고 성씨를 보면 우경천손에 고시련이라는 성씨가 있는데 팔본고시련, 팔태고시련이라고도 했고 팔태는 파다(波多)로 동일해서 고시왕과 천무천황은 무내숙네이다.

중애紀를 보면 강진인과 같은 성씨인 강현주의 조가 웅악으로 되어 있고 와니로 읽는데 따라서 사인왕과 천무천황은 근구수왕이다. 미정잡성 하내국에 사인(월76)이라는 성씨[73]가 있는데 하내국지기의 성씨

72 삼원진인의 삼원은 三園이고 삼원조신의 삼원은 三原이어서 삼원진인과 삼원조신은 다른 성씨이다.

등네직(풍65)의 등네와 발음이 같고 등네직의 시조가 추근진언이어서 역시 근구수왕이다.

이렇게 천무천황이 근구수왕과 무내숙네 둘 다 비정되도록 한 것은 어느 한 부분이 잘못된 것이 아니라 의도적으로 그렇게 한 것으로 보인다.

본서에서 증명되는 대로 일본 고대서적의 여러 가공인물을 실존인물로 대체해 보면 주된 내용이 근구수왕과 무내숙네의 영토 전쟁이다. 697년 일본이 출범하면서 이들의 후손이 모두 같은 땅에 살게 되었는데 부자지간인 선조의 전쟁이 다시 되풀이되는 일이 없도록 선조의 전쟁을 은폐하는 것이 필요했고 그래서 천안하에서 맹약을 한다거나 뱀의 꼬리에서 칼이 나왔다고 하는 이야기로 교묘하게 전쟁을 숨긴 것이다.

이런 이야기를 되풀이해서 끝없이 늘어놓고 거기에 천황을 덧붙여서 있지도 않았던 왕조를 만든 책이 고사기와 일본서기, 속일본기인데 가짜 역사를 마냥 진짜 역사로 착각할까 봐 성씨의 시조로 같은 인물을 연결시키고 성씨의 시조를 모은 성씨록이라는 보완책까지 만들어서 진짜 역사를 읽을 수 있도록 한 것이다.

그러고 보면 천무천황이 근구수왕과 무내숙네 둘 다로 비정되도록 한 것이나 한 성씨의 시조로 근구수왕과 무내숙네가 같이 비정되도록

73 시조가 백제국인 리가지귀왕으로 되어 있고 같은 발음인 등네직이의 시조가 무내숙네여서 리가지귀왕도 무내숙네가 되는데 사인왕이 근구수왕이어서 둘 다 비정된다.

한 것은 둘이 싸우지 않고 한 사람이 되어 평화롭게 지냈으면 하는 후손의 바람이 반영된 것으로 보인다.

따라서 천무천황, 그리고 천무천황과 연관된 성씨에서 근구수왕과 무내숙네가 한꺼번에 비정되는 것은 일본서기를 끝마치기 전[74]에 내분으로 얼룩진 역사를 덮고 다시 같은 뿌리에서 새 시대로 나아가기를 바라는 의미인 것이다.

9. 대대명과 풍성입언명, 다기파세군, 대황전별명

경행紀 2년조를 보면 대대황자와 소대존(일본무존, 일본동남)이 같은 날 쌍둥이로 태어났는데 천황이 이상히 여겨 절구에 큰 소리를 질렀기 때문에 대대(大碓), 소대(小碓)라 한다고 되어 있다. 같은 날 쌍둥이로 태어나서 같은 인물인 것 같지만 성씨록을 보면 다르다.

고사기 경행천황기에 보면 대대명이 수군, 대전군, 도전군의 조로 나와 있고 경행紀 40년조에도 대대황자를 미농국에 봉해 임지로 갔는데 신모진군, 수군의 시조라고 했다.

이를 찾아보면 다음과 같다.

---

74 지통천황이 남아 있지만 고사기가 여왕인 추고천황에서 끝을 냈듯이 일본서기도 여왕인 지통천황을 등장시켰는데 여왕은 연결되는 성씨가 없어서 실존 인물이 누구인지 비정이 불가하다. 따라서 천무천황이 일본서기 내에서 비정할 수 있는 마지막 천황이다. 그래서 싸움을 벌인 둘을 같이 비정되도록 한 것으로 본다.

• 수공 : 모의공 동조. 대대명지후야(좌경황별하, 조28)

• 모의공 : 경행천황 황자 대대명지후야(좌경황별하, 조28)

• 도전신 : 다조신 동조. 신팔정이명지후야(우경황별하, 조42)

• 지전수 : 경행천황 황자 대대명지후야(화천국황별, 조71)

• 지전조신 : 상모야조신 동조. 풍성입언명 10세손 좌태공지후야 (좌경황별하, 조24)

• 상모야조신 : 숭신천황 황자 풍성입언명지후야(우경황별상, 조32)

대대명이 신팔정이명으로 연결되고 지전수가 상모야조신으로 연결되어 풍성입언명으로 이어지는데 앞서 신무천황과 무내숙네 항목에서 신팔정이명이 무내숙네라고 했으므로 대대명과 풍성입언명도 무내숙네이다.

속일본기 환무천황 연력 10년 4월조에 지원공 강주 등이 지원과 상모야 두 성씨는 풍성입언명으로부터 나왔으므로 거주지에 따라 주길조신을 내려달라고 청을 해 들어 준 것이 나온다. 따라서 지원과 상모야, 주길은 시조가 풍성입언명으로 같은데 성씨록에서도 이것이 확인된다.

• 지원조신 : 주길 동씨. 다기파세군지후야(좌경황별하, 조25)

• 주길조신 : 상모야조신 동조. 풍성입언명 5세손 다기파세군지후야 (좌경황별하, 조25)

• 상모야조신 : 하모야조신 동조 풍성입언명 5세손 다기파세군지후야

(좌경황별하, 조24)

응신紀 2년조를 보면 근조황자가 대전군의 시조라고 해서 고사기에서 대전군의 조로 나오는 대대명의 이명이 또 하나 있는데 구사기 천황본기에도 근조황자가 대전군의 조라 했다. 같은 천황본기에 대전별의 조로 풍문입언명이 있는데 토요토이리비코노미코토로 읽어서 풍성입언명의 토요키이리비코노미코토와 다를 바 없는 이름[75]이므로 대대명이 풍성입언명으로 연결되어 무내숙네인 것을 재확인할 수 있다.

한편 하모야조신과 동조이고 다기파세군을 시조로 하는 상모야조신(조24)의 부가 설명에 웅략천황 때 노하군의 아들 백존(百尊)이 아이를 낳은 딸을 축하하고 돌아오다가 응신천황의 능 옆에 말을 탄 사람이 있어서 이야기를 나누다 말을 바꾸었는데 다음날 보니 토마(土馬)로 변해 있어서 성을 능변군이라 했으며 황극천황 때 전변사라 했고 천평승보 2년 상모야로 개성했으며 홍인원년 조신을 사성 받았다고 되어 있다.

이 이야기는 웅략紀 9년 7월조에 나온다. 전변사 백손(伯孫)의 딸은 서수 가용의 처인데 아이를 낳아 백손이 축하하고 달밤에 돌아오다 응신천황의 능 옆에서 붉은 말을 탄 사람을 만났는데 그 말이 용처럼 하늘을 날기에 가지고 싶어서 말을 채찍질해 말머리를 나란히 하고 달렸

75 토요토의 토는 도시, 무리의 뜻이고 토요키의 키는 성곽의 뜻으로 의미가 같다.

는데 그 말이 달리기 시작하자 순식간에 보이지 않았다.

나중에 말 주인이 백손이 가지고 싶음을 알고 교환해 주어서 돌아와 마구간에 넣었는데 아침에 일어나 보니 토마로 변해 있었다. 응신천황의 능에 가보니 자기가 타던 말이 토마 사이에 있었다. 자기 말을 가져오고 토마를 놓아두었다고 적고 있다.

능변군이 전변사가 되고 다시 상모야조신이 되었으므로 이 성씨의 시조는 동일한 사람이다. 능변군은 성씨록에 없고 전변사는 다음과 같다.

- 전변사 : 풍성입언명 4세손 대황전별명지후야(우경황별상, 조33)
- 전변사 : 한왕 지후(之後) 지총지후야(우경제번한, 월21)

백존 또는 백손이 상모야조신으로는 다기파세군, 전변사로는 대황전별명으로 되어 있는데 이들은 모두 동일인물이다. 백존이 응신천황과 말을 바꾸었기 때문에 백존은 응신천황이다. 응신천황은 앞서 천일창과 응신천황 항목에서 무내숙네였으므로 백존도 무내숙네가 되고 따라서 백손, 다기파세군, 대황전별명, 지총도 모두 무내숙네이다.

10. 치무언명과 어지별명, 도속별

효령紀를 보면 치무언명이 길비신의 시조로 되어 있다. 고사기 효령천황기에는 비고이좌세리비고명, 별명 대길비진일자명이 길비상도신의 조로 나오고 약일자건길비진일자명이 길비하도신과 입신의 조로 되어 있다. 하지만 성씨록에는 치무언명만 나온다.

- 길비조신 : 대일본근자언대경(효령)천황 황자 치무언명지후야
  (좌경황별상, 조17)
- 길비신 : 치무언명 손 어우별명지후야(우경황별하, 조42)
- 입신 : 입조신 동조. 치무언명 손 압별명지후야(우경황별하, 조41)
- 입조신 : 효령천황 황자 치무언명지후야(우경황별하, 조41)

구사기 천황본기에 치무언명왕을 미진군, 휘전군, 무부군의 조라 했는데 무부는 타케루베로 읽고 시조가 일본무존인데 근구수왕임을 알고 있으므로 치무언명도 근구수왕이 된다. 휘전군은 용례가 없고 미진군(오쯔노키미)은 다음과 같다.

- 미진직 : 한 고조 5세손 대수명지후자(미정잡성대화국, 월70)
- 소규신 : 수인천황 황자 어지별명지후야(좌경황별하, 조28)
  ※ 소규는 오쯔기, 어지별은 오찌와케로 읽어 미진의 오쯔와 연결됨

대수명과 어지별명이 나왔는데 이들이 무부의 조인 일본무존과 동일한 사람이 되어야 하므로 이들은 근구수왕이다. 앞서 백제왕과 주왕 항목에서 수인천황과 경행천황이 모두 근구수왕이라고 했는데 근구수

왕인 수인천황의 아들로 되어 있는 어지별명도 근구수왕이어서 근구수왕의 아들 근구수왕이 되는데 역시 대수 늘리기이다. 한 고조도 백제를 가리는 목적이며 근초고왕이다.

한편 응신紀 22년조를 보면 성씨록에 치무언명의 손으로 되어 있는 어우별이 형제자손을 선부(膳夫)[76]로 섬기게 하므로 길비국을 갈라서 나누어 주는데 장자 도속별은 하도신, 중언은 상도신과 향옥신, 제언은 삼야신의 시조가 되었다고 나온다.

- 하도조신 : 길비조신 동조. 치무언명 남 길비무언명지후야(좌경황별상, 조17)
- 진발부 : 치무언명 남 길비무언명지후야(우경황별하, 조42)
- 진발부 : 천수일명지후자(미정잡성화천국, 월79)

장자 도속별은 하도신의 시조로 치무언명 아들인 길비무언명 또 천수일명으로 이어진다. 천수일명은 제3장 천수일명 항목에서 보겠지만 무내숙네이다. 그래서 도속별은 무내숙네로 보기 쉽다.

하지만 우경황별하 여원공(조42) 성씨를 보면 입신 동조이고 시조가 치무언명인데 부가설명에 손자 길비건언명(키비타케히코노미코토)이 경행천황 때 동방을 정벌해서 귀신을 쫓고 여원국을 합병했다고 나온다.

경행紀를 보면 동방을 정벌한 인물은 일본무존이고 근구수왕인데

76 반찬을 챙기는 사람, 즉 음식 수발을 하는 사람을 말한다.

길비무언명이 길비건언명과 발음이 같아서 일본무존이자 근구수왕이다. 따라서 도속별은 근구수왕이 된다. 진발부는 한 성씨의 시조가 둘인 경우이다.

중언은 나카쯔히코로 읽고 상도신과 향옥신의 조로 되어 있는데 상도신과 향옥신은 성씨록에 용례가 없다. 중언은 성씨록에 중왕으로 나온다.

- 판전진인 : 출자 계체황자 중왕지후야(우경황별, 조6)
- 판전숙녜 : 식장진인 동조. 응신황자 치순모이파왕지후야(좌경황별상, 조18)
- 판전주인진인 : 식장진인 동조(좌경황별, 조1)

일단 판전진인의 시조를 보면 계체황자 중왕으로 되어 있고 판전숙녜는 응신황자 치순모이파왕이어서 계체천황과 중왕이 응신천황이자 치순모이파왕과 동일인물이 된다. 응신천황과 치순모이우왕이 무내숙녜이므로 같은 성씨를 쓰는 계체천황과 중왕도 무내숙녜이다.

계체천황 원년 3월조에 중황자를 판전공의 선(先)이라고 한 일본서기의 기록과 역시 중황자를 판전공의 조로 본 구사기 제황본기의 기록이 있어서 중언, 중왕, 중황자가 계체천황이자 무내숙녜인 것이 확인된다.

한편 인덕천황 즉위전기에 액전대중언황자가 왜의 둔전 및 둔창을 관장하려고 하면서 출운신의 조 어우숙녜에게 둔창은 본래 산수(山守)의 땅이므로 자신이 다스리려고 하니 그대는 관장할 수 없다고 말하는 대목이 있다.

액전대중언황자가 둔창이 산수의 땅이므로 권한이 있다고 한 것은 산수의 시조와 연결된 인물임을 보여주는데 앞서 백제왕과 주왕 항목에서 섭진국황별 산수(조57)의 시조 수인천황 황자 오십일족언명이 근구수왕임을 살펴봤으므로 액전대중언황자는 근구수왕이 된다.

따라서 중언과 액전대중언황자는 무내숙네이자 근구수왕이 되는 이상한 결론에 도달하게 되는데 액전대중언황자는 비록 중언이라는 이름이 들어 있지만 앞에 대(大)가 들어 있어서 대족언(大足彦)인대별 천황인 경행천황과 연결되어 근구수왕이 된 것으로 본다.

중애천황의 화풍시호인 족중언(足仲彦)천황도 중언이 들어있지만 일본서기의 내용을 보면 웅습을 치다가 적의 화살에 맞아 죽었다 했으며 웅습국은 소잔오존이 내려온 신라국의 소나라로서 무내숙네가 다스린 곳이므로 중애천황도 근구수왕이 된다. 그 외 중언, 중왕은 성씨록에 따라 무내숙네로 비정한다.

마지막으로 제언이 있는데 성씨를 갖고 있지 않고 구사기 국조본기를 보면 삼야국조로 나온다. 고사기 경행천황기에 삼야국조의 조가 대근왕(大根王)으로 나와서 같은 인물이다. 대근왕은 오호네노미코로 읽고 성씨록에는 태근사주로 나온다.

- 촌주 : 위옥촌주 동조. 태근사주지후야(화천국제번백제, 월59)
- 촌주 : 위옥촌주 동조. 의보하라지왕지후야(섭진국제번백제, 월45)
- 위옥촌주 : 백제국인 의보하라지왕지후야(화천국제번백제, 월59)

대근왕인 태근사주가 다시 의보하라지왕과 동일인물인데 의보하라지는 오호카라키로 읽고 오호는 대(大), 카라는 가라, 키는 성(城)으로 나라의 의미도 갖고 있으므로 오호카라키는 대가라국이다.

그래서 의보하라지왕은 대가라국왕이고 일본서기 수인천황 2년조에 나오는 의부가라국왕인 아라사등이다. 의부도 오호로 읽어서 대(大)이므로 대가라국왕이 된다. 아라사등은 제3장 소잔오존과 소나라 항목에서 무내숙네로 밝혀지므로 태근사주, 대근왕, 제언까지 모두 무내숙네이다.

도속별과 중언, 제언이 근구수왕과 무내숙네이므로 이들을 낳은 어우별명은 근구수왕의 아버지여서 근초고왕이 되어야 한다. 하지만 길비신 성씨를 보면 어우별명이 치무언명의 손자로 되어 있어서 근초고왕이 될 수가 없다. 근구수왕의 손자이면서 근구수왕을 낳기도 했으므로 어우별명은 근구수왕으로 비정한다.

다시 보면 약일자건길비진일자명이 길비하도신과 입신의 시조라 했고 하도신의 시조 길비무언명과 입신의 시조 치무언명은 근구수왕이므로 약일자건길비진일자명은 근구수왕이 된다.

비고이좌세리비고명, 별명 대길비진일자명도 길비상도신의 조로 나오고 중언이 상도신과 향옥신의 조라 했으므로 비고이좌세리비고명인 대길비진일자명은 무내숙네여야 하지만 비고이좌세리비고명의 발음 히코이사세리히코노미코토는 언오십협근언명과 같고 제3장 명일명문명과 천향산명 항목에서 보겠지만 근구수왕이다.

이처럼 고사기와 일본서기는 한 대(代)만 건너도 다른 인물로 바뀌고 같은 형제도 다른 인물로 되기 때문에 무턱대고 읽으면 엉뚱한 결론에 도달하기 십상이다. 성씨록을 참조하지 않으면 본질을 잃고 배가 산으로 가게 되므로 주의해야 한다.

11. 그 외 황별 인물

가. 화염왕과 금촌대련

화염왕은 선화천황의 아들로 일본서기에 추전군의 조로 되어 있지만 성씨록에 추전군은 없고 고사기에는 지비타군의 조 화수왕으로 나오지만 역시 용례가 없어서 성씨록의 인물로 추정할 수밖에 없다.

- 위나진인 : 선화황자 화염왕지후야(섭진국황별, 조8)
- 위나부수 : 이향아색호명 6세손 금련지후자(미정잡성섭진국, 월72)
- 천원공 : 위나진인 동조. 화염왕지후야 (섭진국황별, 조53)
- 중환자 : 일신명 9세손 금촌대련지후야(대화국천신, 풍41)
- 신송조 : 도신명 8세손 금촌대련공지후야(좌경천신, 풍10)

화염왕은 이향아색웅명 6세손 금련과 금촌대련 또 선화천황과 연결되어 있다. 앞서 완자왕과 상식엽황자 항목에서 선화紀 원년 3월조의 상식엽황자가 위나공의 선(先)이라고 했고 무내숙네여서 위나진인의 시조인 화염왕도 무내숙네가 된다.

금련은 금촌대련과 동일한 인물이다. 민달紀 12년조에 대반금촌대련이 나오는데 화(火)· 위북국조 형부채부아리사등의 아들 달솔 일라라고 했고 몸이 화염처럼 빛이 나서 두려워 죽이지 못했고 12월 그믐에 빛이 없을 때 죽였다고 했다. 화염은 화염왕으로 되고 달솔 일라, 대반금촌대련이어서 이들은 무내숙네이다.

나. 목토숙네와 옥주인남무웅심명, 언파렴무로자초집부합존

인덕紀 원년조를 보면 대초료존인 인덕천황이 태어나는 날 부엉이(木菟, 목토)가 날아들었고 같은 날 태어난 무내숙네의 아들에게도 뱁새(鷦鷯, 초료)가 날아들었다. 그래서 새의 이름을 서로 바꾸어 붙여서 대초료황자, 목토숙네로 했는데 목토숙네는 평군신의 시조로 나온다.

무내숙네의 아들인 목토숙네의 목토는 쯔쿠로 읽고 도구(都久)와 발음이 같다. 그래서 목토숙네는 도구숙네와 같이 쓰이는데 하내국황별 액전수(조61)가 평군목토숙네로 되어 있고 산성국천신의 액전신(풍33)이 이향아색웅명으로 되어 있다. 이향아색웅명이 무내숙네이므로 같은 액전 성씨의 시조 평군목토숙네도 무내숙네가 되며 도구숙네도 무내숙네이다. 또 목토숙네가 대초료황자와 이름을 맞바꾸었으므로 대초료황자 즉 인덕천황도 무내숙네가 된다.

고사기 효원천황기에는 건내숙네의 아들이 7명 있는데 파다팔대숙네, 허세소병숙네, 소아석하숙네, 평군도구숙네, 목각숙네, 갈성장강회도비고, 약자숙네가 있다. 그 중 파다팔대숙네, 허세소병숙네, 소아석하숙네, 평군도구숙네, 갈성장강회도비고(갈성습진언)는 모두 건내숙네와 동일인으로 밝혀졌다.

- 강소신 : 석천 동씨 건내숙녜 남 약자숙녜지후야(대화국황별, 조49)
- 기조신 : 석천조신 동조 건내숙녜 남 기각숙녜지후야(좌경황별상, 조15)
- 기조신 : 석천조신 동조 옥주인웅건저심명지후야(우경황별상, 조30)

약자숙녜를 시조로 하는 강소신의 강소는 에누마로 읽고 구사기 국조본기에 강소국조가 소아신 동조 무내숙녜 4세손 지파승족니로 나온다. 강소신의 시조와 강소국조가 같은 사람이어야 하므로 강소국조에서 4세손이라고 한 것은 대수 늘리기로 본다. 흠명천황 31년 3월조에 강순신(江渟臣) 군대가 나오는데 강순신이 강소군과 같다고 주석이 되어 있다.

강순신은 에누노오미로 읽으므로 에누마에서 마가 생략된 것이다. 또한 고사기 효원천황기에서 약자숙녜를 에노마로 읽었으므로 역시 누와 노는 아무런 차이 없이 바꿔 쓰는 발음이다. 그래서 강순신의 에누는 에노로도 발음되고 성씨록에 나오는 역직의 에노아타헤, 강수의 에노오비코와 같은 이름이 된다.[77]

- 역직 : 고어혼명 손 천신립명지후야(하내국천신, 풍58)

77 원래 발음은 에노노오미인데 노가 중첩되면 하나만 발음하므로 에노오미가 되어 에노아타헤, 에노오비코와 같은 성씨가 된다.

• 강수 : 언팔정이명 7세손 내목진언명지후야(하내국황별, 조64)

• 갈성직 : 천신립명지후자(미정잡성섭진국, 월71)

• 갈성조신 : 갈성습진언명지후야(좌경황별하, 조27)

• 구미조신 : 무내숙녜 5세손 도목숙녜지후야(우경황별, 조32)

역직의 천신립명이 갈성직의 시조가 되고 갈성습진언으로 연결되어 무내숙녜가 되고 강수의 내목진언명도 내목과 구미가 쿠메로 같은 발음이어서 내목진언명이 도목숙녜로 연결되어 역시 무내숙녜이다. 따라서 강순신 군대와 지파승족니, 약자숙녜가 모두 무내숙녜이다.

기각숙녜는 목각숙녜라고도 하는데 목(木)과 기(紀)를 다 '키'로 읽는다. 목각숙녜는 고사기에 목신(木臣)의 시조로 나오는데 같은 발음인 기신(紀臣), 다시 기조신과 연결되어 기각숙녜가 되고 같은 기조신 성씨의 시조이므로 옥주인웅건저심명과 동일인물이 된다. 또 약자숙녜와도 동일인물이므로 이들은 모두 무내숙녜이다.

한편 경행紀 3년조에 무내숙녜를 낳았다고 하는 옥주인남무웅심명을 야누시오시오타케오고코로노미코토로 읽는데 옥주인웅건저심명을 야누시오시오타케이고로노미코토라 하므로 별 차이가 없는 발음으로 동일인이다.

신대紀 8단 일서6에도 대기귀명이 나라를 다스릴 때에 출운국의 오십협협의 해변에 가서 음식을 먹으려고 할 때 뱁새의 깃으로 만든 옷을 입은 남자가 배를 타고 왔는데 소언명명이라고 했다. 발음이 스쿠나히코나노미코토인데 고사기 효원천황기를 보면 소명일자건저심명이 스쿠나히코타케이고코로노미코토로 읽어서 스쿠나히코가 같기 때문에 같은 인물이다.

소명일자건저심명과 옥주인남무웅심명의 뒷부분의 이름이 타케이(오)고코로노미코토로 같아서 같은 인물이다. 옥주인남무웅심명이 무내숙네이므로 소명일자건저심명, 소언명명도 무내숙네이다.

앞서 천인수이존과 화명명 항목에서 언화화출견존의 아들인 언파렴무로자초집부합존이 가마우지의 깃털로 지붕을 얹은 집에서 태어났기 때문에 그런 이름을 지었다고 했으며 언화화출견존은 신무천황의 조부가 되지만 이름이 같아서 신무천황과 동일인이고 무내숙네라고 한 바 있다.

언파렴무로자초집부합존의 아버지와 아들이 모두 무내숙네이므로 언파렴무로자초집부합존도 무내숙네가 된다. 또 뱁새의 깃털이나 가마우지의 깃털이나 새의 깃털인 것은 동일하므로 무내숙네임이 재확인된다.

다. 대산수명

대산수명은 응신천황의 아들인데 응신紀 2년조에 토형군과 진원군의 시조로 되어 있다. 토형은 성씨록에 없고 하내국황별 진원(조66)의 시조가 대산수명이고 섭진국황별 진원공(조53)이 식장진인 동조이면서 시조가 대산수명으로 되어 있다. 식장진인은 시조가 응신황자 치순모이우왕이어서 무내숙네이다.

그런데 주석에 동조는 잘못됐다고 하면서 진원공의 시조를 식장진인 치순모이우왕이라고 했다. 진원공의 시조가 치순모이우왕이면 이는 일본서기에 대산수황자를 토형군, 진원군의 시조라 한 것은 잘못이고 치순모이우왕을 토형군, 진원군의 시조라 해야 맞는 것이다. 이렇게 고치면 진원의 시조도 예전천황 황자 치순모이우왕으로 된다.

대산수명과 관련된 성씨를 찾아보면 산수가 있다.

- 산수 : 수인천황 황자 오십일족언명지후야(섭진국황별, 조57)
- 산공 : 수인천황 황자 오십일족언별명지후야(화천국황별, 조72)

오십일족언명은 앞서 백제왕과 주왕 항목에서 근구수왕으로 나왔다. 그래서 대산수명도 근구수왕이다. 그런데 대산수명이 시조인 성씨가 더 있다.

- 일치조신 : 응신천황 황자 대산수왕지후야(우경황별하, 조43)
- 일치부 : 천즐옥명 남 천즐이명지후자(미정잡성화천국, 월79)

대산수왕이 천즐이명과 동격으로 되어 있는데 천즐옥명은 근구수왕이고 그 아들인 천즐이명은 무내숙녜가 된다. 천즐이명의 이(耳)는 미미로 읽는데 신팔정이명과 같아서 무내숙녜로 일치한다.

이것은 대산수왕이 진원군의 시조인 것을 따른 것이며 천즐이명이 무내숙녜이므로 대산수명도 무내숙녜로 인식해 같은 성씨에 넣은 것이다. 하지만 대산수왕이 무내숙녜가 아니므로 이는 잘못된 것이며 대산수명은 근구수왕으로 비정한다.

라. 춘일왕

좌경황별 향산진인(조4) 성씨에 민달황자 춘일왕으로 나오므로 춘일왕은 민달천황과 동일인물이고 근구수왕이다.

마. 예옥별왕

좌경황별상 간인숙네(조19)의 시조로 중애천황 황자로 되어 있다. 좌경천신 간인숙네(풍11)는 신혼명 5세손 옥즐비고명이 시조로 되어 있고 구사기 천신본기에는 천옥즐언명이 간인련의 조로 되어 있는데 석상포도대신과 칠지도 항목에서 근구수왕이라고 밝힌 바 있다. 따라서 예옥별왕도 근구수왕이다.

바. 도배입언명과 진혼명, 근혼명

도배입언명은 경행紀 경행천황의 아들이다.

- 좌백직 : 경행천황 황자 도배입언명지후야(우경황별하, 조40)
- 좌백숙녜 : 대반숙녜 동조. 도신명 7세손 실옥대련공지후야(좌경천신, 풍9)
- 좌백조 : 천뢰신 손 천압인명지후야(우경천신, 풍22)
- 좌백수 : 천압일명 11세손 대반실옥대련공지후야(하내국천신, 풍58)
- 대반숙녜 : 고황산영명 5세손 천압일명지후야(좌경천신, 풍9)

성씨를 보면 일단 도배입언명과 대반실옥대련, 천압인명이 동일한 인물로 되어 있다. 도신명, 천압일명, 천뢰신은 천인수이존과 화명명 항목에서 근구수왕임을 살펴봤다. 따라서 도배입언명은 근구수왕이다.

한편 구사기 신대본기를 보면 진혼명의 아들 전옥명이 소부련의 조로 나온다. 구사기에서는 소부련을 카모리로 읽는데 암파문고의 일본서기에서는 카니모리로 읽고 성씨록의 소수련과 동일하다.

- 소수련 : 진혼명 4세손 천인인명지후야(하내국천신, 풍62)
- 소수 : 근혼명 4세손 천인인명지후야(대화국천신, 풍42)
- 소수숙녜 : 진혼명지후야(하내국천신, 풍61)
- 소수전수 : 무내숙녜 남 기각숙녜지후야(화천국황별, 조67)

- 팔태조 : 화다죄풍옥언명 아(兒) 포류다마내명지후야(우경지기, 풍30)
- 팔다조신 : 석천조신 동조. 무내숙녜명지후야(우경황별상, 조29)

※ 팔태와 팔다는 하타로 같은 발음임

진혼명과 근혼명, 포류다마내명은 모두 후루타마노미코토로 읽어서 같고 후루는 왕인과 언모진명 항목에서 석상신궁이 있는 나라현 천리시 내 지명인 포류(布留)인데 포류숙녜의 시조가 미병도대사주명으로 근구수왕인 것을 왕인과 난파왕 항목에서 확인했으므로 이들은 모두 근구수왕이다.

하타로 읽히는 팔태, 팔다는 무내숙녜와 연결되는데 근구수왕인 포류다마내명으로 연결되는 것은 한 성씨의 시조가 둘인 경우이다. 소수련과 소수전수를 보면 천인인명이 무내숙네 또는 기각숙네와 연결되는데 이미 기각숙네도 무내숙네임을 알고 있으므로 천인인명과 진혼명의 아들 전옥명도 무내숙네이다.

사. 하도왕

좌경황별상 춘원조신(조10)의 시조로 천지천황 황자로 나온다. 역시 좌경황별상 담해조신(조12)이 춘원조신 동조로 되어 있다. 고사기 효원천황기에 파다팔대숙네가 담해신의 조이므로 무내숙네이다.

아. 기입언명

우경황별하 어립사(조39)의 시조이고 어사 동조로 되어 있다. 좌경황별 어사조신(조18)은 출자 경행황자 기입언명이어서 기입언명은 경행천황이고 근구수왕이다.

자. 장왕

우경황별 문실진인(조7)에 천무천황 황자로 나오고 화천국지기 장공(풍75) 성씨가 대나모지신 아들 적우팔중사대주명지후로 되어 있다. 대나모지신은 오호아나무지로 읽히고 신대紀에 나오는 대기귀신인데 그 아들이 사대주신이다.

구사기 천신본기에 대기귀명의 아들 사대주신의 별명이 도미치팔중사대주신이며 왜국 고시군 고시사에 진좌하고 있다고 나온다. 고시왕이 무내숙네이므로 적우팔중사대주명과 장왕도 무내숙녜이다.

차. 중왕

우경황별 판전진인(조6)의 시조가 계체황자 중왕으로 나와 있어서 중왕은 계체천황이며 무내숙녜이다. 앞서 중언이 무내숙녜인데 중왕도 똑같은 이름이므로 무내숙녜일 수밖에 없다.

카. 제승과 면적명, 언협도명

제승은 좌경황별상 광근조신(조10)의 시조다. 광인천황이 현견양숙녜의 여자와 낳았다고 되어 있다. 속일본기 광인천황 보귀원년 9월조에 견부 내마려 등을 본래의 성인 현견양숙녜로 돌려주었다고 되어 있어서 견부(犬部)는 현견양(縣犬養)과 같은 성씨이다.

현견양과 연관된 성씨를 성씨록에서 보면 다음과 같다.

- 해견양 : 해신 면적명지후야(우경지기, 풍30)
- 안담련 : 면적신명 아 수고견명지후야(하내국지기, 풍65)
- 아담견양련 : 해신 대화다죄신 3세손 수사도구명지후야(섭진국지기, 풍54)
- 팔태조 : 화다죄풍옥언명 아 포류다마내명지후야(우경지기, 풍30)

포류다마내명의 포류다마는 후루타마로 읽고 앞서 도배입언명과 진혼명 항목에서 진혼명, 근혼명과 같이 근구수왕이었다. 그래서 동격으로 되어 있는 수고견명, 수사도구명이 근구수왕이어야 하는데 그렇지 않다. 일단 면적과 화다죄를 와타쯔미로 읽어서 면적명과 대화다죄신, 화다죄풍옥언명은 동일인물이다.

신대紀 5단에 보면 저진소동명, 중진소동명, 표진소동명을 아담련이 제사지낸다고 했는데 소동명은 면적명과 같은 발음이고 아담련은 안담련과 발음이 같다. 그래서 수고견명, 수사도구명은 면적명, 대화다죄신과 동일인물이다.

면적명은 해신(海神)인데 구사기 천황본기를 보면 해직(海直)의 조를 언협도명이라고 했으므로 면적명과 언협도명도 같은 인물이다. 구사기 국조본기에 상모야국조를 풍성입언명 손자 언협도명이라고 했는데 좌경황별하 수수사(조26)를 보면 언협도명이 풍성입언명의 아들로 나온다.

숭신紀 48년 4월조에 상모야군의 조를 풍성명이라 했고 우경황별상 상모야조신(조32)의 시조가 풍성입언명이다. 상모야군의 조가 상모야국조이므로 언협도명은 풍성명과 같이 풍성입언명이고 대대명과 풍성입언명 항목에서 풍성입언명이 무내숙네라고 했으므로 언협도명과 면적명, 대화다죄신, 화다죄풍옥언명은 모두 무내숙네이고 제승도 무내숙네이다.

다죄(多罪)는 죄가 많다는 것인데 이것은 무내숙네가 아버지 근구수왕의 말을 듣지 않고 반란을 일으켜 계속 근구수왕과 싸움을 하므로 죄를 많이 지었다는 표현이다.

타. 어방대야

좌경황별하 신능(조27)의 시조이다. 어방대야의 대야를 오호누로 읽는다. 우경황별상 대야조신(조33)이 풍성입언명 4세손 대황전별명으로 되어 있다. 대황전별명은 무내숙네이므로 어방대야도 무내숙네이다.

파. 아거내왕

산성국황별 식장죽원공(조49)이 응신천황 3세손 아거내왕으로 되어 있는데 식장은 응신황자 치순모이우왕이 자리한 곳이므로 아거내왕은 무내숙네이다.

하. 왜일향건일향팔강다명

화천국황별 경부(조71)의 시조이다. 미정잡성 섭진국 아손(월71) 성씨에 풍성입언명 남 팔강다명이 보이고 고사기 효원천황기에 경부신의 조를 허세소병숙네라 했으므로 무내숙네이다.

거. 안세

좌경황별상 양잠조신(조9)의 시조로 환무천황이 백제숙네의 여자와 낳았다고 되어 있다. 성씨록에 백제숙네는 보이지 않는다. 문무천황 이후의 천황은 무내숙네의 후예이므로 환무천황, 광인천황도 무내숙네의 후예이다. 따라서 안세도 무내숙네이다. 마찬가지로 환무천황, 광인천황이 낳은 제승, 강성 등도 무내숙네가 된다.

너. 식률왕

좌경황별 권연진인(조4)의 시조로 용명황자 식률왕으로 되어 있다. 좌경천신에 식률련(풍3)이 대중신 동조로 되어 있으며 대중신조신과 동조인 등원조신(풍1)의 시조가 진속혼명 3세손 천아옥근명이므로 식률왕은 용명천황과 함께 근구수왕이다.

더. 강성

좌경황별상 장강조신(조9)의 시조다. 환무천황이 다치비진인의 여자와 결혼해 낳았다고 되어 있어서 강성은 무내숙네의 후예이다.

러. 대우미

좌경황별 담해진인(조4)의 시조로 출자 천지황자 대우미여서 천지천황이다. 고사기 효원천황기에 파다팔대숙네가 담해신의 조이므로 무내숙네이다.

머. 식속별명

우경황별하 아보조신(조38)의 시조로 수인천황 황자로 되어 있다. 고사기 수인천황기에 혈태부별의 조로 이허파야화기명이 있는데 이코바야와케노미코토로 식속별명과 이름이 같다. 혈태부는 아나호베로 읽는데 미정잡성 하내국의 공왕부수(월74)의 공왕부와 같고 혈수천황이 시조이다.

구사기 천황본기를 보면 형언명이 대분혈수어배별(오호키타아나호),

해부직, 삼야우니수별의 조로 나온다. 해부는 고사기 응신천황기에 산부, 산수부, 이세베 등과 함께 응신천황이 정한 것으로 되어 있고 응신천황은 치순모이우왕 항목에서 무내숙네였으므로 형언명도 무내숙네가 된다. 따라서 혈수천황, 식속별명은 무내숙네이다.

버. 오백목입언명

우경황별하 고조련(조40)의 시조로 경행천황 황자로 되어 있다. 고조를 타카시누로 읽는데 고지련(풍22)의 고지가 타카시이므로 같은 성씨이고 고혼명 9세손 일신명으로 되어 있어서 근구수왕이다.

서. 하양왕

좌경황별 삼도진인(조4)의 시조가 서명황자 하양왕으로 되어 있고 우경천신 삼도숙네(풍22)가 신혼명 16세손 건일수명으로 되어 있다. 구사기 천신본기에 천신옥명을 삼도현주의 조라 했으므로 하양왕, 건일수명과 동일인물이다. 옥(玉)은 근구수왕에게 집중되어 사용되는데 석상포도대신과 칠지도 항목에서 천신옥명이 근구수왕이라 했으므로 건일수명, 하양왕, 서명천황도 근구수왕이다.

어. 내목왕

내목부 원조 천환진대래목은 기성왕과 식장언인대형기성명 항목에서 무내숙네로 확인되었다.

저. 광세

우경황별하 고원조신(조44)의 시조다. 속일본기 폐제 천평보자 4년 2월 석천조신 광성에게 고원조신의 성을 내리는 것이 나오므로 고원조신의 원래 성은 석천조신이다. 석천조신(조14)의 시조는 언태인신명인데 앵정조신(조15), 생강신(조16), 적신(조46), 기조신(조30), 임조신(조16) 등 석천조신과 동조인 성씨의 시조가 전부 무내숙네로 나온다. 그래서 광세는 무내숙네로 본다.

처. 신

원조신(조8)을 보면 신(信)의 성씨를 광정씨로 복원하고 남동생과 여동생 7인도 상모야, 반고, 포세, 당마, 백제씨로 복원했으며 신을 호주로 삼았다고 나온다. 광정련(월44)은 백제국 피류왕으로 나오고 상모야(조32)는 풍성입언명으로 무내숙네, 포세(조12)는 아배(조12) 동조로 근구수왕, 당마(조7)는 마려고왕으로 무내숙네로 연결된다. 반고는 성씨록에 없고 백제씨는 어느 왕으로도 비정할 수가 없다. 원조신의 원(源)은 근원을 나타내므로 신은 근초고왕이고 동생은 근초고왕의 후손으로 본다.

제3장

신찬성씨록의 실존 인물 (신별)

신찬성씨록 제2질(風)은 신별로 분류된 성씨로서 신대기에 실려 있는 인물들을 정리한 것이다. 총 404개의 성씨가 있는데 황별의 335개에 비해 많지만 수록 인물은 황별의 76명보다 더 적은 61명에 그친다. 요속일명과 화명명 두 인물이 1/3이 넘는 비중을 차지하고 있기 때문이다.

표3)에 인물을 정리해 봤다.

표3) 신별 수록 인물

연번	중복 개수	수록된 인물(시조 표현 인물)	수록 인물수
합계			61
1	90	요속일명	1
2	54	화명명	1
3	38	신혼명(신모수비명)	1
4	22	천아옥근명	1
5	20	고혼명(고황산영존, 고미모수비명)	1

6	19	천수일명, 진속혼명	2
7	18	천진언근명(천도비고녜명)	1
8	11	이향아색웅명(이향아색호명)	1
9	9	각응혼명	1
10	7	면적명(대화다죄신, 화다죄풍옥언명, 면적풍옥언신), 진혼명(근혼명)	2
11	6	대국주명, 화란강명(부내수좌리내명, 부수세리명)	2
12	4	도신명, 천도근명(천도니내명), 명일명문명(명일명전명), 압건진신명(건각신명, 압건옥의언명)	4
13	3	추근진언명, 천입일명, 대명초언명, 대물주명, 건반근명, 신지진언명, 일신명	7
14	2	천어중주명, 천사대주명(천사대명), 대기귀명(대나모지신), 대폐소저명, 선지속일명	5
15	1	모수비명, 소좌능웅명, 천부귀명, 천어영명, 천좌귀리명, 천저립명, 천내팔중사대주신, 천지명, 이기도마려, 천각사리명, 천벽립명, 천구사마비지도명, 천즐옥명, 천물지명, 천삼수명, 천상명, 천뢰신, 아목가기표명, 오전편우명, 우마지마치명, 이수모수비명, 이애모애비명, 담저기단저수명, 석수압별신, 가미비가니, 천파명, 가비량명, 사사도모수비명, 목근내명, 지여파지명, 실옥대련	31

먼저 괄호가 있는 부분부터 살펴보자. 신혼명과 신모수비명은 카미무스비로 같다. 고혼명과 고황산영존, 고미모수비명은 타카미무스비로 같다. 천진언근명과 천도비고내명은 아마쯔히코네로 읽어서 동일인물이다.

면적명과 대화다죄신, 화다죄풍옥언명, 면적풍옥언신은 공통적으로 와타쯔미가 들어간다. 풍(토요), 옥(타마)은 수식어이다. 진혼명과 근혼명은 아메노오시비토로 같다. 부내수좌리내명은 호노스사리(호스사리), 부수세리명은 호스세리, 화란강명은 호스소리로 발음상 차이가 없다.

이향아색웅명과 이향아색호명은 이카가시코오로 같다. 천도근명과 천도니내명도 아메노미찌네이다. 명일명문의 아스나도와 명일명전의 아스나타는 발음이 조금 다르지만 성씨가 같아서 같은 인물이다.

건각신명과 건진신명은 타케쯔미로 같고 건옥의언명은 타케타마요리히코로 이름은 다르지만 성씨가 같아서 동일인물이다. 천사대명은 천사대주명의 주를 생략한 것이다. 대기귀명과 대나모지신은 오호아나무지로 같다.

이제 인물을 줄여보자. 모수비명은 신모수비명에서 신이 생략된 것으로 신혼명과 같다. 천아옥근명은 진속혼명의 3세손이어서 그 아래로 들어가야 한다. 각응혼명은 신혼명의 아들이고 천도근명은 신혼명의 5세손이다. 천압일명은 고혼명의 5세손이다. 천사대주명은 고혼명의 3세손이다.

이향아색웅명은 요속일명의 6세손이다. 우마지마치명은 요속일명의 아들이다. 오전편우명은 대국주신의 6세손인데 대국주신과 대물주명은 대기귀명의 다른 이름이다. 천내팔중사대주신은 대기귀명의 아들이다. 실옥대련은 일신명의 7세손이다.

본래 61명의 인물이 48명으로 줄어들었는데 404개의 성씨에 비하면 거의 십분의 일 수준이다. 황별이 335개 성씨에서 55명으로 줄어든 것보다 더하다. 그만큼 실존으로 비정할 수 있는 인물의 수가 적다는 것이다.

이제 실존 인물을 살펴볼 텐데 이미 확인된 인물이 많아서 그것부터 정리해 보자.

1. 앞 장에서 이미 확인된 인물

요속일명은 제1장 요속일명과 근초고왕 항목에서 근초고왕임을 확인했고 화명명은 제2장 천인수이존과 화명명 항목에서 구사기 천손본기에 요속일명의 별명이 화명명이라고 한 바 있다. 신혼명과 고혼명은 천어중주존과 근초고왕 항목에서 근초고왕임을 밝혔다.

이향아색웅명은 천탕하판거와 이향아색웅명 항목에서 무내숙네라고 했고 각응혼명과 천각사리명도 같은 항목에서 근초고왕이라고 밝혔다. 면적명은 제승과 면적명 항목에서 무내숙네로 나왔고 진혼명과 근혼명은 도배입언명과 진혼명 항목에서 근구수왕이라고 했다.

대국주명과 그 별명인 대물주명은 두팔지조와 압건진신명 항목에서 어느 한 인물이 아닌 여러 인물의 결합되어 새로 붙여진 이름이라고 했는데 잠시 후 대기귀명과 대국주신 항목에서 상세히 다룬다. 도신과 일신은 천압수이존과 화명명 항목에서 근구수왕이라 했고 같은 항목에서 천압일명도 근구수왕임을 보았다. 천도근명도 천일창과 응신천황 항목에서 근구수왕이라고 했다.

추근진언명은 토도치랑자와 추근진언 항목에서 근구수왕이라고 했고 역시 같은 항목에서 신지진언명도 추근진언의 별명이라고 했다. 천어중주존과 선지속일명은 천어중주존과 근초고왕 항목에서 근초고왕이라고 밝혔다.

천즐옥명은 석상포도대신과 칠지도 항목에서 근구수왕이라고 했고 천뢰신은 천인수이존과 화명명 항목에서 근구수왕으로 밝혀진 바 있다. 담저기단저수명도 천인수이존과 화명명 항목에서 구사기 천손본기에 요속일명의 별명이 담저기단저수명이 나와서 근초고왕이라고 한 바 있다.

이렇게 해서 48명의 인물에서 다시 17명이 줄어 31명으로 되었는데 이제 이들을 살펴보자.

2. 천진언근명

가. 천진언근명과 산대일자명

신대紀 제6단에 소잔오존이 천조대신의 구슬을 빌려 천진명정의 물을 끼얹어 탄생시킨 다섯 신이 있는데 정재오승승속일천인수이존, 천수일명, 활진언근명, 웅야여장일명과 함께 천진언근명도 그 중 한 명이다.

범천내직, 산대직 등의 조로 되어 있고 제7단 일서3에는 자성국조, 액전부련 등의 원조로 되어 있다. 먼저 범천내직과 산대직을 성씨록에서 보면 다음과 같다.

- 범하내기촌 : 천진언근명지후야(하내국천손, 풍64)
- 범하내기촌 : 천수일명 13세손 가미건반근명지후야(섭진국천손, 풍54)

- 산대직 : 천어영명 11세손 산대근자지후야(섭진국천손, 풍53)

- 산배기촌 : 천도비고녜명 자 천마비지도녜명지후야(산성국천손, 풍38)
- 산대기촌 : 출자 노국 백룡왕야(좌경제번한, 월3)

※ 산대와 산배는 야마시로로 같은 발음임

범천내와 범하내는 뜻도 발음도 같다. 천도비고녜명은 아마쯔히코네노미코토로 읽어서 천진언근명과 같은 이름이다. 출운국 풍토기 산대향을 보면 대혈지명의 아들 산대일자명이 진좌하고 있어서 산대(야마시로)라고 나온다. 산대근자와 산대일자명은 같은 이름이다.

구사기 천신본기에는 천어음명(天御陰命)이 범하내직의 조로, 국조본기에는 천목일명, 아다근명이 산대직의 조로 되어 있어서 천진언근명의 별명으로 천어음명, 천목일명, 아다근명이 있다. 자성국조와 액전부련은 성씨록에 다음과 같다.

- 자목조 : 천진언근명지후자(미정잡성화천국, 월79)
- 자목조 : 풍성입언명지후야(화천국황별, 조70)

※자성과 자목은 우바라키로 같은 발음임

- 액전신 : 이향아색웅명지후야(산성국천신, 풍33)
- 액전수 : 조량신 동조. 평군목토숙녜지후야(하내국황별, 조61)
- 액전부 : 액전부숙녜 동조. 명일명전명지후야(섭진국천신, 풍52)
- 액전부 : 천진언근명 손 의부이아도명지후야(좌경천손, 풍17)
- 액전부숙녜 : 명일명문명 3세손 천촌운명지후야(우경천신, 풍23)

• 액전부탕좌련 : 천진언근명 자 명립천어영명지후야(좌경천손, 풍16)

자목조에서 천진언근명이 풍성입언명과 같고 제2장 대대명과 풍성입언명 항목에서 풍성입언명이 무내숙녜라 했으므로 천진언근명도 무내숙녜임을 알 수 있다. 액전신의 시조가 이향아색웅명이고 액전수의 시조가 평군목토숙녜인데 둘 다 무내숙녜이므로 역시 천진언근명이 무내숙녜이다.

천어영명이 천진언근명의 아들로 되어 있다. 파마국 풍토기 의차천(意此川)조의 어음대신(御蔭大神)의 이름을 천어영명에서 따온 것인지 주석에서 의문에 붙였는데 천진언근명의 별명으로 천어음명이 있어서 여기서 따간 것이고 어음대신, 천어영명은 둘 다 천진언근명의 별명이다.

따라서 천진언근명과 천어영명, 천도비고녜명, 노국 백룡왕까지 모두 무내숙녜이다. 의차(意此)는 오시, 의부(意富)는 오호로 읽어서 위력이 세다, 크다는 뜻으로 의미가 통하는데 무내숙녜가 큰 인물이어서 붙인 것으로 보인다.

상륙국 풍토기 자성군조에는 자성국조가 다기허여명, 자성군 탕좌련의 시조가 그 아들 축파사주로, 구사기 국조본기에는 자성국조가 건허여명 또 천진언근명의 손자 축자도녜로 되어 있는데 이들은 모두 천진언근명이고 무내숙녜이다.

천진언근명과 같은 인물로 명일명전명(명일명문명)이 나왔는데 평군목토숙녜와는 무내숙녜, 의부이아도명과는 근구수왕이 되므로 잠시 후

명일명문명과 천향산명 항목에서 따로 다룬다.

나. 현종천황과 삼지부, 압반존, 성덕태자

고사기 천조대신과 수좌지남명조를 보면 일본서기의 천진언근명과 동일한 천진일자근명이 삼지부조(三枝部造), 산대국조의 조라고 나오고 수인천황조에는 대중진일자명이 삼지별(三枝別)의 조로 나온다. 산대는 살펴봤고 성씨록에서 삼지부를 보면 역시 동일하게 무내숙네로 이어진다.

- 삼지부련 : 액전부탕좌련 동조. 천진언근명 14세손 건허여명지후야 (대화국천손, 풍44)
- 삼지부련 : 액전부탕좌 동조(좌경천손, 풍17)
- 액전부탕좌련 : 천진언근명 자 명립천어영명지후야(좌경천손, 풍16)

한편 좌경천손 삼지부련의 부가 설명에 현종천황 때 궁중에서 사람들이 모여 연회를 할 때 삼경초(三莖草)가 있어서 헌상했기에 삼지부련의 성을 내려주었다고 되어 있다. 삼경초는 줄기가 세 개인 풀인데 그냥 풀을 바쳤을 리는 없고 경(莖)이 근본도 되므로 천진언근명 즉 무내숙네의 뿌리에 대한 이야기를 하고 있는 것이다.

고사기 현종천황기를 보면 현종천황이 아버지 시변압치왕의 시신을 찾고 있을 때 한 노파가 찾아와 이빨로 시신을 찾을 수 있다면서 부왕의 치아는 뿌리가 세 가닥으로 갈라진 풀처럼 생긴 덧니[78]였다고 말한다. 그래서 삼경초는 시변압치왕을 가리키는 표현이다.

일본서기에는 시변압치왕을 시변압반황자라 했고 또 천만국만압반존이라고 표현했는데 현종천황이 죽기 전에 복초부(福草部)를 두었다고 되어 있고 암파문고의 주석에 삼지부라 했으며 현종천황의 명대부(名代部)처럼 표현하고 있다고 했다.

명대부는 이름을 대신하는 부라는 뜻인데 서립왕을 위해 조취부를 둔 것에서 조취부가 곧 서립왕을 가리키는 것처럼 복초부가 바로 현종천황을 가리킨다는 표현이다. 또 암파문고의 주석에는 고사기를 인용해 인치왕(시변압치왕)의 명대부라는 설도 이야기하고 있다.

이어서 상궁기에 성덕태자의 아들을 여덟 명으로 적고서 끝에 합이 일곱 왕이라고 한 것에 대해 법공이란 사람이 삼지왕은 고유명사가 아니고 세 명의 왕자를 합해서 부른 것이라고 적고 있다.

그렇다면 인치왕, 시변압치왕, 시변압반존, 압반존 또 성덕태자로 불리는 인물의 아들 중 세 명을 합해서 부른 것이 삼지왕이다. 또 복초부, 삼지부는 현종천황의 명대부이므로[79] 삼지왕에 현종천황도 포함되어야 한다.

현종紀 즉위전기에 현종천황이 노래를 부르는 대목이 있는데 "내

---

78 御齒者 如三枝押齒 坐也로 되어 있다.

79 인치왕의 이빨이 세 가닥인 것은 인치왕에게서 삼지왕이 나왔다는 표현이므로 인치왕의 명대부라는 설은 이루어질 수 없다.

아들 등인 각일목(脚日木)"이라는 표현이 있다. 이 각일목을 아시히기로 읽는데 아직기의 또 다른 발음으로 아신왕과 직지왕이다. 따라서 현종천황은 침류왕이 된다.

다른 노래에서는 석상의 진신(振神)의 온 가지에서 갈라져 나와 시변궁에서 천하를 다스린 천만국만압반존의 후예가 자신이라고 했다. 석상조신의 시조가 요속일명이므로 석상진신은 근초고왕이 되고 시변궁에서 천하를 다스린 압반존은 근구수왕이 되어 현종천황이 침류왕인 것과 일치한다.

다시 보면 인치왕, 시변압치왕, 시변압반존, 압반존 또 성덕태자는 모두 근구수왕이다. 성덕태자는 용명천황의 둘째아들로 나와 있는데 추고紀 원년조를 보면 구호풍총이황자(성덕태자)를 황태자로 하고서 모든 업무를 맡기고 섭정을 한다.

이어 황후가 분만할 때 궁중을 다니다가 마구간(廐戶)에 이르러 힘쓰지 않고 황태자를 낳았고 태어날 때부터 말을 했으며 어른이 되어 한꺼번에 열 명의 송사를 처리했고 장래를 잘 알았다고 하고서는 궁의 남쪽 상전에 거주하게 해 상궁구호풍총이태자라 한다고 했다. 상궁태자, 상궁풍총이태자로도 나온다.

마구간은 말을 타고 온 한반도의 지배층을 나타낸다. 아직기가 말을 기른 곳이 판상의 마구간으로 성덕태자하고 연결되어 있으며 신무천황도 말과 연관되어 있다. 당시 왜에 있던 토착민은 말을 본 적이 없었기 때문에 한반도의 말 문화에 대해 깊은 경외감을 느꼈으리라 짐작된다.

신채호 선생의 조선상고사도 근구수왕의 구수가 마구(馬廐)를 뜻하는 것으로 성덕태자의 이름에 구호가 들어간 것은 근구수왕을 본받은 것이며 헌법 17조를 만든 것이나 불법을 들여간 것도 모두 근구수왕의 업적을 따라 적은 것이라고 했다.

아무튼 근구수왕인 성덕태자의 아들이 세 명이라고 했는데 삼국사기에는 침류왕이 원자(元子)[80]로 되어 있고 동생이 진사왕이다. 한 명이 부족한데 근초고왕의 손자로 확인된 무내숙네이다. 또한 무내숙네의 별명이 건내숙네인데 건(建)은 크다는 뜻이므로 무내숙네가 큰아들이다.

무내숙네가 수많은 이명으로 많은 활약을 하는 것은 그 후손이 다스리던 시기에 고사기와 일본서기가 만들어진 까닭도 있지만 실제로 부족국가였던 왜를 통일해 중국 사서에 나오는 왜국으로 만든 당사자이기 때문이기도 하다. 비록 삼국사기에는 나오지 않지만 파란만장한 삶을 살았던 고대사의 주인공이고 의지의 인물이었다는 점은 부인할 수 없다.

---

80 임금의 맏아들이다.

3. 대기귀명과 대국주신

가. 대기귀명과 무일, 대반건일련공

신대紀 제8단에는 소잔오존이 출운국 파천의 상류에 하강해 머리, 꼬리가 여덟 개인 큰 뱀을 물리친 후 그곳의 청지(淸地)에 궁을 짓고 국신인 각마유, 수마유의 딸과 혼인해 대기귀신을 낳았다고 나온다.

대기귀명은 오호아나무지로 읽고 고사기에는 대혈모지명, 풍토기에는 대혈지명으로 나온다.[81] 오호아나무지, 오호나모찌로 읽는데 오호나모찌의 나는 아나가 축약된 것이다.

수인紀 25년조에 대반련 원조 무일(武日)이 나오는데 암파문고의 주석에 반씨계도의 풍일(豊日)명의 아들이고 삼대실록에 나오는 대반건일(健日)련공이며 아들에 건지(健持)대련공이 있다고 했다. 무일과 대반건일련공이 같은 사람이고 풍일은 부로 되어 있지만 의미상 같은 인물이다.[82]

중애紀 9년조에는 대반무이련(武以連, 타케모쯔노무라지)이 나오는데 선조 대반건일련공이 경행천황 때 왜건존을 따라 공을 세웠고 아들이 건지대련공이라고 했다.

이름을 보면 귀(貴), 지(持)를 무지. 모찌로 읽고 이(以)를 모쯔로 읽어서 대동소이한 발음이다. 결국 무이련의 무이와 건지대련공의 건지는

81 대표적인 것만 그렇지 수많은 이명이 있다.

82 무일과 건일은 무력이 강하고 위력이 셈을 말하고 풍은 풍성하다는 뜻으로 일맥상통한다.

타케모쯔, 타케모찌로 동일인이고 타케모찌, 타케모쯔는 오호모찌, 오호모쯔[83]이므로 대기귀신, 대혈지명이다.

풍토기일문 이세국조를 보면 대부(大部) 일신명이라 하고서 대부를 오호토모로 읽도록 되어 있는데 오호토모는 대반과 같은 발음이다. 그래서 대기귀명, 대혈모지명, 대혈지명 등에 대(大)가 있는 것은 대부, 대반의 축약으로 본다.

제2장 천인수이존과 화명명 항목에서 일신인 천조대신이 근구수왕이라 했으므로 무일, 풍일, 대반건일련공은 근구수왕[84]이고 대반무이련과 건지대련공, 대기귀신, 대혈모지신, 대혈지명은 무내숙녜이다.

신무천황, 응신천황인 무내숙녜가 대기귀명으로 해서 신대기에도 나왔는데 수많은 이명을 가지고 있는 것을 보면 대단한 인물이었던 모양이다. 그걸 뒷받침하는 것이 출운국 풍토기에 대혈지명을 수식하는 '천하를 만든 대신(天の下造らしし大神)'이라는 표현이다. 주석에는 출운국을 만든 최고의 조상신이기 때문에 그런 이름이 붙었다고 했다. 그보다는 하늘 아래 세상, 즉 왜국을 처음 개척한 신이기 때문에 붙인 이름이라고 본다.

신대紀 제8단 일서6에 대기귀신이 소언명명과 천하를 다스리다가 소언명명이 상세국으로 가고 나자 출운국으로 와서 위원중국은 본래

---

83 타케는 타케히에서 말한 바와 같이 무력이 아주 세다는 뜻이고 오호는 크다는 뜻이어서 같은 의미로 쓰인다.

84 무일, 풍일, 건일에서 수식어인 무, 풍, 건을 빼면 일(日)만 남아 일신이므로 근구수왕이다. 그래서 풍일이 무일의 부(父)가 될 수 없다.

넓었고 반석초목도 거칠었는데 이를 정복해 모두 순종하게 만들었으며 이 천하를 다스리는 것은 오직 자기뿐이라고 하는 대목이 있다. 그래서 풍토기의 天の下造らしし大神이 생겨난 것이고 또 다스리는 영토의 각 지역마다 다른 이름을 지었기 때문에 이명이 그토록 많은 것이다.

나. 대삼륜신과 대난파명

대기귀명과 관련해 살펴볼 것이 더 있다. 신대紀 제8단 일서6을 보면 앞의 내용에 이어 바다에서 떠오르는 자가 있었는데 자기 때문에 대기귀명이 천하를 다스릴 수 있었다고 했다. 누군지 물어보니 대기귀명의 행혼기혼(幸魂奇魂)[85]이라고 했다. 그래서 대기귀명이 어디 살고 싶은지 묻자 일본의 삼제산이라고 답해 거기에 궁을 짓고 살게 했는데 대삼륜의 신이고 그의 아이가 감무군[86], 대삼륜군 등이라고 했다. 풍토기일문 축전국 내용 중에 대삼륜신이 있는데 주석에 대기귀명의 황혼(荒魂)을 말한다고 한 것은 이 때문이다.

수인紀 7년조를 보면 대전전근자를 대물주신에게 제사지내는 사람

85 고대인은 혼이 육체를 떠나 나타날 수 있다고 생각했고 행혼과 기혼은 그런 혼의 종류라는 암파문고의 주석이 있다. 동북아역사재단에서 펴낸 역주 일본서기를 보면 행혼은 행복을 가져다주고 기혼은 진귀한 작용을 한다고 되어 있다. 또 행혼과 기혼을 합쳐 화혼(和魂)이라 하고 이에 대응하는 것이 황혼(荒魂)이라고 했다. 육체를 떠난 혼이어도 본질은 마찬가지이므로 위 내용은 대기귀명이 삼제산을 점령했고 풍토기 대삼륜신이 대기귀명이라는 표현이다.

86 감무(甘茂)는 카모로 읽고 지명인데 하무(賀茂), 가무(加茂), 압(押)과 같다고 했다. 모두 카모로 읽힌다.

으로 했고 8년에 제사를 지냈는데 대전전근자를 삼륜군의 시조라 했으며 대삼륜의 암파문고 주석에 삼륜(三輪), 미화(美和), 신(神)이 같다고 했다. 이들은 모두 미와로 읽는다.

수인紀 3년조에는 삼륜군의 조를 대우주라고 했다. 고사기 숭신기에 신군(神君), 압군(鴨君)의 조를 의부다다니고라 했는데 오호타타네코노미코토로 대전전근자와 발음이 같다.

고사기를 더 보면 역병이 돌아 신탁을 받고자 했더니 대물주대신이 나타나 의부다다니고로 하여금 제사를 지내게 하면 괜찮아진다고 했다. 그래서 의부다다니고를 찾아서 어제산에서 의부미화대신의 제사를 모시게 했고 이가하색허남명에게 토기를 만들고 신사를 정해 제사를 지내게 했다. 우타의 묵판신(墨坂神)에게 붉은 창과 방패를 바치고 대판신에게 검은 창과 방패를 바쳤더니 나라가 평온을 되찾았다고 했다.

우선 대물주대신이 의부미화대신으로 이름을 바꾸었는데 대삼륜의 주석에 따라 의부미화대신은 대삼륜신이고 이는 대기귀명이므로 다시 대물주신이 되어 무내숙녜이다. 이가하색허남명은 이카가시코오노미코토로 읽어서 이향아색웅명으로 무내숙녜이다.

묵(墨)은 흑(黑)과 의미가 같으므로 묵판신은 상륙국 풍토기 자성군조의 흑판명(黑坂命)으로 본다. 성이 대신(大臣)이며 주석에 다신과 같고 신팔정이명이 동족이라고 되어 있다. 따라서 흑판명도 무내숙녜이다.

대판신(大坂神)의 대판은 오호사카로 읽는다. 고사기 경행천황기에 향판왕(香坂王)이 나오는데 향판은 카고사카로 읽는다. 향(香)을 일본어 사전에서 검색하면 카(か) 또는 코우(こう)인데 코우는 줄이면 코가 된

다. 이는 우리말 '큰'의 발음이다. 그래서 향판(香坂)은 대판(大坂)이란 뜻이다.

사카는 근초고왕의 성씨록 이름인 속고왕의 소고, 소구 등의 발음으로 향판왕은 근초고왕이다. 오늘날 오사카가 대판(大阪)인 것은 향판(香坂)에서 유래한 것으로 향판이 대판(大坂)이 되고 대판(大阪)이 된 것이다.

그렇지 않더라도 고사기 효소천황기에 천압대일자명이 대판신(大坂臣)과 시본신, 대택신, 소야신 등의 조로 되어 있어서 연관된 성씨를 확인하면 대판신의 시조가 근초고왕인 것을 알 수 있다.

- 대가신 : 건내숙녜 남 기각숙녜지후야(화천국황별, 조67)
- 소야조신 : 대춘일조신 동조. 언모진명 5세손 미병도대사주명지후야 (좌경황별하, 조20)
- 구미신 : 시본조신 동조. 천족언국압인명 5세손 대난파명지후야 (대화국황별, 조52)
- 구미조신 : 무내숙녜 5세손 도목숙녜지후야(우경황별상, 조32)
- 시하(시본)조신 : 대춘일조신 동조. 천족언국압인명지후야(대화국황별, 조51)
- 대춘일조신 : 출자 효소천황 황자 천대언국압인명야(좌경황별하, 조20)

대택신은 대가신과 뜻과 발음이 동일하다. 대가신 그리고 시본신과 연결된 구미신, 구미조신에서 근초고왕, 근구수왕, 무내숙녜까지 여러 인물이 나오므로 천압대일자명은 근초고왕이다.

앞서 제2장 기성왕과 식장언인대형기성명 항목에서 도목숙네가 무내숙네라고 한 바 있고 구미신과 구미조신이라는 같은 성씨의 시조 대난파명과 도목숙네는 같은 인물이어야 하므로 대난파명도 무내숙네가 된다. 민달황자 난파왕이 근구수왕인 것과 혼동하기 쉬우므로 주의를 요한다.

실제 성씨록에도 그런 혼동이 존재하는데 대택신, 대가신의 시조가 무내숙네 외에도 천족언국압인명, 진속혼명 등의 근초고왕이 있고 대택진인은 로진인 동조로 되어 민달황자 난파왕으로 연결되고 근구수왕이다. 3대에 걸친 한 집안이므로 문제는 없지만 성씨를 구분할 때는 이런 점을 유의해야 한다.

다. 의부다다니고와 숭신천황

다시 고사기의 의부다다니고로 돌아가 보면 활옥의비매라는 여자에게 밤마다 찾아오는 남자가 있어 임신을 했는데 누군지 몰라 바늘에 실을 꿰어 남자의 옷자락에 꽂았더니 미화산의 신사에 이르렀다. 실이 세 가닥 남아 미와라고 했고 이 의부다다니고가 신군, 압군의 조라 했다. 대물주대신이 의부미화대신에서 다시 의부다다니고가 되어서 대전전근자까지 모두 무내숙네가 되는데 성씨록을 보자.

- 신직 : 대국주명 5세손 대전전근자명지후야(섭진국지기, 풍55)
- 신직 : 신혼명 5세손 생옥형일자명지후야(화천국천신, 풍71)
- 신인 : 어수대수 동조. 가비량명지후야(하내국천신, 풍62)

- 신인 : 고려국인 허리도지후자(미정잡성화천국, 월80)
- 어수대수 : 천어중주명 10세손 천제신명지후야(대화국천신, 풍42)

- 하무조신 : 대신조신 동조. 대국주신지후야(대화국지기, 풍46)
- 대신조신 : 소좌능웅명 6세손 대국주명지후야(대화국지기, 풍46)
- 압현주 : 치전련 동조. 언좌명지후야(좌경황별하, 조29)
- 압부 : 어간성입언오십경식천황 시(諡) 숭신지후자(미정잡성하내국, 월74)

신직과 신인 성씨에서 대국주명과 대전전근자는 무내숙네로 같은 인물이고 생옥형일자명과 가비량명, 고려국 허리도와 천제신명이 모두 무내숙네에 해당된다.

아래쪽 성씨를 보면 대신조신의 소좌능웅명은 스사노오노미코토로 읽어서 소잔오존과 같은 발음이다. 소잔오존은 잠시 후 소잔오존과 소나라 항목에서 보겠지만 대국주신이고 무내숙네이다. 언좌명은 근구수왕이고 숭신천황이 새롭게 등장했는데 누구인지 살펴보자.

일본서기에서 왜국을 처음 시작한 것은 신무천황이고 기원전 660년에 개국을 하면서 시어천하(始馭天下)지천황이라고 했고 호를 신일본반여언화화출견천황이라고 한다고 되어 있다. 시어는 말을 부리는 것을 시작했다는 뜻이고 시어천하는 말을 부리는 것처럼 천하를 부리기 시작한 것인데 신무천황이 그런 천황이라는 것이다.

상륙국 풍토기 행방(나메카타)군조를 보면 계체천황을 석촌의 옥수궁에서 대팔주를 말 부린(大八州馭)천황이라고 했다. 대팔주는 본주를 비롯해 일본의 큰 섬 여덟 개로 바로 왜국을 이야기하는 것이고 대팔주를 말 부렸다는 것은 신무와 동일한 것인데 제2장 토상왕과 토왕 항목에서 계체천황이 무내숙네라고 했으므로 왜 그런 표현을 했는지 이해가 된다.

숭신천황은 숭신紀 12년조에 처음으로 백성을 조사해 과역을 부과하고 천지의 귀신이 호응해 다 조화롭고 오곡이 풍족하고 천하가 태평했다고 하면서 천황을 칭송해 어조국(御肇國)천황이라고 했다. 어조국은 나라를 처음으로 시작했다는 뜻인데 천하를 통일해서 전쟁이 끝나자 태평한 것이어서 이런 칭호를 붙인 것이다.

그러면 나라를 처음 시작한 신무천황과 계체천황 그리고 숭신천황이 모두 동일한 인물이 되는데 세 사람이 전부 무내숙네가 된다. 숭신천황을 성씨록에서 확인하면 다음과 같다.

- 상모야조신 : 숭신천황 황자 풍성입언명지후야(우경황별상, 조32)
- 하모야조신 : 숭신천황 황자 풍성입언명지후야(좌경황별하, 조23)
- 임생부공 : 어간성입언(숭신)천황지후자(미정잡성하내국, 월73)
- 임생신 : 대택신 동조(하내국황별, 조62)
- 대가신 : 건내숙네 남 기각숙네지후야(화천국황별, 조67)

대택신과 대가신이 같은 것은 앞에서도 확인했다. 풍성입언명이 이미 무내숙네임을 알고 있는데 숭신천황까지 임생이란 성씨에서 대가로 넘어오면서 건내숙네로 이어져 무내숙네임을 알 수 있다.

신무천황, 응신천황, 계체천황에 이어 숭신천황까지 무내숙네로 밝혀지면서 일본서기의 편년이 얼마나 무의미한 것인지 재삼 확인되고 있다. 그것도 천황과 신들의 계보를 정리했다고 하는 신찬성씨록에서 찾아낸 것이니 이는 부인할 수 없는 사실이다.

라. 대기귀신의 별명

신대紀 제8단 일서1에는 소잔오존이 도전궁주의 딸 도전희와 낳은 아들을 청(淸)의 탕산주삼명협루언팔도소라 했고 다른 이름은 계명판경언팔도수명, 협루언팔도야명이라고 했으며 구사기 지신본기에도 대기귀신의 별명으로 적고 있다.

청(淸)은 소잔오존이 궁궐을 지은 깨끗한 곳이고 탕산주(湯山主)는 산을 옮길 정도로 위력이 있는 사람이라는 뜻이며 삼명(三名)은 그런 세 사람의 이름인데 협루언, 팔도, 소를 말한다. 협루언은 사루히코, 팔도는 야시마, 소는 시노로 읽는다.

대국주신이 한 사람의 이름이 아니라 여러 사람을 총칭한 것이고 개개의 인물에 대해 따로 살펴야 된다고 한 이유는 이렇게 세 명의 이름이 한꺼번에 붙어있고 대국주신이기도 한 대기귀신의 별명으로 되어 있기 때문이다.

협루언(狹漏彦)부터 살펴보면 경행紀 18년 7월조에 천황이 팔녀현에 이르러 산이 겹겹이 있어서 아름다운데 신이 있을 것이라고 하자 수소현주 원대해가 팔녀진원이란 신이 있다고 해서 팔녀국이란 이름이 생겼다고 했다. 원대해를 사루오호미로 읽는데 협루언의 사루와 같다.

신대紀 제6단 일서3에 천조대신이 낳은 세 명의 여신에게 위원중국의 우좌에 가서 살게 했는데 지금은 해북도중(海北道中)에 있다고 했고 이름을 도주귀(道主貴)라 했으며 축자의 수소군들이 제사지내는 신이라고 했다. 신대紀 제6단에는 이 세 여신을 흉견군들이 제사 지내는 신이라 했다.

암파문고의 주석에 도주귀는 국주귀(國主貴)라 했으며 도중에 있는 신이라 했다. 국주는 나라의 주인이므로 왕이며 귀는 대기귀신(大己貴神)의 귀이므로 무내숙네임을 알 수 있다. 흉견은 무나카타로 읽는데 같은 발음인 종상신사의 신관이 좌측은 흉견씨, 우측은 수소씨가 앉는다고 했다.

따라서 수소군이 제사지내는 신은 무내숙네이고 수소현주 원대해도 무내숙네가 되며 협루언도 무내숙네이다.

다음 팔도(八島)는 왜국의 여덟 개 섬을 말하는데 계체천황이 대팔주를 말 부렸으므로 계체천황이고 무내숙네이다.

소(篠, 시노)는 수(手, 데), 야(野, 노)로 여러 이름이 있는데 암파문고의 주석을 보면 수(手)는 년(年)의 오기라고 나온다. 그래서 년(年)을 찾아보면 고사기 대국주신조에 어제산에 진좌한 신을 대년신이라고 했다. 대년신이 일본서기에는 대기귀명의 행혼기혼으로 되어 있어서 어제산은 일본서기의 삼제산이고 대년신이 바로 대삼륜신이므로 무내숙네이다.

구사기 지신본기에 대년신(大年神), 어년신이 있고 대년신을 대기귀신의 아들이라고 한 것은 대삼륜신의 아이를 대삼륜군이라고 한 것을 따라 기술한 것이다.

그렇다면 소잔오존의 세 아들인 협루언, 팔도, 소가 모두 무내숙네가 된다. 따라서 대국주신이 여러 사람의 총칭이라고 한 일본 암파문고의 주석은 맞지 않다. 사실이 이런데도 그렇게 주석을 단 이유는 역시 본래의 사실이 밝혀지는 것을 꺼리는 마음일 것이다.

그래서 별명을 다시 보면 고사기 대국주신의 별명이 대혈모지신, 위원색허남신, 팔천과신, 우도지국옥신이고 신대紀 대국주신의 별명은 대물주신, 국작대기귀명, 위원추남, 팔천과신, 대국옥신, 현국옥신이며 구사기에는 대기귀신의 별명으로 대국주신, 대물주신, 국조대혈모지명, 대국옥신, 현견국옥신, 위원추웅명, 팔천과신이 있다.

풍토기에는 대혈지명 외에 각 지역에 따라 대신명, 야성대신, 이화대신, 대여명, 위원지허호명, 대여소일자근명, 대물주위원지허 등 너무 많아서 일일이 소개하지 못하는 수많은 이명이 있다.

그 중 성씨록에 나오는 것은 대기귀신, 대국주신, 대물주신, 대혈모지명인데 대기귀신, 대물주신, 대혈모지명의 성씨들은 다른 성씨와 충돌이 없이 무내숙네로 비정이 된다. 다만 제2장 두팔지조와 압건진신명 항목에서 본 것처럼 카모로 발음하는 압, 하무의 성씨에서는 근구수왕과 무내숙네가 동시에 비정되므로 한 인물이라고 할 수는 없다.

하지만 이것은 성씨록에서 같은 성씨의 시조로 두 사람을 만든 것이지 대국주신이 여러 인물이 되는 것은 아니다. 그래서 대국주신을 여러 인물의 총칭으로 본 것은 앞에서 본 협루언, 팔도, 소의 세 명이 대기귀신의 별명이어서 그렇게 한 것이라고밖에 할 수 없고 대국주신도 무내숙네라는 한 인물에 비정이 되므로 고사기와 일본서기 주석의 여러 인물의 총칭이라는 표현은 틀린 것이다.

4. 소잔오존

가. 소잔오존과 소나라, 천지일모, 아라사등

신대紀를 보면 이장낙존과 이장염존이 일신과 월신 다음으로 소잔오존을 낳았고 소잔오존은 천안하에서 일신과 함께 5남 3녀를 탄생시키는 중요 인물로 그려져 있지만 나이가 들어 수염이 긴데도 울기만 했고[87] 나쁜 짓을 많이 해 하늘에서 추방된 것으로도 적고 있다.

신대紀 제8단 일서4에는 여러 신이 쫓아내자 소잔오존이 아들 오십맹신을 데리고 신라국으로 내려와 증시무리(曾尸茂梨)에 있다가 진흙으로 배를 만들어 타고 동쪽으로 가서 출운의 파천 상류로 갔다고 되어 있다.

증시무리는 소시모리로 읽고 암파문고의 주석에 시는 한국어의 조사 사이시옷이라고 했으며[88] 소시모리를 서라벌[89]이라고 해 어원적으로 신라와 동일한 글자라고 했다. 그러나 소시모리가 신라와 동일하다면 신라국의 신라라고 두 번이나 적을 필요가 없다. 따라서 소시모리는

---

87 제2장 천탕하판거와 이향아색웅명 항목에서 서립왕이 성년이 되어 수염이 길어도 말을 못했는데 소잔오존과 닮았다. 둘 다 무내숙네의 가공인물이기 때문으로 보인다.

88 그렇다면 소시모리는 소의 모리가 되고 일본어 모리는 삼림, 숲이므로 소의 삼림, 소의 숲이 된다.

다르게 해석되어야 하는데 증을 소로 읽는 것에 주목할 필요가 있다.

고사기 응신천황기에 신라왕자 천지일모가 나오는데 수인紀에 나오는 신라왕자 천일창과 동일하게 아메노히보코로 읽어서 동일한 인물이다. 제2장 천일창과 응신천황 항목에서 천일창은 이사사별신과 이름을 맞바꾼 응신천황과 함께 무내숙네라고 한 바 있다.

이 천지일모의 신라국에 늪이 있는데 아구노마(阿具奴摩)라 하고 근처에서 여인이 낮잠을 자다가 햇빛이 비추어 붉은 구슬을 낳았고 남자가 얻어서 허리에 차고는 소에 음식을 싣고 산으로 들어가다가 천지일모를 만났다. 천지일모가 소를 잡아먹으려고 한다며 다그치자 남자가 옥을 주었는데 나중에 여자로 변했다. 천지일모는 그녀와 결혼했는데 여자가 난파로 가자 따라나섰다. 그런데 해신이 방해해 다지마에 머물면서 그곳의 여인과 결혼해 자손을 낳았다고 되어 있다.

아구노마는 아구누마로 읽는데 고사기 주석에는 아구노마가 어딘지 모른다고 했다. 하지만 백제에 의한 왜국통치 삼백년사에서는 아구누마 중 아구에 대해 현 큐슈 살마반도에 아구근시(阿久根市)가 있고, 근은 중심지를 뜻하는 본(本)이며, 일본서기에 보이는 웅현이 지금은 웅본현이 된 것처럼 아구근의 근도 나중에 덧붙여진 것이어서 아구는 지금

89 서라벌의 서는 〈금, 金〉, 라는 〈~이 있는 〉, 벌은 〈촌, 부락〉이라는 의미로 해석했다. 서라벌, 신라를 일본어로 시라기로 읽는데 시라는 〈금이 있는〉이라는 의미의 고어, 기는 〈부락〉이라서 신라가 금이 있는 부락이라는 의미라고 했다. 백제에 의한 왜국통치 삼백년사에서는 좋은 쇠를 뜻하는 白鐵이 素쇠, 素戔(스사)으로 되어 소잔오존은 쇠와 관련된 이름이라고 했다. 이런 견해로 보면 서라벌은 쇠가 있는 부락이 된다. 이에 대해서는 앞으로 연구가 필요하다. 증을 소로 읽는 것은 소나라와의 연계성으로 보는데 금(金)이나 쇠(鐵)는 아무래도 소와의 연결성이 떨어진다.

의 아구근시라고 했다.[90]

누마도 지명인데 살마반도의 끝에 있는 야간반도의 야간(野間)을 지금은 노마라 하지만 상고시대에는 야(野)가 누로 발음되어 누마라고 했으므로 아구근시와 야간반도를 합쳐 아구누마라고 했고 거기에 신라국이 있었다고 적고 있다.

일본서기는 지금의 큐슈를 축자(筑紫)라고 적었는데 그곳에는 습국(襲國), 웅습(熊襲)국이 있었고 그 나라를 제압하는 장면이 자주 나온다. 습국을 소노쿠니, 웅습을 쿠마소로 읽는데 쿠니는 나라, 노는 연결음이므로 소노쿠니는 소나라이다. 일본어 쿠마는 곰인데 곰, 웅(熊)은 크다는 것을 표현하므로 쿠마소는 큰 소가 되어 웅습국은 큰 소의 나라라고 했다.[91]

천지일모의 이야기를 보면 천지일모가 옥을 차지했고 옥이 여인으로 변해 결혼한 것은 그 지역을 차지한 것인데 그곳이 소나라이면서 또한 신라이기도 한 것이다. 이 신라는 새로 차지한 땅, 새 나라라는 의미이므로 경주 신라의 국명과는 구분되어야 한다.

그렇게 되면 소잔오존이 내려온 신라국의 증시무리, 신라국의 소시머리가 이해된다. 소시머리에서 시는 연결음이라고 했고 모리는 삼림, 숲을 말하므로 소의 삼림, 즉 소의 나라에 내려왔다는 것이다. 거기가 신라이므로 소잔오존이 신라국인 소나라에 내려왔다는 것을 말하는

---

90 윤영식 저, 백제에 의한 왜국통치 삼백년사, 도서출찬 청암, p.34

91 같은 책. pp35~36

것이다.

천지일모인 천일창이 무내숙네라는 것을 알고 있는데 소잔오존도 이 소나라에 왔으므로 그도 무내숙네가 된다.[92] 대기귀신도 이미 무내숙네임을 봤는데 소잔오존으로 또 대기귀명으로 자꾸 가공인물을 만드는 것은 역시 이야기를 이어가기 위한 수법이다.

소나라와 관련해서 천일창과 비슷한 이야기가 일본서기에도 있다. 수인紀 2년조를 보면 임나인 소나갈질지가 나라에 돌아가고 싶다고 해서 붉은 비단 100필을 주고 임나의 왕으로 했는데 신라가 이를 빼앗아 원한이 시작됐다고 했다.

뒤이어 이마에 뿔이 난 사람이 월국의 사반포에 도착해서 그곳을 각록이라고 했고 자신을 의부가라국의 도노아아라사등, 우사기아리질지간기라 했으며 돌려보낼 때 나라 이름을 숭신천황의 이름을 따 미마나국[93]이라고 했는데 신라가 붉은 비단을 빼앗아 원한이 생겼다고 했다.

---

92 신대기에 소잔오존이 아들 오십맹신과 함께 증시무리에 내려왔고 오십맹신은 근구수왕이라서 단순히 소나라에 왔다고 무내숙네가 된 것은 아니다. 오십맹신이 근구수왕인 것은 명일명문명과 천향산명 항목에서 다루고 있다. 소잔오존이 무내숙네인 것은 소좌능웅명 항목에서 다시 증명하고 있다.

93 임나를 미마나로 읽기 때문에 미마나국은 임나국이다. 숭신천황의 화풍시호 어간성입언천황의 어간성(御間城)을 미마키로 읽는데 성은 나라와 같은 의미로 쓰이고 이는 임나의 나와 같다. 따라서 임을 미마로 읽은 것이다. 일본어 사전에 미마는 귀인의 자손(御孫), 신이나 귀인이 타는 말(御馬)로 나온다. 그래서 임나(미마나)는 그 의미상 귀인이 다스리는 나라, 귀한 나라라고 할 수 있다. 백제에 의한 왜국통치 삼백년사에서는 임(任)이 맡긴다는 의미이므로 맡긴 땅, 맡겨둔 땅, 되찾아야 할 땅으로도 해석했다.

그리고 도노아아라사등이 자기 나라에 있을 때[94] 소가 없어져 찾고 있는데 어떤 노인이 그 소를 사람들이 잡아먹었으므로 소 값으로 제사 지내는 신을 받으라고 해 흰 돌을 받았더니 여자로 변했고 아라사등이 다른 곳에 간 사이 여자가 난파에 갔다가 풍국의 국전군에 갔다고 되어 있다.

소에 대한 이야기가 똑같기 때문에 아라사등이 천일창임을 알 수 있고 역시 무내숙네가 된다. 이마에 뿔이 났다는 것은 왕관을 쓴 사람이고 월국의 사반포는 응신紀에 응신천황이 월국의 각록에 가서 사반 대신에게 참배했다고 한 곳이므로 아라사등이 응신천황이자 무내숙네임을 재확인할 수 있다.

나. 십악검과 초치검, 안라일본부의 하내직

신대紀 제8단을 보면 소잔오존이 출운국 파천의 상류에 내려와서 머리와 다리가 여덟 개인 뱀을 차고 있던 십악검으로 토막 내어 물리친다. 그때 뱀의 꼬리에서 칼이 나왔는데 초치검(草薙劍)이라 했으며 국신인 각마유, 수마유의 딸을 얻어 출운의 청지(淸地)에 궁을 짓고 대기귀명을 낳았다고 했다.

---

94 자기 나라는 임나가 되며 소와 여인에 대한 이야기를 고사기의 신라왕자 천지일모와 비교하면 임나는 신라국의 소나라로 지금의 큐슈 남부지방이 된다. 따라서 위 구절대로만 해석하면 임나는 큐슈에 있었고 한반도 남부에 임나일본부는 존재할 수 없다. 물론 일본서기의 다른 구절에서 다루는 임나에 대해서는 좀 더 섬세한 연구가 필요한데 그 결과로도 임나일본부가 4세기 중반부터 6세기 중반까지 한반도 남부를 지배했다는 임나일본부설은 성립될 수 없다.

칼을 살펴보면 소잔오존이 차고 있던 칼은 십악검(十握劍)인데 사방보다 더한 열 방향을 물샐틈없이 모두 수중에 넣어 제압하는 칼이라는 이름으로 최고의 의미를 부여하고 있다.

구사기 지신본기에는 이 검을 참사지검(斬蛇之劍), 뱀을 벤 칼이라 했고 다른 이름을 사지추정(蛇之麤正), 뱀을 거칠게 바로잡은 검이라고 했으며 석상신궁에 있다고 해서 칠지도임을 알려주고 있다.

초치검의 본래 이름은 천총운검(天叢雲劍), 하늘의 구름이 모이는 검이라 했으며 큰 뱀이 사는 곳의 하늘에는 언제나 구름이 있기 때문에 붙인 이름인데 천신께 헌상했고 일본무존이 초치검으로 개명했다고 나온다.

경행紀 40년조를 보면 일본무존이 동정에 나서서 이세신궁에 참배하자 왜희명이 천총운검을 주었다고 되어 있고 준하에 갔을 때 적이 들판에 불을 지르자 마주 불을 내어 도망칠 수 있었다고 했다. 그리고 일설에 차고 있던 천총운검이 저절로 빠져 나가 일본무존 옆에 있는 풀을 베었기 때문에 초치검이라는 이름을 지었다고 나온다.

초치검은 일본무존인 근구수왕이 차고 다녔던 검이므로 잘 만든 칼임에는 틀림없겠지만 그보다는 근구수왕의 무용이 아주 뛰어났기 때문에 적을 풀처럼 쓰러뜨렸다는 의미로 붙인 이름일 것이다.

그런데 본서의 주제와는 다르지만 짚고 넘어갈 것이 있다. 칠지도는 근초고왕이 만들어 근구수왕에게 준 것인데 무내숙네가 들고 다녔으므로 상식과는 다르다. 이것은 아라사등의 이마에 뿔이 있다는 표현과 연관이 있는데 무내숙네가 스스로 미마나라고 하는 임나국의 왕이 되었기 때문이다.

근초고왕이 칠지도를 만든 것은 후에 왕이 될 사람, 후왕이라는 것을 표시하는 징표였고 이를 근구수왕에게 준 것이다. 하지만 이 칼이 근구수왕에게 전달되기 전에 무내숙네가 빼앗아 들고 다닌 것이다.[95] 따로 백제는 발해만의 요서와 진평을 차지하고 산동반도로 세력을 넓히는데 근초고왕과 근구수왕의 업적이다.

무내숙네는 왜국으로 가서 축자를 점령한 후 스스로 왕이 되었고 한반도로 돌아와 백제의 왕이 되려고 했다. 그때 칠지도를 획득하게 된다. 천조대신이 굴에 들어가 빛을 잃은 것은 근구수왕이 없을 때 잠시 무내숙네가 백제 왕가를 어지럽힌 것으로 본다. 이후 무내숙네는 왜로 도망가고 결국 항복하지만 여러 차례 시도한 끝에 마침내 왜의 왕이 된다. 이런 이유로 무내숙네가 칠지도를 들고 있는 것이고 근구수왕의 장자임에도 삼국사기에는 보이지 않게 된 것이다.[96]

한편 무내숙네인 아라사등을 임나국의 왕으로 삼았다고 했고 성씨록에도 임나국주, 임나국의 주인이 아라사등으로 되어 있다. 그렇다면 임나는 나라라고 인정받을 만큼 일정 기간을 무내숙네가 통치권을 행

---

95 무내숙네가 칠지도를 차지하게 된 것은 백제에 반란을 일으킨 것과 관련이 있는데 신공황후 후반기 기사를 해석하는 별도의 책에서 설명한다.

96 이런 견해는 단순히 일본 고대서적과 성씨록의 인물 비정에만 따른 것이지 일본서기나 고사기의 깊은 연구와 해석에 의한 것은 아니기 때문에 학술적으로 그렇다고 주장하는 것은 아니다. 무내숙네가 근구수왕의 아들인지에 대해서는 일본 고대 서적 안에서도 이견이 존재한다. 이에 대해서는 제5장에서 다룬다.

사한 곳이어야 한다.

그래서 임나의 위치를 보면 두 군데가 있다. 먼저 아라사등이 돌아간 곳인데 원래 자기 나라에 있을 때 소와 관련된 이야기가 있었기 때문에 큐슈의 아구누마 즉 웅습국이 되고 큐슈 전체를 임나로 볼 수 있다. 이는 무내숙네가 왜의 왕이 되었으므로 확실한 임나의 땅이다.

다음은 숭신紀 65년조에 나오는 축자[97]에서 2000여 리 떨어진 거리에 있고 북은 바다와 접하며[98] 계림의 서남에 있다고 한 구절에 따라 경남 함안을 중심으로 한 일대로 보는 것이다.[99]

여기도 무내숙네의 통치권이 계속 유지되었는지 보기 위해서 흠명紀 2년조의 안라일본부[100]의 하내직(河內直)이 누구인지 살펴봐야 한다. 암파문고의 주석을 보면 일본부의 상급 관인이라 했고 백제계 귀화인의 성씨인데 하내한직(河內漢直)과는 별개의 성씨라고 했으며 성씨록을 인용해 하내련이 근구수왕에게서 비롯된 것임을 적고 있다.

- 하내련 : 출자 백제국 도모왕 남 음태귀수왕야(하내국제번백제, 월53)
- 하내조 : 춘정련 동조. 신근왕지후야(하내국제번한, 월51)
- 하내민수 : 고려국인 안류왕지후야(좌경제번하고려, 월14)

97 지금의 큐슈이다.

98 일본 암파문고의 일본서기에는 北, 海を阻(へだ)てて로 되어 있다.

99 연구에 의하면 4~5세기에는 지금보다 바다 수위가 1~3m 높았다고 한다. 그래서 바다에서 배를 타고 바로 올 수 있었고 지금처럼 둑이 있지는 않아서 넓은 물길을 보고 바다라고 적은 것으로 생각한다.

• 춘정련 : 하촌주 동조. 후한 광무제 7세손 신근왕지후야(하내국제번한, 월51)

• 하촌주 : 후한 광무제 7세손 신근왕지후야(좌경제번상한, 월8)

• 천내한인 : 화명명 9세손 부정명지후자(미정잡성섭진국, 월73)

• 하내기촌 : 산대기촌 동조. 노국 백룡왕지후야(하내국제번한, 월51)

• 산대기촌 : 출자 노국 백룡왕야(좌경제번상한, 월3)

역시 하내련은 근구수왕의 후손으로 되어 있고 신근왕이나 고려국 안류왕도 모두 근구수왕이란 것을 확인할 수 있다.

다음 천내한인은 하내한인과 같고 천무천황 14년 6월조에 하내한련에게 기촌의 성을 준 것으로 되어 있다. 이 하내기촌이 산대기촌과

---

100 일본서기에 나오는 안라와 아나, 삼국사기의 아라와 아시량, 삼국지 위지 동이전의 안야 등은 모두 지금의 함안을 가리키는 명칭이다. 그래서 안라일본부는 안라에 있었던 임나일본부로 본다. 이를 뒷받침하는 것이 흠명천황 5년 3월조의 "임나는 안라를 형으로 알고 있다." "임나는 안라를 부(父)로 하고 일본부를 본(本)으로 한다."는 구절로서 안라 즉 함안에 임나일본부가 있었음을 알 수 있다. 물론 이는 일본서기에 표현된 것이고 실제 임나일본부라는 명칭의 기관이 함안에 있었던 것은 아니다.

흠명천황 4년 12월조에 백제가 임나의 집사와 일본부의 집사를 소집했는데 1월 1일이 지나서 가겠다고 했고 5년 1월조에는 백제가 사신을 보내 임나의 집사와 일본부의 집사를 불렀는데 다 같이 제사가 끝나면 가겠다고 했으며 또 사신을 보내 임나의 집사와 일본부의 집사를 부르자 집사를 보내지 않고 미천한 사람을 보냈다는 구절이 있어서 임나와 일본부가 구별되어 있다.

흠명천황 2년 4월조에 안라의 차한기 등이 임나의 일본부길비신과 같이 백제에 가서 칙서를 들었다는 구절이 있고 7월조에는 안라일본부의 하내직이 계략으로 신라와 내통한 것을 심하게 꾸짖었다고 나온다. 4월조에 안라와 일본부길비신이 분리되어 있고 일본부가 길비신이라는 성씨를 사용하므로 일본부의 집사는 길비신의 시조에서 정체를 알 수 있다. 또 7월조의 안라일본부의 하내직을 임나의 집사로 추정할 수 있고 하내직의 시조에서 역시 그 정체가 파악된다.

길비신의 시조는 치무언명으로 근구수왕이고 하내직의 시조도 음태귀수왕으로 근구수왕이므로 일본서기에 적힌 임나일본부의 정체는 함안에 있으면서 일대를 다스리던 백제의 관청이다. 따라서 왜의 천황이 보냈다고 하는 임나일본부는 한반도에 존재한 적이 없다.

동조라고 했는데 산대는 지명이고 야마시로로 읽으며 출운국 풍토기 야마시로향을 보면 대혈지명의 아들 산대일자명이 진좌하고 있어서 야마시로라 한다고 했다. 따라서 부정명, 노국 백룡왕 등은 무내숙녜이다.

주석에서 하내련과 하내한직이 별개의 성이라고 한 것은 이처럼 근구수왕과 무내숙녜로 성씨의 갈래가 다르기 때문이다. 그리고 하내직은 하내련과 연결되므로 안라일본부의 하내직이라고 하는 것은 근구수왕과 연관되어 안라백제부가 된다. 따라서 지금의 함안 일대를 백제가 차지한 적이 있었다고 보는데 그러면 무내숙녜의 통치와는 거리가 멀어진다.

그렇다면 임나일본부는 왜 이토록 우리를 괴롭히는 괴물이 되었을까? 임나를 이야기하면 마치 임나일본부설을 추종하는 것처럼 오인하는 견해 때문에 임나에 관한 연구를 하는 사람이 줄어들어서 정작 한일고대사의 쟁점을 우리 손으로 해결하지 못하는 작금의 현실에서 이런 문제를 끄집어내는 것조차 쉬운 일은 아니다.

하지만 임나일본부설을 넘기 위해서는 반드시 임나와 임나일본부를 규명해야 한다. 그래서 임나를 이야기하는 사람이야말로 임나일본부설을 부정하고 우리나라의 고대사를 올바르게 정립하고자 하는 사람이라는 넓은 시각으로 이해해 주기를 바란다.

그동안 임나일본부에 대해서 많은 고민을 해 온 필자는 임나를 두 개의 지역으로 분리해서 봐야 한다고 생각하는데 하나는 한반도의 임나지역, 또 다른 하나는 왜의 임나지역이다. 이에 대한 간단한 설명은

제5장에서 다루고 추후 별도의 책을 펴낼 예정이다.

5. 진속혼명과 천아옥근명

신대紀 제7단에 중신련의 원조 천아옥명이 나오고 일서3에는 중신련의 원조 홍태산령의 아들 천아옥명이 나온다. 고사기에는 중신련의 조 천아옥명으로 되어 있다.

- 중신련 : 천아옥근명지후야(하내국천신, 풍57)
- 중신표련 : 대중신조신 동조. 천아옥근명지후야(화천국천신, 풍67)
- 대중신조신 : 등원조신 동조(좌경천신, 풍2)
- 등원조신 : 출자 진속혼명 3세손 천아옥근명야(좌경천신, 풍1)

- 화태련 : 대중신조신 동조. 천아옥근명지후야(화천국천신, 풍66)
- 화전수 : 신혼명 5세손 천도근명지후야(화천국천신, 풍71)

아래 성씨에서 화태과 화전은 둘 다 니기타로 읽어서 같은 성씨인데 천도근명은 신무천황의 동정에 나오는 도신으로, 일신이 길을 잘 인도해서 붙여준 이름이며, 제2장 천일창과 응신천황 항목에서 근구수왕임을 확인했다. 따라서 천아옥근명도 근구수왕이 된다.

성씨록에는 천아옥근명이 진속혼의 3세손으로 나오지만 구사기 신대본기에는 진속혼명의 아들로 나온다. 그래서 진속혼명은 근초고 왕이다.

6. 천수일명

가. 천수일명과 천치언

고사기 위원중국의 평정조를 보면 위원중국을 다스릴 자를 천인수이존이라 했으며 거칠고 난폭한 국신이 있어서 먼저 천보비신을 보내 평정하게 했지만 대국주신에게 아첨해 3년이 지나도 이행하지 않았다.

그래서 다시 천진국옥신의 아들인 천약일자에게 활과 화살을 주어 파견했는데 대국주신의 딸을 아내로 맞이하고 그 나라를 자기 것으로 해 8년이 지나도 이행하지 않았다고 했다.

일본서기에는 천보비명이 천수일명으로, 천약일자명이 천치언으로 나온다. 천수일명은 천조대신과 소잔오존이 함께 탄생시키는 다섯 남신의 한 명으로 출운신, 무장국조, 토사련 등의 원조로 되어 있다.

- 출운숙녜 : 천수일명 자 천이조명지후야(좌경천손, 풍12)
- 출운신 : 천수일명 자 천일명조명지후야(산성국천손, 풍37)
- 토사련 : 추소조신 동조 천수일명 14세손 야견숙녜지후야(화천국천손, 풍73)
- 토사숙녜 : 천수일명 12세손 가미건반근명지후야(우경천손, 풍26)
- 추소조신 : 토사조신 동조 건반근명 7세손 대보도련지후야(우경천손, 풍26)

• 관원조신 : 토사조신 동조 건반근명 7세손 대보도련지후야(우경천손, 풍26)

• 대지조신 : 토사조신 동조 건반근명 7세손 대보도련지후야(우경천손, 풍26)

• 진부강련 : 천진언근명지후야

一本) 천수일명 12세손 우하도구야명지후야(하내국천손, 풍64)

고사기 천조대어신과 수좌지남명조에서 출운국조, 상토상국조를 천보비명의 아들 건비량조명이라고 했고 타케히라토리노미코토로 읽는다. 천이조명과 천일명조명은 둘 다 아메노히나토리노미코토로 읽는데 히라토리나 히나토리나 같은 발음이기 때문에 모두 동일한 인물이다.

상토상은 카미쯔우나카미로 읽고 상해상도 같이 발음한다. 상해상국조는 구사기 국조본기에 천수일명 8세손 인입화다비명 손자 구도기직으로 되어 있어서 같은 연결이 확인된다.

그런데 출운신이 천수일명으로 되어 있는 반면 출운국조는 천보비명의 아들 건비량조명이어서 천수일명의 아들로 되어 있다. 이는 대수늘리기에 따른 것으로 출운신과 출운국조가 동일한 인물이어야 하므로 천수일명과 천보비명, 건비량조명은 같은 인물이다.

한편 상토(上菟)는 토왕(菟王)으로 연결되는데 제2장의 토상왕과 토왕 항목에서 古6-47판본에 계체황자 토왕이 있어서 토왕이 계체천황과 함께 무내숙네라고 했다. 그러면 천수일명과 천보비명, 건비량조명, 천이조명, 천일명조명은 모두 무내숙네이다.

토끼와 관련해서도 고사기 대국주신조에 이나바의 흰 토끼가 있는데 상어[101]를 속여 벌거숭이가 되었고 여러 신들의 잘못된 가르침에 따라 바닷물에 몸을 씻어 피부가 찢긴 토끼를 만나 대혈모지신이 원래 대로 고치는 방법을 알려주었는데 그 토끼가 대혈모지신만이 팔상비매와 결혼할 수 있다[102]고 했기 때문에 모든 나라의 통치를 대국주신이 위임받았다고 했다. 토끼가 무내숙네와 연관되어 있고 상토상국조도 마찬가지다.

히나토리는 새의 새끼, 병아리 새를 말하는데 제2장 목토숙네와 옥주인남무웅심명 항목에서 가마우지의 깃털과 관련된 언파렴무로자초집부합존, 태어나던 날 부엉이가 날아온 인덕천황, 뱁새가 날아온 목토숙네가 모두 무내숙네임을 확인했으므로 천수일명과 천보비명, 건비량조명, 천이조명, 천일명조명이 무내숙네가 된다.

그리고 진부강련의 우하도구야명은 우카쯔쿠누노미코토인데 구사기 국조본기의 출운국조 천수일명 11세손 우가도구노와 발음이 같다. 출운국조는 역시 출운신인 천수일명과 동일인물이어야 하므로 대수가 많이 차이 나지만 우하도구야명, 우가도구노는 천수일명이다.

진부강련의 시조가 천진언근명이기도 하므로 천수일명과 천보비명, 건비량조명, 천이조명, 천일명조명, 우하도구야명, 우가도구노는 모

101 발음이 와니로 되어 있고 와니는 본래 상어가 아닌 악어인데 왕인을 통해 근구수왕과 연결되어 있다. 신대紀 제10단 일서3에 언화화출견존인 무내숙네가 해궁에서 돌아올 때 악어를 따라 하루 만에 돌아왔고 그 전에 아내 풍옥희가 아이를 낳는 것을 엿보았는데 그러자 아내가 큰 악어로 변했으며 일서4에는 해궁에 들어갈 때도 악어의 도움을 받아 들어가는 장면이 있는데 이는 무내숙네와 근구수왕의 다툼으로 본다. 이나바의 토끼도 무내숙네로 일시적으로 나라를 빼앗겼지만 나중에 다시 찾을 것이라는 의미이다.

102 이는 무내숙네가 이나바, 현 돗토리현의 동부지방을 차지할 수 있다는 것을 말한다.

두 무내숙네이다. 특히 도구는 쯔쿠로 읽고 평군목토숙네, 평군도구숙네의 쯔쿠와 같으므로 역시 무내숙네이다.

속일본기 환무천황 연력 원년 5월 토사숙네 안인 등이 지명을 따라 토사를 추소로 고쳐 줄 것을 청해 이를 허락하는 구절이 있고 연력 9년 12월에는 관원, 토사 등의 성씨를 고쳐 대지조신으로 하는 구절이 있다.

우경천손 토사숙네(풍26)에 대해 일본(一本)에는 광인천황 천응 원년에 토사를 고쳐서 관원으로 사성했고 다시 조서를 내려 대지조신을 사성했다고 나온다. 그래서 토사, 추소, 관원, 대지 등의 성씨는 모두 같은 성씨이고 성씨록에도 그렇게 되어 있다.

천치언은 신대紀 제9단에 천국옥(天國玉)의 아들로 되어 있고 고사기와 구사기 천신본기에는 천진국옥신의 아들로 나오는데 성씨록에는 용례가 없다. 그렇지만 천국옥이 대기귀신의 이명인 대국옥신, 현견국옥신, 우도지국옥신, 현국옥신 등과 다를 바가 없기 때문에 천국옥은 대기귀신이고 천치언은 대기귀신의 아들이다.

그러면 천치언은 천수일명의 아들이 되는 셈인데 성씨록에 나오지 않아서 완전한 가공인물이고 천수일명과 같은 내용으로 기술되어 있기 때문에 천수일명의 이명으로 대기귀신이면서 무내숙네이다.

나. 한 성씨의 시조가 둘인 경우

제2장에서 한 성씨의 시조가 둘인 경우를 여러 번 봤는데 다시 한 번 살펴보자.

- 하무현주 : 신혼명 손 무진지신명지후야(산성국천신, 풍34)
- 하무조신 : 대신조신 동조. 대국주신지후야(대화국지기, 풍46)

- 기직 : 신혼명 5세손 천도근명지후야(하내국천신, 풍59)
- 기조신 : 석천조신 동조. 건내숙녜 남 기각숙녜지후야(좌경황별상, 조30)

- 경아손 : 치전련 동조. 언좌명 4세손 백발왕지후야(좌경황별하, 조28)
- 경아손공 : 치전련 동조. 언금책명지후야(산성국황별, 조47)

무진지신명은 압건진신명이자 두팔지조로 근구수왕이었고 대국주신은 대기귀신의 별명으로 무내숙네이다. 또 천도근명은 도신이자 일신으로 무내숙네의 아버지인 근구수왕이고 건내숙네와 기각숙네는 무내숙네여서 부자(父子)가 같은 성씨의 시조로 되어 있다.

경아손(輕我孫)의 부가 설명에 성무어세 때 경지(輕地)를 하사받았기 때문에 성씨가 유래했다고 되어 있다. 효덕천황의 황자 때 이름을 경(輕)황자라 하는데 윤공紀에 나오는 목리경(木梨輕)과 같은 사람으로 보며 고사기 윤공천황기를 보면 목리경태자의 이름을 따 경부(輕部)를 정했다고 했다.

화천국황별 성씨 경부(輕部, 조71)의 시조가 왜일향건일향팔강다명이어서 무내숙네이므로 백발왕, 효덕천황, 경황자, 목리경태자까지 모두 무내숙네이다. 언금책명은 치전련의 시조가 언좌명이어서 근구수왕이다.

• 팔태조 : 화다죄풍옥언명 아 포류다마내명지후야(우경지기, 풍30)

제2장 도배입언명과 진혼명 항목에서 본 이 성씨는 화다죄풍옥언명은 무내숙네이고 포류다마내명은 근구수왕이어서 무내숙네의 아들 근구수왕으로 부자지간이 거꾸로 되어 있다.

• 견상현주 : 천진언근명지후자(미정잡성대화국, 월70)
• 견상조신 : 출자 경행황자 일본무존야(우경황별상, 조18)

• 삼간명공 : 미마나국주 모류지왕지후자(미정잡성우경, 월66)
• 삼간명공 : 중신 뢰대신명지후자(미정잡성하내국, 월75)

• 전변숙네 : 신혼명 5세손 천일취명지후야(대화국천신, 풍40)
• 전변사 : 풍성입언명 4세손 대황전별명지후야(우경황별상, 조33)

• 갈야련 : 속일명 6세손 이향아색호명지후야(좌경천신, 풍6)
• 갈야신 : 대왜근자언국견(효원)천황 황자 언포도의사마기지명지후야(미정잡성좌경, 월6)

※ 카쯔누, 카토누로 발음이 다르지만 한자가 葛野로 같음

• 혜아 : 천수일명지후자(미정잡성산성국, 월68)
• 회가신 : 효원천황 황자 대언명지후야(우경황별상, 조35)

※ 혜아와 회가는 에가로 발음이 같음

- 진발부 : 치무언명 남 길비무언명지후야(우경황별하, 조42)
- 진발부 : 천수일명지후자(미정잡성화천국, 월79)

- 민직 : 대중신조신 동조. 천아옥명지후야(화천국천신, 풍67)
- 민직 : 천수일명 17세손 약상족니지후야(화천국천손, 풍73)

- 산공 : 수인천황 황자 오십일족언별명지후야(화천국황별, 조72)
- 산직 : 천수일명 17세손 일고증내기여명지후야(화천국천손, 풍73)

먼저 견상현주의 시조 천진언근명은 무내숙네이고 견상조신의 시조 일본무존은 근구수왕이다. 임나를 미마나로 발음하므로 미마나국주는 임나국주이며 수인紀 임나국주 아라사등이 무내숙네였으므로 모류지왕도 무내숙네다. 중신 뢰대신명은 제2장 천인수이존과 화명명 항목에서 근구수왕이었다.

전변숙네의 천일취명은 근구수왕이고 전변사의 대황전별명은 무내숙네이다. 갈야련의 이향아색호명은 무내숙네이고 갈야신의 언포도의사마기지명은 근구수왕이다. 언포도의사마기지명의 발음 히코후쯔오시마코토노미코토는 언태인신명, 비고포도압지신명과 동일하다.

혜아의 시조 천수일명은 무내숙네이고 회가신의 시조 대언명은 근구수왕으로서 부자(父子)가 같은 성씨의 시조로 되어 있는 경우이다. 길비무언명이 근구수왕이어서 진발부도 마찬가지이다.

남은 두 사례는 팔태조와 같은 경우인데 근구수왕인 천아옥명이 약상족니와 동격으로 되어 있고 역시 근구수왕인 오십일족언별명이 일고증내기여명과 동격이어서 무내숙녜인 천수일명의 후예로 되어 있다.

이것은 천수일명이 존재하던 시기로부터 한참이 지난 후대에 근구수왕을 다시 등장시키면서 천아옥명의 후손으로 등장시키지 않고 천수일명의 후예로 등장시킨 경우이다.

사실 이런 경우는 고사기와 일본서기의 특징이 성씨록에까지 반영된 경우인데 실존 인물 대신 가공인물로 대수 늘리기를 계속하면서 한 성씨의 시조를 여러 가명으로 사용하기도 했지만 앞에 있는 인물의 후손을 계속 만들어 나가면서 실존 인물이 섞이기도 했고 그러다 보니 부자지간이 거꾸로 된 사례가 나타난 것이다.

한 성씨의 시조의 경우 그나마 동일한 인물이라고 유추할 수 있는데 후손의 경우 많은 가명이 어느 실존 인물인지 찾기는 쉽지 않다. 아마 그 해독표는 일본 궁내청에 백제 관련 문서와 함께 보관되어 있겠지만 가공인물만 난무하는 일본의 고서만 보고 실존 인물을 짚어내는 것은 정말 어려운 일이다.

역시 이렇게 한 이유는 성씨를 섞어서 정확하게 판단하는 것을 어렵게 만드는 목적이라고 여겨진다. 그래서 그것은 다분히 의도적이다. 그런 의도가 없었다면 815년 성씨록을 정리하면서 고사기나 일본서기, 구사기의 오류를 바로 잡아서 한 성씨의 시조가 둘이 되는 경우를 없앴을 것이기 때문이다.[103]

한편 그런 의도까지 전부 읽어서 성씨록에 있는 대표적인 인물들의 후손까지도 누구라고 모두 파악하면 좋겠지만 개인적으로 일본서기의 편년이 거짓이고 천황이 가공인물이라는 것을 이렇게 규명하는 것만으로도 고대사에 대한 진실은 충분히 밝힐 수 있으리라 생각한다.

7. 화란강명

신대紀 제9단을 보면 황손 경경저존이 하늘에서 내려와 녹위진희와 만나서 하룻밤 만에 임신이 되었는데 경경저존이 의심을 하자 녹위진희가 천신의 씨는 불에도 괜찮을 것이라고 하면서 집에 불을 지른 후 아이를 낳았는데 먼저 화란강명, 다음은 언화화출견존, 마지막을 화명명이라 했으며 화란강명은 준인의 시조라 했다.

화란강명은 호노스소리로 읽는데 구사기 황손본기에 준인의 조 화진명이 있고 별명이 화초근명(호스세리노미코토), 화란명, 해형언명으로 되어 있어서 모두 동일한 인물이다. 성씨록에서 발음이 같은 부내수좌리내명, 부수세리명도 동일인물이다.

고사기에는 준인 아다군의 시조로 화조명이 되어 있고 다음에 낳

---

103 필자도 성씨록의 인물을 정리하면서 그동안 알고 있던 사실과 다르기도 했지만 이렇게 한 성씨의 시조가 둘인 경우를 어떻게 정리해야 하는지 고민이 많았다. 다행히 팔태조의 경우에서 실마리를 찾을 수 있었는데 처음에는 부자지간이 거꾸로 된 것을 받아들이기가 정말 쉽지 않았다.

은 자식이 화수세리명인데 호스세리노미코토로 읽어서 화초근명과 이름이 같다. 따라서 화조명, 화수세리명도 화란강명과 동일한 인물이다.

우경천손 판합부숙네(풍28)의 시조를 보면 화명명 8세손 이배족니로 되어 있고 일본(一本)에 화명명 대신 화란강명이 되어 있어서 화명명과 화란강명, 부내수좌리내명, 부수세리명, 화진명, 화초근명, 해형언명, 화조명, 화수세리명은 모두 근초고왕이다.

8. 명일명문명과 천향산명, 오십맹신

앞서 천진언근명과 산대일자명 항목에서 명일명문명이 나왔는데 자세히 살펴보자.

- 액전신 : 이향아색웅명지후야(산성국천신, 풍33)
- 액전수 : 조량신 동조. 평군목토숙네지후야(하내국황별, 조61)
- 액전부 : 액전부숙네 동조. 명일명전명지후야(섭진국천신, 풍52)
- 액전부 : 천진언근명 손 의부이아도명지후야(좌경천손, 풍17)

- 액전부숙네 : 명일명문명 3세손 천촌운명지후야(우경천신, 풍23)
- 액전부숙네 : 명일명문명 6세손 천신구부명지후야(산성국천신, 풍34)
- 액전부숙네 : 각응혼명 남 오십협경혼명지후야(섭진국천신, 풍51)

액전신, 액전수, 액전부를 보면 이향아색웅명, 평군목토숙네, 명일명전명, 의부이아도명이 같은 인물로 되어 있다. 이향아색웅명과 평군목토숙네는 무내숙네이고 의부이아도명은 오호이카쯔노미코토로 읽는데 이카쯔는 뢰(雷)의 발음과 같아서 뢰대신이 되어 근구수왕임을 제2장 천인수이존과 화명명 항목에서 살펴봤다.

명일명전명이 무내숙네와 근구수왕 둘 다 비정되므로 명일명전명과 같은 이름인 명일명문명이 나오는 액전부숙네의 시조 천촌운명과 천신구부명, 오십협경혼명에서 실존 인물을 찾아야 한다.

천신구부명은 이름이나 발음으로도 전혀 용례가 없으므로 정체를 파악할 수 없다. 천촌운명은 구사기 천손본기에 천향어산명의 아들로 되어 있고 천인인명, 천인남명의 부(父)로 되어 있다.

천인남명은 좌경천손 단비수가포(풍16), 우경천손 단비숙네(풍26)의 시조로 되어 있다. 단비숙네의 부가 설명에 인덕천황 황자 서치별존이 담로궁에서 태어났을 때 목욕물에 호장화(虎杖花)가 날아들어 색오숙네가 천신이 장수를 알려준다며 다치비서치별존으로 하자고 했고[104] 그래서 다치비부를 정했으며 색오숙네가 단비부를 관장했으므로 단비련이 성이 되었다고 나온다.

104 서치별존은 반정천황이다. 반정紀 즉위전기에 "천황은 담로궁에서 태어났다. 날 때부터 이가 통뼈로 된 것 같았다. 용모가 미려했다. 서정이라는 우물이 있었다. 그 물을 떠서 태자를 씻겼다. 그때 다지(多遲)꽃이 우물 안에 있었다. 그래서 태자의 이름으로 했다. 다지꽃은 지금 호장꽃이다. 고로 다지비서치별천황이라 칭했다."고 나온다.

호장은 암파문고의 주석에 무장(武杖)이라고도 하며 삼과의 다년생 초본으로 되어 있다.

다치비나 단비는 둘 다 타지히로 읽는다. 선화紀 원년에 상식엽황자를 단비공, 위나공의 선(先)으로 한다 했고 제2장 완자왕과 상식엽황자 항목에서 무내숙네로 밝혀졌다. 따라서 천인남명은 무내숙네이다. 천인인명도 제2장 도배입언명과 진혼명 항목에서 무내숙네로 밝혀졌다.

천향어산명은 일본서기와 성씨록에 천향산명으로 나오며 화명명의 아들이다. 그래서 근구수왕으로 보기 쉬운데 이는 눈속임이다.

신대紀 제9단에 미장련의 시조를 화명명이라 했고 신대紀 제9단 일서6에서는 천화명명의 아들 천향산명을 미장련의 원조라 했는데 성씨록 미장련(풍14, 풍37, 풍43)에 화명명이 직접 시조가 된 성씨가 없고 하명명의 아들 천향산명만 나온다.[105]

하내국황별 미장부(조64)의 시조가 언팔정이명으로 되어 있고 고사기 신무천황기에 미장단파신의 조가 신팔정이명으로 나오므로 미장련, 미장부, 미장단파신으로 이어져 천향산명은 무내숙네이다. 언팔정이명은 제2장 기성왕과 식장언인대형기성명 항목에서 무내숙네라고 한 바 있다.

천향산명의 천향산은 일본서기에 나오는 산의 이름이다. 신무紀 즉위전기 무오년 9월조에 신무천황이 반여읍에 도착하자 적의 거점이 중요한 길을 다 차단하고 있어서 나아갈 수가 없었는데 꿈에 천신이 나

105 천하오산명이 있는데 아메노카고야마노미코토로 읽어서 천향산명과 같은 발음이다.

타나 천향산[106]의 흙을 파와서 큰 독을 만들어 제사를 지내면 정복할 수 있다고 해서 추근진언과 제활이 노인과 노파로 분장해 흙을 가지고 와서 독을 만들었고 그 독으로 제사를 지내니 물 없이 엿을 만들었으며 독을 단생천에 가라앉히자 고기가 모두 떠올라서 일이 이루어질 것임을 알았다고 나온다.

이렇게 보면 천향산은 신무천황이 전투에서 이겨서 반여읍을 차지하는 데 큰 도움이 된 산이다. 따라서 천향산명도 신무천황의 편에서 싸운 인물이어야 할 것이다. 마침 추근진언과 제활이 천향산을 다녀왔으므로 천향산명이 될 수 있는데 추근진언은 근구수왕이고 제활은 신무천황이 반여읍에 오기 전 토전(菟田)현에서 천황에 복속했는데 토끼는 토왕, 토도치랑자 등으로 무내숙네를 가리킨다. 제활이 천향산명으로 무내숙네가 된다.

다시 천촌운명을 보면 구사기 천손본기에 나오는 아버지 천향어산명과 아들 천인남명이 모두 무내숙네이므로 천촌운명도 무내숙네가 된다. 또 천촌운명이 무내숙네가 되므로 명일명전명, 명일명문명도 무내숙네이다.

한편 각응혼은 제2장 천탕하판거와 이향아색웅명 항목에서 근초고왕으로 밝혀졌고 오십협경혼명이 누구인지 아직 밝히지 않았다. 일단 제2장 두팔지조와 압건진신명 항목에서 옥(玉)은 혼(魂)과 혼용해서 사

106 나라현 앵정시에 있는 해발 148m의 산으로 대화(大和)의 세 개의 산 중에 하나라고 주석이 되어 있다. 그만큼 중요한 산이라는 의미이다.

용하는 글자라고 했는데 경혼은 경옥으로 바꿀 수 있다. 태옥이 후토타마이고 경혼, 경옥은 후타마로 닮은 발음이어서 근구수왕으로 비정된다.

오십협이 이름에 들어가는 인물은 신공황후 섭정 원년 길사의 조 오십협모숙네와 미정잡성 화천국 양의부수의 시조 길비진언오십협근명이 있다. 길사는 키시로 읽는데 같은 발음인 섭진국황별 길지의 시조가 대언명으로 되어 있어서 근구수왕이다.

오십협근명은 구사기 천황본기에 언오십협근명으로 나오고 길비신의 시조로 되어 있으며 별명이 길비진언명으로 되어 있다. 길비신의 시조인 치무언명은 근구수왕이므로 오십협근명, 오십협모숙네에다 오십협경혼명까지 근구수왕이다.

다시 위의 액전부숙네 성씨를 보면 천촌운명, 천신구부명, 오십경혼명이 시조인데 천신구부명은 파악이 불가능하고 천촌운명은 무내숙네, 오십경혼명은 근구수왕이어서 역시 액전수, 액전부처럼 시조가 둘인 경우이다. 다만 명일명전명, 명일명문명은 후예가 무내숙네로 나오므로 무내숙네로 비정한다.

한편 이름에 오십이 들어간 인물은 근초고왕인 오십경부황자와 오십일족언명, 오십향족언명의 근구수왕이 있는데 여기에 오십협근명, 오십협모숙네, 오십협경혼명이 더해진다. 구사기 천황본기에 나오는 찬기군의 조 오십목언왕명, 찬기직의 조 오십하언명은 찬기국조가 신즐황자여서 근구수왕이다.

신대紀 제8단 일서4에 소잔오존이 아들 오십맹신을 데리고 신라국

증시무리에 내려오는데 오십맹신의 맹(猛)을 타케루로 읽고 이는 무(武)와 발음이 같아서 무부로 이어져 일본무존이 된다. 따라서 오십맹신은 소잔오존의 아들로 되어 있지만 근구수왕이고 지금까지 알아본 바 오십경부황자 외에 오십을 사용하는 이름은 모두 근구수왕으로 나온다.

9. 대명초언명

화천국 천신 고야(풍72)의 시조가 대명초언명으로 되어 있다. 비전국 풍토기 등진군 능미(노미)향조에 기직의 조 치일자가 나오는데 주석에 대명초언명의 아들 약언명으로 되어 있고 풍토기일문 산성국 하무승마조에는 복부, 이길의 약일자로 되어 있다. 와카히코로 발음이 같다. 약일자의 주석에 일기현주 압견숙네의 3세손으로 되어 있다.

기직은 시조가 둘인 성씨로 근구수왕과 무내숙네가 함께 시조로 되어 있어서 치일자가 누구인지 아직 알 수 없다. 복부는 우라베로 읽는데 성씨록의 성씨로는 나오지 않는다. 이길은 이키로 읽는데 일기와 발음이 같다. 우경천신 일기직(풍24)의 시조가 천아옥근명 11세손 뢰대신으로 되어 있어서 근구수왕이다.

따라서 약일자, 치일자는 근구수왕이 되는데 약일자가 들어가는 이름이 고사기 효령천황기에 약일자건길비일자명이 있고 길비하도신, 입신의 조로 되어 있다. 길비신과 입조신의 시조가 치무언명으로 근구수왕이어서 약일자건길비일자명과 약일자, 또 치일자가 근구수왕임이 재확인된다.

대명초언명의 아들이 약언명, 치일자로 근구수왕이므로 대명초언명은 근초고왕 또는 근구수왕이 된다. 그런데 근구수왕은 약일자, 건일자 등으로 어리게 표현되어 있고 대명초언명이 시조로 되어 있는 고야(高野)는 높게 표현되어 있어서 근초고왕으로 본다.

10. 건반근명과 천어영명

아래 성씨에서 보는 바와 같이 건반근명은 천수일명 12세손 그리고 13세손으로 되어 있다. 성씨록에 가미건반근명으로 나오는데 가미는 우마시로 읽고 아름답다는 수식어이다.

- 범하내기촌 : 천진언근명지후야(하내국천손, 풍64)
- 범하내기촌 : 액전부탕좌련 동조(섭진국천손, 풍53)
- 범하내기촌 : 천수일명 13세손 가미건반근명지후야(섭진국천손, 풍54)
- 액전부탕좌련 : 천진언근명 자 명립천어영명지후야(좌경천손, 풍16)
- 토사숙녜 : 천수일명 12세손 가미건반근명지후야(우경천손, 풍26)
- 토사숙녜 : 추소조신 동조. 천수일명 12세손 가미건반근명지후야 (대화국천손, 풍42)

천진언근명과 가미건반근명, 명립천어영명이 동일 인물로 나와 있어서 모두 무내숙네라는 걸 알 수 있고 앞서 천진언근명과 산대일자명 항목에서 천어영명도 무내숙네라고 했다.

액전부탕좌련(풍16)의 부가 설명에 윤공천황 때 살마국에 파견된 평준인이 돌아오면서 말을 바쳤는데 이마에 밭두둑 모양의 털이 있어서 액전부를 사성했다고 되어 있다. 밭두둑 모양은 응신천황의 고사를 떠올리게 하는데 무내숙네와의 연결점으로 보인다.

응신천황이 태어났을 때 팔에 굳은살이 있었는데 활을 쏠 때 차는 팔찌(鞆)처럼 생겼고 신공황후가 남장을 해서 활팔찌를 찬 것과 비슷했다고 하고서는 상고에 활팔찌(鞆)를 호무다라 했으므로 그 이름을 높여 예전천황이라 한다고 했다. 예전은 호무다로 읽는다.

한편 토사숙네(풍26)의 시조가 가미건반근명으로 되어 있는데 일본(一本)에 광인천황 때 토사를 고쳐서 관원, 다시 대지조신으로 사성한 것이 나오므로 토사, 추소, 관원, 대지 등의 성씨는 같은 성씨임을 천수일명과 천치언 항목에서 알아봤고 역시 무내숙네로 나온다.

11. 천사대주명(천내팔중사대주신)

신대紀 제9단에 경경저존이 다스릴 위원중국의 나쁜 귀신을 평정하기 위해 천수일명과 천치언을 보내도 소용이 없어서 경진주신과 무옹퇴신을 보내었으며 이 둘이 오십전협의 해변[107]에 내려 대기귀신에게 어쩐지 물어보자 아들에게 물어보라고 하는데 아들 사대주신이 출운국 삼수(三穗, 미호)에 놀러 가 있었고 천신의 말씀에 거역하지 않겠다고 한 것이 나온다.

구사기 국조본기 침간압국조의 조가 상모야 동조 어수별명의 아들 시입별명으로 나와 있는데 어수를 미호로 읽어서 사대주신과 연결되어 있다. 상모야조신(조32)은 숭신천황 황자 풍성입언명으로 되어 있으므로 무내숙네이고 사대주신도 대기귀신과 함께 무내숙네이다.

천내팔중사대주신은 사대주명의 별명인데 화천국 지기 장공(풍75)에서는 대나모지신 아들 적우팔중사대주명, 구사기 천신본기에 도미치팔중사대주신으로 나오고 제2장 장왕 항목에서 무내숙네임을 확인했다.

12. 대폐소저명과 대도여명

좌경 및 우경 천신 대택수(풍8, 풍21)의 시조가 대폐소저명 손 건신천명으로 되어 있다. 건신천명은 타케니히카하노미코토로 읽는데 대신하명이라는 다른 별명이 있고 구사기에는 대신천명으로 나온다.

107 제2장 목토숙네와 옥주인남무웅심명 항목에서 대기귀명이 소언명명을 만난 출운국의 오십협협의 해변과 동일한 곳으로 암파문고의 주석에도 그렇게 나온다. 소언명명은 대기귀명이자 무내숙네로 밝혀졌다. 경진주신이자 무웅퇴신인 근구수왕이 나쁜 귀신을 평정하러 온 곳이 이 해변인데 대기귀명이자 소언명명인 무내숙네를 만나게 되므로 나쁜 귀신은 무내숙네이다. 따라서 위 신대기의 내용 본질은 출운에서 근구수왕과 무내숙네가 싸운 것을 말한다.

- 시전부 : 요속일명 7세손 대신하명지후야(대화국천신, 풍40)
- 시전부 : 압현주 동조. 압건진신명지후야(산성국천신, 풍35)
- 고교련 : 신요속일명 7세손 대신하명지후야(우경천신, 풍19)
- 고교조신 : 아배조신 동조. 대도여명지후야(좌경황별상, 조12)

대신하명은 오호니히카하노미코토로 읽어서 건신천명과 같다. 대신하명이 압건진신명, 대도여명과 동일 인물로 나오는데 제2장 두팔지조와 압건진신명 항목에서 압건진신명이 근구수왕이었으므로 대신하명, 대도여명도 근구수왕이다. 대도여명은 성씨록에 대언명의 아들로 되어 있는데 제2장 대언명과 귀수왕 항목에서 대언명도 근구수왕임을 확인했다.

대폐소저명이 건신천명의 조부로 되어 있는데 대택수와 같은 성씨인 대택신의 시조가 천족언국압인명이어서 대폐소저명은 건신천명인 근구수왕의 아버지 근초고왕이다. 고사기 효소천황기에 대택신 뿐만 아니라 춘일신, 시본신, 대판신, 소야신 등의 시조인 천압대일자명이 있는데 그도 근초고왕이다.

13. 소좌능웅명

대화국 지기 대신조신(풍46)의 시조가 소좌능웅명 6세손 대국주명으로 되어 있다. 소좌능웅명은 스사노오노미코토로 읽어서 소잔오존이고 무내숙네이다.

부가 설명에 대국주신이 옥즐희와 결혼을 했는데 새벽이 되면 가버려서 옥즐희가 옷에 실을 꿰었더니 도읍을 거쳐서 대화국 어제산에 이르렀고 돌아와서 보니 실이 세 바퀴만 남아 있어서 대삼영이란 성을 쓰게 되었다고 나온다.

도읍(陶邑)은 도자기 마을이란 뜻이며 가야의 토기를 많이 생산한 곳이고 어제산은 대기귀명의 행혼귀혼이 살고 싶다고 한 삼제산이며 궁을 지어 대삼륜의 신을 모신 곳이고 삼륜, 미화, 신이 미와로 읽어서 모두 같다고 했다. 대삼영의 삼영도 미와로 읽는다.

또한 고사기의 의부다다니고와 관련해 활옥의비매에게 남자가 찾아와 임신을 했는데 바늘에 실을 꿰어 남자의 옷자락에 꽂았더니 미화산의 신사에 이르렀고 실이 세 가닥 남아 미와라고 했다는 것과 내용이 일치한다.

그래서 성씨 대신조신에 의부다다니고와 똑같은 내용을 부가한 것은 대기귀명과 소잔오존이 동일 인물이라는 것을 알려주기 위한 것으로 소잔오존이 단순히 소나라에 왔다고 무내숙네로 비정된 것은 아니다.

14. 그 외 신별 인물

가. 천부귀명

화천국 천손 혈사신주(풍75)의 시조가 천부귀명 5세손 고좌마두지명으로 되어 있다. 혈사(血師)를 아나시로 읽는데 번마국 풍토기 식마군 안사(아나시)리조에 왜의 혈무신의 신호(神戶)로서 봉사해 아나시로 한다고 되어 있다. 신호는 신을 모시는 집이라는 의미이고 혈무신의 혈무가 아나시로 읽히므로 결국 혈무신이 있는 곳이어서 지명으로 삼은 것이다.

아나시의 '아나'는 '아라'다. 경남 함안을 중심으로 한 아라가야를 말한다. 조선상고사를 보면 처음에는 하천, 강을 뜻하다 나중에 나라로 의미가 확장되는 글자로 라(羅), 량(良), 로(盧), 노(奴), 루(婁), 나(那), 아(牙), 영(壤), 여(耶), 야(邪) 등을 들고 있고 이들은 모두 '라'로 읽도록 되어 있는데 나(那)도 그 중의 한 글자여서 아나는 아라가 된다.

그리고 아나시의 시는 도시, 거리, 도회지 등을 뜻하므로 아나시는 아라가야의 도시라는 의미이며 수인紀에 나오는 임나국주 아라사등의 아라와 맥이 닿아 있어서 아라사등이 머문 곳으로 해석된다.

이와 관련해 백제에 의한 왜국통치 삼백년사는 지금은 작고하신 재일사학자 김달수 씨의 고대일조관계사입문을 인용해 근강 부근의 초진시에 혈촌(穴村)이 있는데 거기에 안라신사가 있기 때문에 아라, 아나로 불렸고 그래서 지명이 아나(穴)촌으로 지금까지 남아 있다고 했다.[108]

수인紀 3년 천일창이 들어왔을 때 번마국의 육률읍과 담로도의 출천읍 두 곳을 주며 마음대로 살라고 했는데 몸소 돌아다녀 보고 마음에 드는 곳을 달라고 해 근강국 오명읍에 잠시 살았고 약협국을 거쳐 저마국에 거주지를 정했으며 근강국 경촌 골짜기의 도인(陶人)은 천일창을 따라온 자들이라고 했다.

오명읍의 발음이 아나무라로서 천일창과 소잔오존을 제신으로 하는 안라신사가 있는 곳이며 혈촌이다. 또한 위 소좌능웅명 항목에서 도읍(陶邑)이 나왔는데 현 오사카의 남부지역이므로 그곳의 도인들이 근강 유역의 경촌까지도 진출했음을 알 수 있다.

천일창, 소잔오존, 아라사등이 모두 무내숙네의 이명이므로 이런 연결이 확인되고 있으며 풍토기 혈무신의 주석에도 대국주명 또 수좌지남명이라고 했으므로 무내숙네임이 재확인된다. 대혈지명의 혈(穴)도 '아나'여서 혈(血)과 연결되어 있음을 알 수 있다. 그래서 혈사신주의 시조 고좌마두지명이 무내숙네가 된다.

천부귀명은 수인紀 39년조에 나오는 오십경부황자가 대혈기부(大穴磯部)의 시조로 되어 있고 근초고왕이므로 천부귀명은 근초고왕이다.

나. 천좌귀리명

• 우속 : 천좌귀리명 3세손 사귀내명지후야(섭진국천손, 풍54)

108 윤영식 저 백제에 의한 왜국통치 삼백년사, 도서출판 청암, pp.92~93

• 우속수 : 천족언국압인명 남 언모진명지후야(섭진국황별, 조56)

• 산전조 : 신라국인 천좌의리명지후자(미정잡성화천국, 월80)

천좌귀리명은 아메노사기리노미코토로 읽고 천좌의리명도 같은 발음이라서 동일 인물이다. 사귀내명을 시키노미코토로 읽는데 시키는 기성왕의 기성과 같은 발음이라서 제2장 기성왕과 식장언인대형기성명 항목에서 나온 무내숙네이다.

천좌의리명이 신라국인으로 되어 있는데 신라국인이 될 수 있는 인물은 무내숙네밖에 없으므로 천좌귀리명과 함께 무내숙네이다. 한편 우속수의 시조는 언모진명으로 되어 있는데 근구수왕이다. 역시 같은 성씨의 시조가 둘인 경우이다.

다. 천저립명

좌경천신 이세조신(풍13)의 시조가 천저립명 6세손 천일별명으로 되어 있다. 천은 수식어, 별은 존칭이어서 천일별명은 일명, 일신이 되어 근구수왕이다.

천저립명의 저립은 소코타찌로 읽는데 신대紀 제1단에서 탄생하는 국저입존도 쿠니노소코타찌노미코토로 읽어서 동일한 이름이다. 제2장 천어중주존과 근초고왕 항목에서 신대紀 제1단에서 탄생하는 신이 모두 근초고왕임을 확인했으므로 천저립명은 근초고왕이다.

라. 천지명

대화국 천신 대전축산직(풍42)의 시조가 천지명 아들 천이지명으로 되어 있다. 대전은 오호타로 읽고 고사기 경행천황기에 대전군의 조를 대대명이라고 했으므로 천이지명은 무내숙녜가 된다. 대대명이 무내숙녜인 것은 제2장 대대명과 풍성입언명 항목에서 밝혔다.

천지명은 성씨와 관련해 다른 용례가 없으므로 성씨록을 그대로 인용해 근구수왕으로 비정한다.

마. 이기도마려와 천일취명, 흥태산령, 천발호

아래 성씨를 보면 좌경 지기 궁삭숙녜의 시조가 이기도마려로 되어 있는데 천압수근존이 손을 씻을 때 그 물에서 생겨난 신이라고 되어 있다. 이기도마려는 니키찌마토로 읽는다. 구사기 국조본기에 혈문국조가 앵정전부련 동조 이기도미명 4세손 속도조명으로 되어 있는데 이기도미를 니키쯔미로 읽어서 동일 인물이다.

- 궁삭숙녜 : 출자 천압수근존 세어수시 수중화생신 이기도마려야 (좌경지기, 풍18)
- 궁삭숙녜 : 천고어혼내명 손 천비화지가기류야명후야(하내국천신, 풍57)
- 궁삭숙녜 : 고혼명 손 천일취상시명지후야(좌경천신, 풍13)
- 궁삭숙녜 : 석상 동조(좌경천신, 풍4)

이기도마려가 천비화지가기류야명, 천일취상시명과 동일인물로 되어 있다. 천비화지가기류야명과 천일취상시명은 아메노히와시카케루야노미코토로 읽어서 같은 이름이다. 아메노히와시노미코토로 읽는 천일취명은 카케루야를 생략한 같은 발음이어서 동일인물이고 이기도미, 이기도마려까지도 같다.

풍토기일문 이세국조에 천일별명이 나오는데 주석에 이세국조 천일취명과 같은 인물이라고 했다. 천일별명의 별은 존칭이므로 이름만은 일(日)이며 일신, 도신이 되어 근구수왕이다. 따라서 천일취상시명, 천비화지가기류야명, 이기도마려, 이기도미는 모두 근구수왕이다.

앵정전부련은 고사기 응신천황기에 시조가 도수근으로 되어 있는데 정체가 확실치 않다. 앵정신, 앵정조신의 시조는 소하석하숙네, 도목숙네가 되어 무내숙네이다.[109]

전부련은 구사기 천손본기에 물부소전숙네련공이 시조로 되어 있다. 소전숙네는 요속일명 12세손으로 산성국 천신 고교련(풍32)의 시조이며 고교련(풍19, 풍60)의 다른 시조가 대신하명, 이기포도대련 등이어서 근구수왕이다.[110] 또 소전숙네는 하내국 천신 조견련(풍59)의 시조이기도 한데 조견련은 토미노무라지로 읽고 좌경 천신 등미련(풍6)과 발음이 같다. 등미련의 시조는 속일명 6세손 이향아색호명이어서 무내숙네이다.[111]

109 제2장 기성왕과 식장언인대형기성명 항목에서 살펴봤다.

110 앞서 대폐소저명과 대도여명 항목에서 대신하명이 근구수왕임을 밝혔다. 이기포도대련은 제2장 석상포도대신과 칠지도 항목에서 본 바와 같이 포도가 있어서 근구수왕임을 바로 알 수 있다.

한 인물인 소전숙네가 근구수왕이자 무내숙네일 수는 없으므로 이는 성씨록의 어느 한 부분이 잘못되었다고 본다. 다시 보면 혈문국조가 앵정전부련과 동조인 이기도미명의 4세손 속도조명이므로 앵정전부련의 시조 도수근은 이기도미명과 같은 인물로 근구수왕이 된다. 그래서 소전숙네는 근구수왕으로 비정하며 조견련의 시조로 기재된 것은 성씨록의 오기로 본다.

한편 혈문국조인 속도조명은 하야쯔토리노미코토로 읽고 조(鳥, 토리)가 들어가는 인물인 건비량조명, 근조황자 등이 무내숙네이므로 속도조명도 무내숙네이다. 신공황후 즉위전기 12월조를 보면 혈문직의 조 천립(踐立)이 나오는데 호무타찌로 읽도록 되어 있다. 호무타는 호무다로 응신천황을 말하고 진(津)을 쯔로 읽는데 찌는 쯔와 상통하는 발음이므로 혈문을 응신천황의 나루라고 한 것으로 본다. 응신천황도 무내숙네이다.

신대紀 제7단 일서2에 일신이 굴에 있을 때 중신련의 원조 흥태산령의 아들 천아옥명이 천향산의 나무를 파서 윗가지에는 경작의 원조 천발호의 아이 석의호변이 만든 거울을 걸고, 가운데가지에는 옥작의 원조 천명옥이 만든 구슬을 걸고, 아래가지에는 율국의 기부의 원조 천일취가 만든 목면을 걸고, 기부수의 원조 태옥명에게 잡게 하여 비는 대목이 있다.

---

111 이향아색호명은 이향아색웅명과 동일인물이고 이향아색웅명은 제2장 천탕하판거와 이향아색웅명 항목에서 무내숙네로 밝혔다.

흥태산령은 코고토무스히로 읽는데 반정紀 원년 대택신의 조 목사(木事)의 발음이 코고토이다. 고사기 효소천황기에 나오는 천압대일자명이 대택신의 조이고 천족언국압인명이어서 흥태산령이 근초고왕이 된다.

다만 코고토노무라지로 읽는 여등련(조46)의 시조가 언태인신명이어서 근구수왕이므로 흥태산령을 근구수왕으로 비정할 수도 있다. 또 여등련이 염옥련 동조로 되어 있고 염옥련(조60)은 무내숙네 남 갈목증도비고명이 시조인데 갈목증도비고명은 갈성습진언과 같은 발음이고 무내숙네이므로 흥태산령을 무내숙네로 비정할 수도 있다.

석의호변은 신대紀 제9단에는 경작의 상조 석응모명으로 나오고, 고사기 이이예명조에는 경작련의 조 이사허리도매명으로 되어 있다. 신대紀 제7단 일서2에 경작부의 원조 천강호자가 있는데 주석에 천발호와 같은 인물이라고 했다.

그래서 석응모명이 천강호자의 아들이 되는데 구사기 천신본기에는 천강호신이라 적고 석응모명의 아들로 되어 있어서 혈통을 종잡을 수 없다. 하지만 모두 경작의 시조이니만큼 같은 인물일 수밖에 없다.

신대紀 제7단 일서2의 등장인물을 보면 천아옥명을 비롯해 천명옥, 천일취, 태옥명이 모두 근구수왕이어서 석의호변, 천발호도 근구수왕으로 추정하며 흥태산령도 근구수왕으로 비정한다.

바. 천벽립명

좌경 천신 궁부조(풍11)의 시조가 천벽립명 아들 천배남명으로 되어 있다. 고사기 경행천황기에 왜건명이 낳은 아들로 건구아왕이 있는데 찬기릉군, 이세별, 등원별, 마좌수, 궁수별 등의 조로 되어 있고 궁수(宮首)나 궁부(宮部)나 같은 의미이므로 천배남명과 건구아왕이 동일한 인물이다.

경행紀 4년조에 신즐황자를 찬기국조의 시조라 했고 제2장 백제왕과 주왕 항목에서 근구수왕으로 나왔고 이세별과 관련해 좌경 천신 이세조신(풍13)의 시조가 천저립명 6세손 천일별명으로 되어 있는데 천일별명은 앞서 천저립명 항목에서 근구수왕이라고 했다.

따라서 천배남명과 건구아왕이 근구수왕이 되고 천벽립명은 천저립명과 동격이 된다. 천저립명의 저립은 소코타찌로 읽고 천벽립명의 벽립은 카야타찌로 읽는데 카야타찌에 대한 다른 용례가 없으므로 앞서 천저립명이 근초고왕인 것을 따라 천벽립명도 근초고왕으로 비정한다.

사. 천구사마비지도명

산성국 천신 관전수(풍36)의 시조가 천구사마비지도명으로 되어 있다. 아메노쿠시마히코쯔노미코토로 읽는다. 특별히 연결시킬 용례가 없다. 다만 관전(管田)과 관야(管野)가 같은 의미이므로 우경제번 백제 관야조신(월23)의 시조 백제국 도모왕 10세손 귀수왕을 따라 근구수왕으로 비정한다.

아. 천물지명

우경 천신 신마적련(풍21)의 시조로 되어 있다. 아메모노시리노미코토로 읽는다. 주석에 천(天)을 대(大)로도 한다고 했으므로 대물지명이 된다. 그러면 오호모노시리노미코토로 읽히는데 다른 용례가 없고 대물주명을 오호모노누시노미코토로 읽어서 천물지명을 무내숙네로 비정한다.

자. 천삼수명

대화국 천신 유부대취(풍42)의 시조가 천삼수명 8세손 의부마라로 되어 있다. 천삼수명의 삼수(三穗)는 앞서 천사대주명 항목에서 사대주신이 놀러 간 출운국의 삼수(三穗, 미호)이다. 같은 항목에서 구사기 국조본기에 침간압국조가 상모야 동조 어수별명 자 시입별명으로 되어 있는데 어수를 미호로 읽어서 어수별명, 사대주신이 무내숙네라고 했으므로 천삼수명도 무내숙네이다.

차. 천상명

산성국 천신 오공(풍35)의 시조가 천상명 13세손 향태신명으로 되어 있고 주석에 향태신명을 향대신명, 뢰신명이라 한다고 되어 있다. 뢰신명은 근구수왕임을 제2장 천인수이존과 화명명 항목에서 확인했으므로 향태신명은 근구수왕이다.

천상명은 아메아히노미코토로 읽는데 구사기 신대본기에 천합련이 있고 아마아히노미코토로 읽어서 같은 인물이지만 다른 용례가 없다.

좌경 천신 대정련(풍6)의 부가 설명에 상궁태자 섭정 시 아주 큰 나무가 있기에 물었더니 아비태련이 대답을 해서 대우련으로 사성했다는 구절이 있다. 아비태련의 태는 크다는 수식어이고 이름은 아비인데 아히로 읽어서 천상명과 이름이 같다.

아비태련이 대우련(大俣連)이 되었으므로 제2장 기성왕과 식장언인 대형기성명 항목에서 본 대우왕(大俣王)이고 무내숙네이다. 따라서 천상명, 천합련, 아비태련이 모두 무내숙네이다.

카. 아목가기표명

아래 성씨를 보면 천고수의 시조가 아목가기표명 4세손 아목이사비지명으로 되어 있다. 아목이사비지명은 아메이사히토노미코토로 읽는다.

- 천고수 : 아목가기표명 4세손 아목이사비지명지후야(화천국천신, 풍72)
- 천상수 : 화명명지후야(우경천손, 풍28)

천고(川枯)의 고가 마르다는 뜻도 있지만 오래되었다는 뜻도 있으므로 천상(川上)의 상과 의미가 통하는 부분이 있고 카하카레, 카하카미로 발음도 유사해서 같은 성씨로 지은 것으로 본다.

아목이사비지명이 화명명과 동격으로 되어 있어서 아목이사비지명과 아목가기표명 둘 다 근초고왕이다.

타. 오전편우명

풍토기일문 축전국 종상(무나카타)군조에 서해도 풍토기에 말하길 종상대신이 하강해 청유옥을 오진궁의 상징, 자옥을 중진궁의 상징, 팔지경을 변진궁의 상징으로 해서 이 세 개의 상징이 신의 몸체를 형성하도록 했기 때문에 신형군으로 했으며 대해명(大海命)의 자손이 종상조신으로 있어서 종상군이 되었다고 나온다.

대해명의 주석에 종상삼신의 동생이라 일컬어지고 종상신사의 제사자라 했으며 오전편우명이라고 했다. 하지만 위 내용을 봐도 종상대신과 대해명이 동격이고 종상신사의 제사자이면 종상대신이기 때문에 같은 인물이다.

신형, 종상은 무나카타로 읽는다. 성씨록 종형(宗形)과 발음이 같다.

- 종형조신 : 대신조신 동조. 오전편우명지후야(우경지기, 풍30)
- 종형군 : 대국주명 6세손 오전편우명지후야(하내국지기, 풍65)
- 대신조신 : 소좌능웅명 6세손 대국주명지후야(대화국지기, 풍46)

신대紀 제6단을 보면 소잔오존이 천조대신과 함께 세 여신을 탄생시켰는데 천조대신이 소잔오존에게 주었으며 축자의 흉견(胸肩, 무나카타)군들이 제사지내는 신이라고 했고 일서3에는 축자의 수소군이 제사지내는 신이라 했는데 앞서 대기귀신의 별명 항목에서 그들이 제사지내는 신이 무내숙네라고 한 바 있다.

흉견도 신형·종상·종형과 같은 발음인 무나카타이므로 흉견군·신형군·종상군·종형군과 수소군이 모시는 신이 모두 동일한 인물이고 무내숙네이다. 따라서 종형조신, 종형군의 시조인 오전편우명도 무내숙네가 될 수밖에 없다.

파. 우마지마치명

제2장 석상포도대신과 칠지도 항목에서 구사기 천손본기를 인용해 요속일존이 장수언의 누이를 얻어 낳은 아들이 우마지마치명인데 신무천황의 동정 시 장수언이 불복하자 우마지마치명이 그를 죽이고 귀순했으며 이에 천황이 신검을 내려주었다고 했고 신검의 이름은 잡영검도, 다른 이름은 포도주신혼도, 건포도, 풍포도신으로 칠지도라고 한 바 있다.

신무紀 즉위전기 무오년 12월조에 하늘에서 내려온 요속일명이 장수언의 누이와 결혼해 낳은 아들을 가미진수명이라 하고서는 요속일명이 장수언을 죽이고 귀순했다고 되어 있으며 물부씨의 원조로 나와 있다.

가미진수명은 우마시마데노미코토로 읽고 암파문고의 주석에 구사기 천손본기의 미간견명, 고사기의 우마지마지명이라고 했다. 따라서 가미진수명, 미간견명, 우마시마지명, 우마지마치명은 모두 동일한 인물이다.

한편 장수언을 죽인 인물이 구사기에는 우마지마치명이고 일본서기에는 요속일명이므로 같은 인물이어야 하는데 그렇지 않다. 성씨록을 보면 다음과 같다.

• 현사수 : 우마지마치명지후야(대화국천신, 풍40)

• 율서련 : 요속일명 자 우마지마치명지후야(하내국천신, 풍61)

• 적조조 : 아도숙녜 동조. 요속일명 자 우마지마치명지후야(하내국천신, 풍60)

• 물부수 : 신요속일명 자 미도유명지후야((하내국천신, 풍61)

• 아도숙녜 : 석상조신 동조. 요속일명 손 미요전명지후야(산성국천신, 풍31)

미요전명은 우마시니기타노미코토로 읽고 중신습의조신(풍18), 중신웅응조신(풍19)에 미경저전명으로도 되어 있다. 또 화천국천신 화태련(풍66)을 니기타노무라지로 읽는데 시조가 천아옥명으로 되어 있고 니기타노오비코로 읽는 화전수(풍71)의 시조가 천도근명으로 되어 있어서 미요전명, 미경저전명은 근구수왕이다.

미도유명은 우마지마지로 읽어서 우마시마치명과 동일한 이름이다. 우마시마치명, 미도유명이 미요전명과 동격으로 되어 있어서 근구수왕으로 비정된다.

그런데 고사기 신무천황기에 이예속일존[112]이 낳은 아들이 우마지마지명이라 하고서 수적신, 채신, 물부련의 조라고 했다.

• 아도련 : 채녀신 동조(화천국천신, 풍68)

• 채녀신 : 신요속일명 6세손 이향아색웅명지후야(화천국천신, 풍67)

• 채녀조신 : 석상조신 동조. 신요속일명 6세손 대수구숙녜지후야

112 니기하야히노미코토로 읽어서 일본서기의 요속일명이다.

(우경천신, 풍18)

- 한국련 : 채녀신 동조(화천국천신, 풍68)
- 수적신 : 이향하색웅명 남 대수구숙녜지후야(좌경천신, 풍5)
- 수적조신 : 석상 동조. 신요속일명 6세손 이향색웅명지후야(좌경천신, 풍4)
- 물부 : 요속일명 6세손 이향아색웅명지후야(화천국천신, 풍69)
- 물부 : 천족언국압인명 7세손 미병도대사주명지후야(하내국황별, 조62)

대수구숙녜는 숭신紀 7년 8월조에 수적신의 원조, 수인紀 25년 3월조에도 수적신의 원조로 나와 있어서 우마지마지명과 동일한 인물이다. 또 수적신에 대수구숙녜가 이향아색웅명의 아들로 되어 있지만 채녀신과 수적조신을 보면 이향아색웅명과 동격이어서 동일한 인물로 무내숙녜가 된다.

그러면 우마지마지명도 무내숙녜가 되는데 물부를 보면 이향아색웅명의 무내숙녜와 미병도대사주명의 근구수왕이 동시에 조로 되어 있어서 전체적으로 우마지마지명은 근구수왕과도 연결되어 있다.

그래서 현사수, 율서련 적조조, 물부수 등의 우마지마치명과 미도유명은 채녀신, 수적신까지 연결되는 무내숙녜이고 미도전명과 미병도대사주명은 근구수왕으로서 부자(父子)간이기 때문에 함께 연결되어 있는 것으로 본다.

한편 채녀신과 동조인 한국련(풍68)이 있는데 시조가 이향아색웅명이다. 부가 설명에 무열천황 때 한국에 파견했고 돌아와 복명하는 날 한국련을 사성했다고 되어 있다. 이것은 이향아색웅명인 무내숙녜가 한반도에서 건너간 사람임을 나타내는 중요한 성씨이다.

그런데 무내숙네가 이미 백제의 왕손이므로 굳이 한국에 파견했다고 할 이유가 없는데도 성씨에 따로 덧붙여둔 것은 이와 관련한 이야기가 따로 있기 때문이다. 무내숙네는 근구수왕의 큰아들인데 백제에 반란해 왜로 쫓겨 가고 왜까지 점령한 백제와 싸우다가 나중에 왜의 왕이 되는 인물이다.

신공황후 섭정 49년조를 보면 무내숙네의 또 다른 이름인 황전별이 마치 왜에서 출발해 신라를 치러가는 것처럼 표현되어 있는데 한국련 성씨는 이를 말한 것이다. 하지만 이는 사실이 아니다. 천황체제 자체가 없었기 때문에 한국에 파견했다가 돌아와 복명하는 것이 불가능하다. 이에 대해서는 별도의 책에서 다룰 예정이고 다만 한국련은 무내숙네가 한반도에서 왜로 갔음을 보여줄 뿐이다.

하. 이수모수비명과 이애모애비명

두 인물이 같은 성씨의 시조로 되어 있다.

- 부혈직 : 이수모수비명지후야(하내국천신, 풍62)
- 부용련 : 이애모애비명 5세손 제의손련지후야(좌경천신, 풍11)

※ 부혈과 부용은 우키아나로 같은 발음임

이수모수비명이 제의손련과 동격으로 되어 있는데 이수모수비명은 이스무스히노미코토, 이애모애비명은 이즈무스비노미코토로 같은 이름이어서 이수모수비명과 제의손련, 이애모애비명까지 같은 인물이다.

제의손련은 오토코코로오노무라지로 읽는다. 구사기 국조본기 고지국조의 조가 아폐신 동조 옥주전심명 3세손 시입명으로 되어 있는데 옥주전심명을 야누시타코코로로 읽어서 같이 코코로가 들어가므로 동일한 인물이다.

아폐신(조46)의 시조가 대언명이고 근구수왕이므로 이수모수비명과 제의손련, 이애모애비명은 근구수왕이다.

거. 석수압별신과 가미비가니, 좌대공, 다기파세군

대화국 지기의 국서(풍47)가 출자 석수압별신으로 되어 있다. 부가 설명에 신무천황이 고야에 갔을 때 하천 상류의 굴에 들어갔다 나왔다 하는 사람이 있어서 누구냐고 물으니 석수압별신의 아들이라고 하므로 국서(國栖)라고 이름 했는데 국서가 세월이 오래됐음을 의미하므로 효덕천황 때 세고(世古)라고 했다고 되어 있다.

신무紀 즉위전기 무오년 8월조에는 고야에 왔을 때 우물에서 사람이 나왔는데 광채가 나고 꼬리가 있었으며 국신(國神)으로 이름이 정광이고 길야수부의 시조라고 했다. 또 꼬리가 있는 사람이 바위를 헤치고 나왔는데 반배별의 아들이고 길야국소부의 시조, 고기를 잡는 사람이 있어서 포차담의 아들이고 아태 양로부의 시조라고 했다. 국서와 국소는 둘 다 쿠즈로 읽는다.

고사기에는 정광이 정빙록, 반배별이 석압분지자로 되어 있다. 천무紀 12년 10월조에 길야수에게 연(連)의 성을 주었다고 나온다.

• 길야련 : 가미비가니지후야(대화국지기, 풍45)

• 길야진인 : 대원진인 동조(좌경황별, 조3)

• 대원진인 : 출자 민달 손 백제왕야(좌경황별, 조3)

백제왕은 제2장 백제왕과 주왕 항목에서 아신왕이라고 했으므로 석수압별신, 정광, 반배별, 가미비가니는 모두 아신왕이다.

포차담의 아들이 아태 양로부의 시조라고 했는데 고사기 수인천황기에 아태별의 조로 대중진일자명이 나오고 그가 삼지별의 조라서 무내숙네임을 앞서 현종천황과 삼지부 항목에서 살펴봤다.

한편 아래에 보이는 성씨 갈원부를 쿠즈하라베로 읽어서 국서, 국소와 성씨가 연결되어 있는데 쿠즈와 쿠즈하라베는 갈래가 다르다.

• 갈원부 : 좌대공 동조. 풍성입언명 3세손 대어제별명지후야(화천국황별, 조70)

• 진현주 : 좌대공 동조. 풍성입언명 3세손 어제별명지후야(화천국황별, 조70)

• 등미수 : 좌대공 동조. 풍성입언명 남 왜일향건일향팔강전명지후야(화천국황별, 조70)

• 좌대공 : 상모야조신 동조. 풍성입언명지후야(화천국황별, 조69)

• 상모야조신 : 숭신천황 황자 풍성입언명지후야(우경황별상, 조32)

• 상모야조신 : 하모야조신 동조. 풍성입언명 5세손 다기파세군지후야(좌경황별하, 조24)

• 하모야조신 : 숭신천황 황자 풍성입언명지후야(좌경황별하, 조23)

• 주길조신 : 상모야조신 동조. 풍성입언명 5세손 다기파세군지후야 (좌경황별하, 조25)

좌대공의 부가 설명에 민달천황이 고야천에 가서 여울에 있을 때 용감한 일이 있어서 좌대공으로 했다고 되어 있다. 이것은 앞서 신대紀에 신무천황이 세 사람을 만났는데 둘은 길야로 하고 한 사람은 아태로 해서 갈래가 다른 것과 관련이 있다.

일단 갈원부, 진현주, 등미수 성씨를 보면 대어제별명, 어제별명이 왜일향건일향팔강전명과 동격으로 되어 있다. 왜일향건일향팔강전명은 왜일향건일향팔강다명과 동일인물이고 제2장 왜일향건일향팔강다명 항목에서 무내숙네라고 했으므로 대어제별명, 어제별명도 무내숙네이다. 따라서 좌대공도 무내숙네가 된다.

길야, 국서, 국소는 아신왕이고 아태, 갈원부, 좌대공, 신무천황이 무내숙네로서 고야의 하천을 사이에 두고 전투가 벌어진 것을 사람을 만났다는 식으로 표현하고 있다.[113]

한편 풍성입언명과 관련해 다기파세군이 있는데 주길조신(조25)의 시조로 되어 있다. 그래서 다기파세군이 주길대신인데 구사기 음양본기에 진수련이 제사지낸다 했고 화천국 천손 진수련(풍74)의 시조는 화

113 신대기에서 시작해 인대기 초반에는 거의 대부분이 전투를 표현한 것이고 인대기 후반에도 전투로 볼 수 있는 장면이 많다.

명명 남 천향산명으로 되어 있다. 천향산명은 앞서 명일명문명과 천향산명 항목에서 무내숙네라고 했으므로 제2장 대대명과 풍성입언명 항목에서 다기파세군이 무내숙네인 것이 재확인된다.

너. 천파명과 가비량명

산성국 천신 신궁부조(풍36)의 시조가 갈성저석강천강신 천파명으로 되어 있다. 부가 설명에 6세손 길족일명이 숭신천황 때 재난이 있어서 대물주신에게 제사를 지냈더니 그쳐서 능히 궁을 팔아도 될 신이라며 궁능매공(宮能賣公)을 사성했고 후에 신궁부조로 바뀌었다고 했다.

갈성저석강천강신은 갈성(葛城, 카즈라키)의 저석 언덕에 내려온 신이라는 의미이다. 갈성이 들어가는 이름으로 갈성습진언이 있는데 제2장 검근명과 갈성습진언 항목에서 무내숙네라고 한 바 있다. 그래서 천파명은 무내숙네가 된다. 대물주신과 연결되는 것도 무내숙네임을 확인시켜 준다.

아래 성씨 신인이 신궁부와 연관되는 성씨이다. 시조가 가비량명, 대전전근자명으로 되어 있고 어수대수와 동조로 나온다.

- 신인 : 어수대수 동조. 가비량명지후야(하내국천신, 풍62)
- 신인 : 대국주명 5세손 대전전근자명지후야(섭진국지기, 풍55)
- 어수대수 : 천어중주명 10세손 천제신명지후야(대화국천신, 풍42)

앞서 의부다다니고와 숭신천황 항목에서 대전전근자명이 무내숙네라 했으므로 가비량명, 천제신명까지 무내숙녜임을 알 수 있고 천파명도 무내숙녜인 것이 재확인된다.

더. 사사도모수비명

좌경 천신 중촌련(풍3)의 시조가 사사도모수비명 아들 천내고시근명으로 되어 있다. 천내고시근명은 아마노코야네노미코토로 읽어서 천아옥명이다. 그래서 사사도모수비명은 근초고왕이 되는데 발음이 코고토무스비노미코토여서 흥태산령과 같다.

흥태산령은 신대紀 제7단 일서3에 역시 천아옥명의 아버지로 나오는데 앞서 이기도마려와 천일취명 항목에서 근초고왕, 근구수왕, 무내숙녜로도 비정할 수 있지만 연관된 인물에 따라 근구수왕으로 비정했다. 따라서 사사도모수비명도 근구수왕으로 비정한다.

러. 목근내명

좌경 천손 좌백련(풍13)의 시조가 목근내명 남 단파진태옥으로 되어 있다. 태옥은 후토타마로 읽고 제2장 언태인신명과 미내숙녜 항목에서 근구수왕임을 확인했다. 목근내명은 키네노미코토로 읽는데 네는 노와 마찬가지로 연결음이고 키로 읽히는 목(木)이 이름이고 기(紀)도 키로 읽어서 같다.

기조신, 기직 등은 근구수왕과 무내숙녜가 섞여 있는데 고사기 효원천황기에 목신(木臣)의 조가 목각숙녜이고 목국조(木國造)가 우두비고로 나온다. 목각숙녜는 무내숙녜이고 우두비고는 우즈히코로 읽어서 추근진언으로 연결되어 근구수왕이다. 목근내명이 목국조보다는 목신과 가까우므로 무내숙네로 본다.

마. 지여파지명

아래 거량련의 시조가 지여파지명이고 금목련 동조로 되어 있다.

- 거량련 : 금목련 동조. 지여파지명지후야(산성국천신, 풍34)
- 금목련 : 신혼명 5세손 아마내서호내명지후야(산성국천신, 풍34)
- 금목련 : 신요속일명 7세손 대매포내명지후야(산성국천신, 풍33)
- 금목 : 도수조신 동조. 건풍우협별명지후야(산성국황별, 조48)
- 도수조신 : 개화천황 황자 무풍엽협별명지후야(좌경황별, 조18)
- 도수조신 : 파다조신 동조. 파다시대숙녜지후야(좌경황별, 조16)

위 성씨를 보면 지여파지명, 아마내서호내명, 대매포내명, 건풍우협별명이 모두 동일한 인물로 되어 있다. 건풍우협별명은 무풍엽협별명과 함께 제2장 비고유모수미명과 건풍파두나리기왕 항목에서 무내숙네임을 확인했다. 따라서 지여파지명, 아마내서호내명, 대매포내명은 무내숙네이다.

바. 실옥대련

하내국 천신 임숙네(풍57)의 시조가 실옥대련공 남 어물숙네이고 대반숙네 동조로 되어 있다. 인물에 앞서 임숙네와 연관된 성씨부터 살펴보자. 고사기 효원천황기에 임신(林臣)의 조가 파다팔대숙녜로 나오고 천무紀 13년 11월 임신에게 조신을 사성하는 것이 나온다.

- 임조신 : 석천조신 동조. 무내숙녜지후야(좌경황별상, 조16)
- 임조신 : 도수조신 동조. 무내숙녜지후야(하내국황별, 조60)

- 임련 : 백제국 전지왕(又云주왕周王)지후야
  一本) 백제국 직지왕지후야(하내국제번백제, 월54)
- 임련 : 백제국인 목귀공지후야(좌경제번백제, 월11)
- 임: 임련 동조. 백제국인 목귀지후야(우경제번백제, 월29)
- 임사 : 임련 동조. 백제국인 목귀지후야(섭진국제번백제, 월45)

임조신의 무내숙녜와 나머지 성씨들은 확실히 분리되어 있다. 백제국인 목귀(木貴)는 전지왕, 그 별명인 직지왕과 동일한데 다른 용례가 없다.

- 대화련 : 신지진언명 11세손 어물족니지후야(섭진국지기, 풍54)

어물과 관련된 성씨로 대화련이 있다. 족니는 숙녜와 마찬가지로 스쿠네로 읽어서 어물족니는 어물숙녜이다. 대화는 오호야마토로 읽고 대왜와 같은 성씨이며 구사기 천황본기에 대왜련의 조를 추근진언이라고 했는데 제2장 토도치랑자와 추근진언 항목에서 본 대로 신지진언명과 같은 인물이자 근구수왕이므로 어물족니는 근구수왕이다. 다음은 실옥대련을 살펴보자.

- 임숙녜 : 대반숙녜 동조. 실옥대련공 남 어물숙녜지후야(하내국천신, 풍57)
- 대반숙녜 : 고황산영명 5세손 천압일명지후야(좌경천신, 풍9)
- 대반산전련 : 대반숙녜 동조. 일신명지후야(화천국천신, 풍70)
- 대반련 : 천언명지후자(미정잡성하내국, 월74)

임숙녜가 대반숙녜와 동조로 되어 있어서 대반숙녜와 관련된 성씨를 보면 어물숙녜나 실옥대련공은 보이지 않고 다른 인물이 나온다. 천언명이 일신명, 천압일명과 연결되어 있어서 이들은 근구수왕이다. 그래서 실옥대련이 근구수왕으로 비정되는데 추가로 확인해 보자.

대반숙녜(풍9)의 부가 설명에 경경저존이 하늘에서 내려올 때 천압일명이 대래목부를 앞세워 고천수봉에 내려오게 했으며 대래목부로 천채혈부(天靫負部)[114]를 삼았고 웅략천황이 대련으로 사성할 때 격무여서 대반과 좌백 두 성씨로 좌우 문을 관장하게 했다고 되어 있다.

신대紀에도 경경저존이 하늘에서 내려올 때 내목부의 원조 천환진 대래목이 수행하는데 내목(쿠메)이 성씨록에서는 같은 발음인 구미(쿠메)가 되고 제2장 기성왕과 식장언인대형기성명 항목에서 그 시조가 무내

114 채(靫)는 화살통이므로 군부를 의미한다. 채혈부는 군사를 관장하는 우두머리 부서라는 의미이다. 대궐의 문을 방어하는 부서의 의미로도 쓰였다.

숙네라고 한 바 있다.

• 좌백수 : 천압일명 11세손 대반실옥대련공지후야(하내국천신, 풍58)

• 좌백직 : 대족언인대별(경행)천황 황자 도배입언명지후야(하내국황별, 조65)

• 고지련 : 천압일명 11세손 대반실옥대련공지후야(대화국천신, 풍41)

대반과 좌백 두 성씨가 대궐의 문을 관장한다고 했는데 좌백은 위 성씨에서 보는 것처럼 대반실옥대련과 도배입언명이 동일 인물로 되어 있고 제2장 도배입언명과 진혼명 항목에서 도배입언명이 근구수왕이라고 했으므로 대반실옥대련도 근구수왕이 되며 좌백은 그의 후손이다.

대반도 일신명, 천압일명이 있어서 근구수왕이 되는데 이와 별도로 또 다른 인물이 있다.

• 대반련 : 도신명 10세손 좌대언지후야(좌경천신, 풍9)

• 좌대공 : 상모야조신 동조. 풍성입언명지후야(화천국황별, 조69)

• 대반조 : 임나국주 용주왕 손 좌리왕지후야(대화국제번임나, 월42)

• 풍진조 : 임나국인 좌리금(亦名 좌리기모)지후야

一本) 출자 임나국인 좌리금(亦名 지모좌리)야 (섭진국제번임나, 월47)

• 대우사 : 백제국인 백저나세지후자(미정잡성하내국, 월75)

※ 대우와 대반은 오호토모로 발음이 같음

앞서 석수압별신과 가미비가니 항목에서 좌대공이 무내숙네라고 했으며 좌대언도 무내숙네가 된다. 임나국주 용주왕이 나왔는데 일본서기에 임나국주가 아라사등이므로 용주왕은 무내숙네이다.

또한 좌리왕과 함께 좌리금(左李金), 좌리기모(佐利己牟) 등이 나왔는데 김(金)과 기모(己牟)를 같이 코무로 읽는다. 백제에 의한 왜국통치 삼백년사에서는 김(金)을 일본음으로 읽으면 기무 또는 고무가 되므로 기모(己牟)는 김(金)이라고 했다.

좌리(左李)를 사이[115], 좌리(佐利)를 사리라고 읽는데 이는 신대紀 제8단 일서3에서 호미(鋤)를 사히로 읽어서 사이, 사리, 사히는 쇠를 일본음으로 발음한 것이어서 좌리금, 좌리기모는 쇠금을 적은 것이고 좌리왕은 쇠왕, 금왕이라고도 했는데[116] 아주 적절한 의견이다.

왜냐하면 앞서 소잔오존과 소나라 항목에서 소잔오존이 내려간 곳이 신라국이자 소나라이며 서라벌이고 그 주석에 서라벌을 金이 있는 부락, 쇠가 있는 부락이라고 했으므로 쇠왕, 금왕이라고 하면 서라벌의 왕, 신라왕이 되는 것이고 소잔오존, 천일창, 아라사등으로 이어지는 무내숙네가 금왕까지도 연결되는 것이 아주 자연스럽기 때문이다.

따라서 좌리왕, 좌리금, 좌리기모, 지모좌리는 모두 무내숙네가 되고 백제국인 백저나세도 무내숙네가 되며 좌대언이 무내숙네인 것과도 일치한다.

---

115 정정신찬성씨록에는 사리로 읽도록 되어 있는데 이는 정정된 것이므로 본래 발음이 사이였을 것으로 짐작된다.

116 윤영식 저, 백제에 의한 왜국통치 삼백년사, 도서출판 청암, pp.54~55

제4장

신찬성씨록의 실존 인물 (제번과 미정잡성)

신찬성씨록 제3질(月)은 제번과 미정잡성으로 분류된 성씨로 한(漢)나라와 백제, 고구려, 신라, 임나에서 건너간 인물들과 그 근원을 정확히 알 수 없는 성씨의 시조로 되어 있다. 총 442개의 성씨를 싣고 있으며 한나라 인물이 시조인 성씨는 163개, 백제 103개, 고구려 41개, 신라와 임나가 각각 9개, 미정잡성 117개 성씨이다. 표4)에 구분별 성씨

표4) 제번과 미정잡성 수록 성씨 개수

구 분	계	좌경	우경	산성국	대화국	섭진국	하내국	화천국
합 계	**442**	**83**	**124**	**33**	**37**	**43**	**86**	**36**
한	163	39	44	9	11	13	36	11
백제	103	14	45	6	6	9	15	8
고려 (고구려)	41	15	9	5	6	3	3	
신라	9	1	3	1	1	1	1	1
임나	9	3		1	2	3		
미정잡성	117	11	23	11	11	14	31	16

의 개수를 정리했다.

본서의 목적이 고대 일본의 서적에 나타난 인물들이 고대 일본에서 탄생한 실존 인물이 아니라는 걸 증명하는데 있고 그동안 황별과 신별에서 실제로 그렇다는 것을 살펴봤다.

그래서 제번에 있는 성씨의 시조는, 고대 일본에서 태어난 사람들이 아니고 다른 곳에서 태어나 나중에 일본에 정착했다고 되어 있기 때문에, 살펴볼 필요가 없다.

하지만 한나라이니 고려이니 하는 구분이 잘못되어 있을 뿐만 아니라 진시황제의 후손이라든가 왕인과 아직기라고 하는 가명이 사용되는 등 실존 인물이 제대로 반영되지 않고 있으므로 제번 성씨의 시조들을 바로잡을 필요가 있다.

그런데 제번과 미정잡성은 성씨도 가장 많을 뿐더러 인물은 훨씬 많기 때문에 연계된 인물과 성씨를 적절히 활용하면서 그 근원을 밝히는 것이 간단명료하고 이해도 쉬울 것이다. 한나라, 백제 등 출신 지역별로 인물과 성씨를 구분해 정리하고 마지막에 미정잡성을 더했다.

1. 한[漢]

가. 태진공숙녜와 진기촌(25개)[117]

117 괄호 안은 연관 성씨의 총 개수이다.

제번의 첫 번째 성씨는 태진공숙네(월1)이다. 제2장 백제왕과 주왕 항목에서 백제국 주왕을 설명하면서 시조가 진시황제 13세손 효무왕으로 되어 있고 아들 공만왕이 중애천황 때 내조했으며, 그 아들 융통왕(일명 궁월왕)이 응신천황 14년 127현의 백성을 거느리고 귀화했고, 인덕천황 때 여러 곳에 나누어 살게 했는데 많은 비단을 바쳐서 파다공(波多公), 진공주(秦公酒)의 성씨를 내렸고, 웅략천황 때 우도만좌(禹都萬佐, 우쯔마사)라는 이름을 내렸다고 했다.

그리고 궁월왕과 윤공천황 항목에 이르기까지 진기촌의 성씨 등을 살펴보면서 진공주가 백제국 주왕이고 찬기국조의 시조인 신즐황자였으며 효무왕, 공만왕, 융통왕, 궁월왕까지 모두 근구수왕임을 살펴봤다.

특히 하타(秦) 성씨가 근구수왕과 연관되어 있다고 했는데 진기촌(秦忌寸, 2(2), 20(4)[118], 32, 33, 34, 38, 43, 49, 56) 13개 성씨와 진숙네(49) 성씨는 근초고왕인 요속일명 및 진시황제 이하 효무왕, 공만왕, 융통왕, 궁월왕, 진공주, 15세손 천진공 등이 시조로서 이들은 모두 근구수왕임을 알 수 있다.

공통적으로 하타(秦)가 들어가는 좌경의 진장장련(2)과 진조(2), 하내국 고미기촌(49)과 화천국 진승(56)의 시조 융통왕, 하내국 진공(49)의 시

---

118 모두 제번에 나오는 성씨이기 때문에 월을 생략했다. 2는 월2페이지라는 뜻이다. ()안의 숫자는 성씨의 개수이다. 월2페이지에 진기촌 성씨가 2개 있다는 뜻이다. 20(4)는 월20페이지에 진기촌 성씨가 4개 있는 것이다.

조 효덕왕, 산성국 진관(34)의 시조 진시황제 4세손 법성왕, 하내국 진성(49)의 시조 시황제 13세손 연능해공[119], 우경과 섭진국, 하내국의 성씨 진인(20,43,49)의 시조 진공주와 궁월왕도 모두 근구수왕이다.

나. 판상대숙네와 문숙네(29개)

제2장 왕인과 언모진명 항목에서 왕인과 관련해 문, 서수, 무생 등의 시조인 왕인이 근구수왕임을 살펴봤는데 우경 판상대숙네(16)의 시조 후한 영제 남 연왕, 좌경 문숙네(3)의 시조 한 고황제 지후 난왕도 근구수왕이었다. 아직기와 관련해서 아지왕, 아지사주인 아신왕(아화왕), 도하직인 전지왕(직지왕)도 확인했다.

연결된 성씨가 많다. 우경 로숙네(17)는 판상대숙네와 동조이다. 왕인과 연관된 성씨로 좌경 앵야수(3), 하내국과 화천국의 고지련(49, 57), 우경 율서수(21), 좌경 무생숙네(3), 좌경과 우경의 문기촌(3,17) 등의 시조는 근구수왕이다.

아지왕과 관련된 성씨로 섭진국의 위옥한인(43)과 석점기촌(42), 화천국의 지변직(57), 좌경 목진기촌(5), 섭진국 장인(43), 우경 양인(19)[120], 화천국 율서직(57), 화천국과 하내국의 화무직(57, 51), 섭진국 회전기촌(42) 등의 시조는 아신왕이다.

도하직과 관련된 성씨로 우경 회원숙네, 내장숙네, 산구숙네, 평전

---

119 시황제의 13세손이어서 태진공숙네의 시조 진시황제 13세손 효무왕과 동일인물이다.

120 쿠라히토로 읽어서 장인과 같다. 장인은 석점기촌 동조 아지왕지후로 되어 있다.

숙네, 좌태숙네, 곡숙네(이상16), 모화숙네, 앵정숙네(이상17) 등 8개 성씨의 시조가 전지왕이다. 산성국 곡직(34)의 시조가 한 사건왕으로 되어 있는데 곡을 타니로 읽어서 곡숙네와 동일한 성씨이므로 역시 전지왕이다.

다. 번문조와 대강기촌(2개, 백제 2개)

좌경 번문조(4)의 시조가 출자 위 문제지후 안귀공으로 되어 있다. 좌경 대강기촌(4)도 역시 출자 위 문제지후 안귀공으로 되어 있다. 우경 제번 백제의 강련(24)이 시왕공 동조 일도왕 남 안귀로 되어 있고 시왕공(24)의 시조는 백제국 명왕이다.

중애紀 8년에 강현주의 조 웅악(熊鰐)이 나오는데 와니로 읽어서 왕인과 같은 근구수왕이다. 강현주는 강련과 같은 성씨이다. 대강기촌(4)의 부가 설명에 웅략천황 때 귀화했고 아들 용(진귀)이 그림을 그려서 무열천황이 선회수를 사성했고 5세손 혜존 역시 그림에 뛰어나 천지천황 때 왜화사(倭畵師)를 사성했으며 고야천황 신호경운 2년에 사는 곳을 의거해 대강기촌을 사성했다고 나온다.

따라서 왜화사 성씨의 시조도 근구수왕이 되며 안귀공, 백제국 명왕 역시 근구수왕이다.

라. 진사왕 식과 노국 백룡왕, 신근왕(22개)

우경 광계련(19)의 시조가 위 무황제 남 진사왕 식으로 되어 있다. 위에서 왜화사가 근구수왕이라고 했는데 하내화사는 갈래가 다르게 되어 있다.

- 하내화사 : 상촌주 동조. 진사왕 식지후야(하내국제번한, 월50)
- 하내기촌 : 산대기촌 동조. 노국 백룡왕지후야(하내국제번한, 월51)
- 하내조 : 춘정련 동조. 신근왕지후야(하내국제번한, 월51)

하내는 카후찌로 읽어서 위 세 성씨는 같은 성씨이고 진사왕 식과 노국 백룡왕, 신근왕은 모두 동일 인물로 무내숙네이다.

진사왕 식과 연관된 성씨로 광계련과 하내화사를 비롯해 우경 평송련(19), 하내국 야상련(50), 좌경 축자사(8), 섭진국 축지사(44), 좌경과 우경, 섭진국, 화천국의 상촌주(8, 19, 43, 57), 하내국 하원련(50)과 하원장인(50) 등의 시조는 무내숙네이다.

노국 백룡왕과 연관된 성씨로 산대기촌(3), 하내기촌(51)을 비롯해 우경 일기촌(18), 화천국 범인중가(58)가 있다. 신근왕은 좌경 및 우경 하촌주(8,20)의 시조로 후한 광무제 7세손으로 되어 있다. 연관된 성씨로 하내국 무구사(52), 춘정련(51)이 있다.

섭진국 대직(44)의 시조가 한 석길왕으로 되어 있는데 대를 우데나로 읽어서 일기촌의 일기와 같다. 따라서 한 석길왕이 노국 백룡왕이 되고 무내숙네이다.

마. 회전촌주와 하일좌, 고도련(3개)

아지왕을 시조로 하는 성씨로 회전기촌(42)이 있는데 회전촌주와 동일한 성씨이다.[121] 회전촌주(18)의 시조는 한 고조 남 제왕비인데 하내국 하일좌(51)와 고도련(51)의 시조도 한 고조 남 제도혜왕비로 되어 있어서 역시 같은 인물이기 때문에 아신왕이다.

바. 산전숙네와 산전조(11개)

고사기 천조대어신과 수좌지남명조에 천진일자근명이 왜전중직의 조로 되어 있다. 왜전을 야마타로 읽는데 산전과 같다. 천진일자근명은 일본서기의 천진언근명으로 제3장 천진언근명과 산대일자명 항목에서 무내숙네임을 살펴봤다.

산전숙네(17, 48)의 시조가 우경에는 주 영왕 태자 진으로, 하내국에는 위 사공왕 창으로 되어 있다. 산전조(18, 48)가 우경에는 산전숙네 동조 충의, 하내국에는 위나라 사람 충의로 되어 있는데 진, 창, 충의는 모두 천진일자근명으로 무내숙네이다.

연관된 성씨로 하내국 산전련(48), 우경과 하내국의 장야련(17, 48), 하내국 삼택사(48)와 대리사(48)가 있다. 한편 우경과 하내국의 지아폐련(17, 48)이 산전숙네 동조로 되어 있어서 역시 무내숙네이다.

---

121 회전을 히노쿠마로 읽는데 히는 해(日), 노는 연결음이고 쿠마는 곰(熊)으로 큰(大)의 뜻이다. 그래서 큰 해가 되어 대왕이 되는데 백제국왕을 대왕이라 했고, 아지왕은 아신왕으로 제2장 백제왕과 주왕 항목에서 살펴본 대로 성씨록에는 백제왕으로 나온다. 아신왕을 시조로 하는 성씨를 히노쿠마라고 해서 대왕이란 의미를 붙인 것은 성씨록에 백제왕으로 되어 있기 때문이다.

社. 대석과 대산기촌(3개)

인현紀를 보면 인현천황인 억계왕의 휘를 대각(大脚), 대위(大爲)라 했으며 구사기 천황본기에도 도치자(島稚子), 대석존(大石尊), 대각, 대위라 했다. 번마국 풍토기 인남군 대국리에 대석(大石)이 있는데 성덕왕[122] 때 궁삭대련이 만든 돌이라고 했으며 주석에 생전에 자신이 만든 묘(석관)의 의미라고 했다.

• 궁삭숙네 : 고혼명 손 천일취상시명지후야(좌경천신, 풍13)

천일취상시명은 제3장 이기도마려와 천일취명 항목에서 근구수왕이라 한 바 있다. 따라서 인현천황, 억계왕, 대각, 대위, 도치자, 궁삭대련, 대석존은 모두 근구수왕이고 특히 대석존은 압반존과도 상통하는 의미이다.[123]

좌경에 대석(9)이란 성씨가 있다. 오호이시로 읽고 시조가 광릉고목이며 고구숙네와 동조이다. 고구숙네(47)의 시조는 백제국 공족대부 고복지후 광릉고목으로 되어 있다. 한나라 인물의 성씨임에도 불구라고 버젓이 백제라고 한 것은 후손들이 진짜 한나라에서 온 것으로 알까

---

122 추고천황 때 섭정을 한 성덕태자로 주석이 되어 있다. 제3장 현종천황과 삼지부 항목에서 성덕태자가 근구수왕이었고 위에서 궁삭대련과 대석존도 근구수왕이므로 풍토기 내용은 인남군 대국리를 근구수왕이 정벌한 것을 말한다.

123 압반(押磐)은 너럭바위를 누른다는 뜻인데 대석(大石)이라야 가능한 것이다. 제3장 현종천황과 삼지부 항목에서 압반존이 근구수왕임을 밝혔는데 대석존도 근구수왕이므로 의미가 이어진다.

두려워 표시한 것일 수도 있다.[124] 대석, 고구숙네와 연관된 성씨는 우경 대산기촌(22)이 있다.

아. 기지와 산촌기촌(5개)

대화국 기지(38)의 시조는 진 태자 호해다. 대화국 산촌기촌(39)이 기지 동조로 되어 있다. 번마국 풍토기 식마군 거지(코찌)리에 한인산촌의 상조 거지(巨智)가 나오는데 거지와 기지가 발음이 같다. 또 주석에 산촌은 거지씨의 일족이라고 했다.

산성국 황별의 성씨 일좌(조46)의 시조가 무내숙네로 되어 있고 부가설명에 흠명천황 때 동족 4인, 백성 35인을 거느리고 귀화해서 진훈신을 사성했고 역(譯)씨라고도 했다. 아들 제석신과 마나신이 근강국 야주군 일좌, 산대국 상락군 일좌, 대화국 첨상군 산촌 일좌 등의 조라고 되어 있다.

산촌기촌은 대화국 첨상군 산촌에 자리잡은 무내숙네의 후예를 말하고 기지와 거지, 진 태자 호해도 모두 무내숙네이다. 기지, 산촌기촌과 연계된 대화국 장강기촌(38), 삼림공(38), 앵전련(39)의 시조도 마찬가지다.

---

124 대화국 조처조의 시조도 한국인 도류사주, 우경 금직촌주의 시조도 한국인 파노지라고 해서 한나라에서 왔다는 것을 성씨록 스스로 부정하고 있다.

자. 고향촌주와 군수(4개)

우경 고향촌주(22)의 시조가 위 무제 태자 문제이다. 우경 군수(22)의 시조가 정성부공인데 고향촌주 동조로 되어 있다. 따라서 문제와 정성부공은 동일 인물이다.

군수는 코호리로 읽는데 화천국 천신 평련(풍67)도 같이 읽어서 동일한 성씨이다. 평련의 시조는 천아옥명이므로 문제와 정성부공도 근구수왕이다. 고향촌주, 군수와 연계된 성씨로 산성국 민사수(34), 우경 운제련(22)이 있다.

차. 공조와 축부(4개)

우경과 산성국 공조(21, 34)의 시조가 오나라 사람 태리수수와 전리수수로 되어 있는데 둘 다 타리스스로 읽어서 같은 인물이다. 공조의 공을 키누누히로 읽는데 화천국 천신 의봉(풍69)도 같은 발음이어서 동일한 성씨이다. 의봉의 시조가 이향아색웅명이어서 태리수수와 전리수수는 무내숙녜이다. 공조와 연관된 성씨로 우경과 산성국의 축부(22, 34)가 있다.

카. 상원직과 상원숙녜(2개, 고려 2개)

대화국 상원직(38)의 시조가 한 고조 7세손 만득사주이다. 좌경황별 상원련(조26)의 시조가 상모야 동씨 풍성입언명 5세손 다기파세군으로 되어 있어서 만득사주는 무내숙녜이다. 연관된 성씨로 좌경 상원숙녜(7), 산성국과 섭진국 제번 고려의 상원사(36, 46)가 있다.

타. 금직촌주와 금부촌주(2개)

금부촌주(34)는 금직촌주 동조로 되어 있다. 시조가 파능지지이고 금직촌주(18)는 한국인 파노지지인데 하노시, 하누시로 읽어서 동일한 이름이다. 금직, 금부를 니시코리로 읽는다. 금부련(월53)이 삼선숙네 동조 백제국 속고대왕으로 되어 있는데 제1장 속고왕과 근초고왕 항목에서 근초고왕임을 확인했다.

파. 조처조(39[125], 1개)

시조가 한국인 도류사주로 되어 있고 제2장 검근명과 갈성습진언 항목에서 무내숙네로 밝혔다.

하. 화약사주(9, 1개)

출자 오국주 조연 손 지총(智聰)으로 되어 있다. 부가 설명에 흠명천황 때 대반좌호비고가 사신으로 가서 불화도, 불상 등을 가져왔고 효덕천황 때 아들 선나사주가 우유를 바쳐서 화약사주를 사성했다고 나온다.

대반좌호비고에서 좌호는 사데로 읽고 좌대공과 발음이 같다. 좌대공은 시조가 풍성입언명으로 되어 있고 제3장 석수압별신과 가미비가니 항목에서 무내숙네로 나와서 대반좌호비고 또 지총은 무내숙네이다.

---

125 조처조 성씨가 월 39페이지에 나옴을 가리킨다. 본문에 성씨가 나오지 않기 때문에 제목란에 페이지를 표시했다. 이하 같다.

거. 전변사(21, 1개)

시조가 한왕 지후 지총(知捴)으로 되어 있다. 지(智)와 지(知)는 같고 총(聰)은 총명하다, 살피다는 의미이고 총(捴)은 모두, 총괄하다는 의미여서 뜻이 닿아 있다고 보고 화약사주의 시조 지총(智聰)과 전변사의 시조 지총(知捴)은 동일 인물로 본다.

제2장 대대명과 풍성입언명 항목에서 전변사의 또 다른 시조인 대황전별명과 함께 지총이 무내숙네임을 밝혔다.

한편 대화국 천신의 전변숙네(풍40)가 신혼명 5세손 천일취명으로 되어 있어서 근구수왕인데 이 역시 부자지간에 같은 성을 사용하는 경우이다.

너. 양호사(3개)

양호사(4)의 시조가 출자 수 양제지후 달솔 양후아료왕으로 되어 있다. 추고紀 10년 10월조에 양후사의 조 옥진이 나오는데 타마후루로 읽는다. 후루타마가 진혼명, 근혼명이고 제2장 도배입언명과 진혼명 항목에서 근구수왕이었으므로 옥진과 아료왕은 모두 근구수왕이다. 연관된 성씨로 좌경 양후기촌(4), 화천국 양후직(57)이 있다.

더. 대원사(2개, 백제1)

섭진국과 좌경의 대원사(43, 7) 시조가 서성금귀로 되어 있고 우경제번 백제에도 대원사(27)가 있다. 대원진인이 민달 손 백제왕이기 때문에 아신왕이 된다.

러. 약강조(20, 1개)

후한 영제 후손 나솔 장안력이 시조이다. 약강은 와카에로 읽고 약탕좌를 와카유에로 읽어서 같은 성으로 본다. 고사기 수인천황기에 약탕좌의 조가 본모지화기어자로 나오고 약탕좌숙녜의 시조가 이향아색웅명이므로 무내숙녜이다.

머. 지하기촌(4개)

지하기촌(43)의 시조는 후한 효헌제다. 지하를 시가로 읽는다. 경행紀 12년 10월조에 천황이 백협 들판에 묵을 때 돌이 있었는데 길이가 8척, 너비가 3척이었다. 기도해서 떡갈나무잎처럼 날아갈 것이라고 하자 과연 그렇게 되었다. 함께 기도한 신이 지아신, 직입물부신, 직입중신신인데 지아를 시가로 읽어서 지하와 같다.

경행천황은 근구수왕이고 대석, 압반도 앞서 대석과 대산기촌 항목에서 본 것처럼 근구수왕이다. 성씨 중신의 시조 천아옥명도 제3장 진속혼명과 천아옥근명 항목에서 근구수왕이었다. 물부는 근초고왕, 근구수왕, 무내숙녜가 함께 있는 성씨인데 여기서는 지아신과 함께 무내숙녜로 본다. 역시 무내숙녜와 근구수왕의 전투 장면인데 대석이 날아갔다고 했으므로 무내숙녜의 승리를 적은 것이다. 따라서 후한 효헌제는 무내숙녜이다.

인덕紀 67년조에도 능으로 할 땅을 정하고 능을 만들었는데 사슴이 들판에서 달려와 넘어져 죽었다고 했다. 사슴(鹿)도 시가로 읽어서 지아신이자 무내숙녜이다. 인덕천황은 제2장 목토숙녜와 옥주인남무웅심명 항목에서 무내숙녜라고 했으므로 사슴은 무내숙녜를 대표하는 상징이며 위 대목은 인덕천황이 무내숙녜라는 것을 알려주고자 적은 것이다.

한편 지하기촌과 연관된 성씨로 미정잡성 우경의 지하혈태촌주(월85)가 있다. 후한 효원제의 후손으로 되어 있는 성씨가 하내국 광원기촌(52), 좌경과 하내국 당종기촌(7, 52)이 있는데 모두 무내숙녜로 본다.

버. 액전촌주(39, 1개)

오국인 천국고가 시조다. 액전신이 이향아색웅명이므로 무내숙녜이다.

서. 신장기촌(7, 1개)

당인 정육위상 마청조가 시조다. 앞서 기지와 산촌기촌 항목에서 산성국 황별의 성씨 일좌의 시조가 무내숙녜라고 했는데 일좌를 오사로 읽고 신장기촌의 장도 같다. 신장기촌의 신은 새롭다는 뜻이므로 같은 성씨로 보고 무내숙녜로 비정한다.

어. 자전승(3개)

자전승(52, 조48)의 시조가 오국왕 손호 지후 의부가모지군이다. 같은 성씨의 시조가 경행천황 황자 식장언인대형 기성명으로 되어 있고 제2장 기성왕과 식장언인대형기성명 항목에서 무내숙녜라 했으므로 의부가모지군도 무내숙녜이다.

우경 송야련(19)의 시조가 오왕 부차로 되어 있다. 송야는 마쯔로 읽는데 구사기 국조본기 말라국조의 말라를 마쯔라로 읽고 말라국조가 수적신 동조 대수구족니 손자 시전도길이라 했으므로 역시 무내숙녜이다. 수적신의 시조 대수구숙녜는 제3장 우마지마치명 항목에서 무내숙녜임을 밝혔다.

좌경 모좌촌주(9)의 시조는 오 손권 남 고이다. 모좌를 무사로 읽고 구사기 국조본기 무사국조의 무사도 무사로 읽는데 무사국조가 화이신 조 언의사도명 손자 언인인명으로 되어 있다. 언인인명은 천인인명과 같고 천인인명은 제2장 도배입언명과 진혼명 항목에서 무내숙녜였으므로 고는 무내숙녜이다.

저. 봉전약사(2개)

화천국 봉전약사(57, 58)의 시조가 오주 손권왕, 오국인 도구이리구이로 되어 있다. 봉전련(풍66)의 시조가 천아옥명이어서 둘 다 근구수왕이다.

처. 진신숙녜(1개, 백제 1개)

진신숙녜(38)는 시조가 한 복덕왕이다. 진신은 미카미로 읽고 진발도 같다. 진발부의 시조가 천수일명이므로 무내숙녜이다. 섭진국제번 백제의 원수(45)가 동조로 되어 있다.

커. 청해숙네(11개)

청해숙네(5)는 당인 종오위하 심유악이 시조다. 우경황별하 어립사(조39)의 시조가 어사 동씨, 기입언명으로 되어 있고 지통천황 때 참하국 청해군 어립에 거주해서 성을 주었다고 되어 있다. 어사조신(조18)의 시조가 경행황자 기입언명으로 되어 있어서 경행천황인 기입언명은 근구수왕이고 심유악도 동일하다.

한편 심유악이 입조할 때 함께 한 성씨가 있는데 숭산기촌, 영산기촌(이상5), 장국기촌, 영산기촌, 숭산기촌(이상6), 청천기촌, 청해기촌(이상7)도 모두 근구수왕으로 본다. 청(淸)을 키요로 읽는데 정(淨)도 발음이 같아서 청종숙네, 정촌숙네(이상5), 정산기촌(21)도 연관된 성씨로 본다.

터. 팔호사(2개, 고려 2개)

팔호사(50)의 시조가 후한 광무제 손 장제로 되어 있다. 하내국의 고안조(50)가 팔호사 동조, 진달왕으로 되어 있다. 고안은 타카야스로 읽고 우경제번고려의 고안하촌주(30)가 고려국인 대령, 섭진국제번고려의 고안한인(46)이 박국인 소수수로 되어 있다. 또 미정잡성 하내국 고안기촌(75)의 시조가 아지왕으로 되어 있어서 이들은 모두 아신왕이다.

퍼. 상세련(3개)

상세련(3, 18, 51)은 연 국왕 공손연이 시조다. 상세(常世)는 이상향을 말한다. 풍토기일문 이세국조에 천일별명이 신무천황을 따라 동정을 나서서 천황이 준 검을 들고 이세에 도착해 이세진언에게 땅을 넘기고 물러나라고 하자 밤에 큰 바람과 해수를 일으켜 파도를 타고 동쪽으로 가겠다고 했다.

고어에 신풍(神風)의 이세지방은 상세(常世)의 파도가 밀려오는 땅이라고 한 것은 이를 말한다고 되어 있는데 신풍은 천일별명이 밤에 대규모 공격을 일으켜 이세진언이 패해서 물러난 것을 말한다. 천일별명은 역시 근구수왕이고 이세진언은 무내숙녜이다.

이렇게 상세가 천일별명의 승리를 말하므로 공손연은 근구수왕이다.

허. 고촌숙녜(18, 1개)

노공왕 지후 청주자사 유종왕이 시조다. 속일본기 환무천황 연력 4년 3월조에 춘원련의 성을 고쳐 고촌기촌을 내렸다고 되어 있으므로 같은 성씨다. 좌경황별상 춘원조신(조10)의 시조가 천지천황 황자 정광일 하도왕이고 제2장 하도왕 항목에서 무내숙녜라고 했다.

고. 단파사(7, 1개)

후한 영제 8세손 효일왕이 시조다. 구사기 국조본기에 단파국조가 미장 동조 건도종명 4세손 대창기명으로 되어 있고 미장련은 시조가 천향산명으로 되어 있어서 무내숙녜이다.

노. 풍강련(38, 1개)

한 고조 후예 이수구모치사주가 시조다. 이스쿠무지노오미로 읽는다. 성씨록에서 무지가 들어가는 인물은 오호아나무지와 호무지밖에 없고 둘 다 무내숙네이므로 이수구모치사주도 무내숙네이다.

도. 형부조(1개, 백제 1개)

형부조(52)는 오국인 이모의미가 시조로 되어 있는데 우경제번백제 형부(28)의 시조가 백제국 주왕으로 되어 있어서 근구수왕이다.

로. 이길련(3개)

좌경과 우경의 이길련(3, 18)의 시조가 장안인 유양옹, 유가옹으로 되어 있고 하내국 판무련(50)이 이길련 동조로 되어 있다. 이길은 이키로 읽어서 일기와 같고 우경 천신 일기직(풍24)의 시조가 천아옥근명 11세손 뢰대신이어서 근구수왕이다.

모. 교야기촌(52, 1개)

시조는 한인 장원이고 교야를 카타누로 읽는데 우경 천신 견야도 카타누로 읽고 견야련이 신요속일명 6세손 이향아색웅명으로 되어 있어서 장원도 무내숙네이다.

보. 백네(53, 1개)

서한인 백니 성 광김이 시조로 되어 있다. 백을 하쿠로 읽고 엽율, 백태수, 우작, 우사 외에는 하쿠로 발음되는 성씨가 없다. 우경황별하 우사공(조38)의 시조가 수인천황 황자 반충별명이어서 근구수왕이다.

소. 팔청수련(3개)

당 좌위랑장 왕문도가 시조다. 팔청수련(19)을 야시미쯔노무라지로 읽는데 좌경제번임나의 청수수(15)를 시미쯔노오비토로 읽어서 같은 성씨이고 좌경의 길수련(8)도 요시미쯔노무라지로 읽어서 같다. 야(や)는 많다, 요(よ)는 넉넉하다는 수식어로 본다.

청수수의 시조가 임나국인 도노하 아라사지인데 도노하는 쓰루가로 읽어서 지명이고 아라사지는 아라사등이어서 무내숙네이다. 연관된 성씨로 팔청수련과 동조인 우경의 양진련(19)이 있다.

오. 기타(2개)

섭진국 온의(44), 섭진국 사호(44)는 연관되는 인물이나 성씨가 없어서 인물 비정이 불가하다.

2. 백제

가. 확인되었거나 인명으로 확인이 가능한 성씨(34개)

앞서 한(漢)에서 살펴본 바 형부조에서 우경 형부(28)의 시조 주왕이 근구수왕, 번문조와 대강기촌에서 우경 강련(24)의 시조 안귀와 우경 시왕공(24)의 시조 명왕이 근구수왕, 대원사에서 우경 대원사(27)의 시조 서성금귀가 아신왕임을 살펴봤다. 섭진국 원수(45)는 진신숙네와 동조로 무내숙네였다.

우경 삼선숙네(24), 하내국과 화천국의 금부련(53, 58)은 속고대왕으로 제1장 속고왕과 근초고왕 항목에서 근초고왕임을 확인했다. 우경 진야조(28)가 속고왕으로 되어 있다. 제2장 백제왕과 주왕 항목에서 우경 백제기(25)의 덕좌왕은 미정잡성의 모리가좌왕과 같이 근구수왕이라고 했다.

화천국 백제공(58)의 주왕도 근구수왕으로 밝혀졌고 육인부련(58)의 주왕도 마찬가지다. 우경 임(29)과 좌경 임련(11), 섭진국 임사(45)의 시조가 목귀로 되어 있는데 하내국 임련(54)의 시조가 전지왕이어서 이 네 성씨의 시조는 모두 전지왕이다. 대화국 만련(39)의 백제인 박은 제2장 천탕하판거와 이향아색웅명 항목에서 만을 카쯔라로 읽고 갈성과 연결되어 무내숙네였다.

다음은 인명으로 파악이 가능한 경우이다. 우경 관야조신(23), 안고숙네(24)는 도모왕 10세손 귀수왕으로 되어 있다. 우경 갈정숙네, 궁원숙네, 중과숙네, 진숙네(이상23)는 관야조신 동조이다. 하내국 하내련(53)은 도모왕 남 음태귀수왕이다. 우경과 섭진국 선련(23, 44)도 관야조신 동조이다. 우경 광진련(25)은 근귀수왕으로 되어 있다.

좌경 화조신(10)은 도모왕 18세손 무녕왕이다. 화련(39)이 같은 성씨인데 시조 웅소리기왕은 무녕왕이다. 좌경 백제조신(10)은 도모왕 30세손 혜왕이다. 우경 백제왕(22)은 의자왕이다. 하내국 강원련(54)은 진사왕 아들 지종으로 되어 있다. 우경 불파련(25)이 도모왕 지후 비유왕으로 되어 있다. 불파승(28)은 불파련과 같은 성씨여서 시조인 순무지는 비유왕이다.

나. 백제공(2개)

우경 백제공(24)은 시조가 불확실하다. 귀신(鬼神)을 감화시키는 뜻을 가진 인물이어서 성씨를 귀실(鬼室)이라 했고 폐제 천평보자 5년 백제공으로 개성했다고 나온다. 속일본기를 보면 천평보자 5년 3월조에 여민선녀 등 4인에게 백제공을 사성했다고 나온다.

귀신과 관련된 것으로는 우경황별하 여원공의 시조가 치무언명으로 되어 있고 손 길비건언명이 경행천황 때 동방 정벌에 나서 요사한 귀신을 물리치고 여원국에 이르러 복명했다고 되어 있다.

경행천황 때 동방 정벌에 나선 인물은 일본무존이고 제2장 치무언명과 어지별명 항목에서 치무언명이 근구수왕이라고 밝혔으며 치무언명의 와카타케히코노미코토와 길비건언명의 키비타케히코노미코토가 같은 이름이므로 귀신을 물리친 것은 근구수왕이다.

따라서 귀신은 무내숙네가 되며 귀신을 감화시키는 뜻을 가진 인물은 근구수왕이고 여민선녀 등은 근구수왕의 후손이다.

또한 좌경 백제공(10)의 시조 문연왕은 제2장 백제왕과 주왕 항목에서 문주왕과 이름이 비슷해 문주왕으로 비정되지만 장담할 수는 없다고 했다. 앞서 화천국 백제공의 주왕도 근구수왕이라고 했으므로 백제공 시조 3명 중 주왕과 귀신 감화가 근구수왕이어서 문연왕을 근구수왕으로 비정할 수도 있다. 본서에서는 백제공이란 같은 성씨의 시조이므로 근구수왕으로 본다.

다. 상승(3개)

상승(28)은 다리수수가 시조인데 타리스스로 읽는다. 한(漢) 공조와 축부의 시조도 타리스스인데 무내숙네라고 했다. 산성국과 섭진국의 승(35, 45)도 같다.

라. 파다조(40, 1개)

좌포리지사주가 시조이다. 파다(波多)는 하타로 읽는데 또 다른 하타(秦)와 달리 무내숙네라고 했다.

마. 비조부와 비조호조(4개)

비조부(12)는 목길지, 세 개의 비조호조(27, 54, 55)는 비유왕, 비유왕남 곤기왕, 말다왕으로 되어 있다. 목길지는 모쿠키시로 읽는다. 길지, 키시는 족장, 왕의 고어이므로 목왕이 되는데 성씨록 내에서 연관되는 인물은 모쿠키로 읽는 목귀밖에 없다. 목귀는 임련(11)에서 전지왕으로 연결된다.

비유왕은 백제 제20대 왕으로 427년부터 455년까지 재위했다. 말다왕은 제24대 동성왕으로 479년부터 501년까지 재위했다. 비유왕의 아들은 개로왕인데 곤기왕은 추정하기 어렵다. 동성왕의 부(父)가 곤지로 되어 있는데 개로왕의 둘째아들이지만 이름이 비슷해서 곤기왕을 곤지로 비정하는 경우도 있다.

비조시대는 7세기 전반을 중심으로 한 시대인데 성씨의 시조들이 전부 시대적 거리가 있어서 비조라는 성씨를 사용한 것이 비조시대와 어떤 연관이 있는지는 확실하지 않다.

바. 수해련(5개, 신라1개)

수해련(53)은 백제국인 노리사주가 시조다. 누리노오미로 읽는다. 우경과 산성국의 민수(27, 35), 좌경의 조련(10), 하내국의 조일좌(53)도 같은 시조이다. 민수와 동일한 민직(풍67)의 시조가 천아옥명으로 되어 있어서 다섯 성씨의 시조는 모두 근구수왕이다.

한편 하내국제번신라 복환(56)의 시조가 연(燕)의 노리사주로 되어 있는데 다른 용례가 없다. 신라왕자는 천일창이고 따라서 신라 여러 성씨는 모두 무내숙네로 비정되는데 근구수왕과 연결되는 것은 의외이다. 그냥 노리사주라 하면 근구수왕으로 비정하게 되므로 연의 노리사주라 하고서 무내숙네를 지칭한 것으로 짐작된다.

사. 이부조(35, 1개)

백제국인 내리사주가 시조다. 내리사주는 노리노오미로 읽어서 수해련(52)의 시조 노리사주의 누리노오미와 동일한 발음이다. 그래서 근구수왕으로 비정할 수 있다. 구사기 천손본기에 구호황자를 법주왕이라 하고선 노리노우시노카미로 읽어서 같은 인물로 근구수왕이 된다. 다만, 법을 노리로 읽었기 때문에 내리사주를 제29대 법왕으로 볼 수도 있다. 본서에서는 노리사주와의 연관성을 봐서 근구수왕으로 비정한다.

아. 중야조(27, 1개)

백제국인 저솔 답타사지가 시조다. 중야를 나카누로 읽는데 장야도 같다. 우경제번 한의 장야련 시조가 충의로 되어 있어서 답타사지도 무내숙네이다.

자. 춘야련(6개)

춘야련(26)의 시조는 속고왕 손 비류왕으로 되어 있다. 비류는 히루로 읽는데 낮을 뜻하는 주(晝)도 히루로 읽는다. 따라서 비류왕은 낮의 왕, 해의 왕, 천조대신, 일신이 되어 근구수왕이다.

연관된 성씨로 우경 면씨(26)와 문사씨(26), 산성국 강옥공(35)이 있으며 우경 파문씨(26)는 춘야련 동조로 되어 있다. 섭진국 광정련(44)은 피류왕으로 되어 있는데 역시 히루로 읽어서 근구수왕이다.

차. 위옥촌주(3개)

위옥촌주(59)의 시조는 백제국인 의보하라지왕으로 되어 있다. 의보하라지는 오호가라키로 읽는다. 오호는 대(大), 키는 성(城), 국(國)이므로 의보하라지왕은 대가라국왕이다. 수인紀에 대가라국왕은 아라사등이고 제3장 소잔오존과 소나라 항목에서 무내숙네라고 했다. 연관된 성씨로 섭진국과 화천국의 촌주(45, 59)가 있다.

카. 판전촌주(28, 1개)

백제국인 두귀촌주로 되어 있다. 계체紀 원년조를 보면 판전공의 시조로 중황자가 나오고 제2장 중왕 항목에서 중왕은 무내숙녜였다.

타. 좌량량련(53, 1개)

백제국인 구미도언으로 되어 있다. 좌량량을 사라라로 읽는데 신라국이다. 신라국왕은 천일창이므로 구미도언은 무내숙녜이다.

파. 말사주(35, 2개)

백제국인 진류아사주로 되어 있고 산성국 목일좌(35)도 같은 시조이다. 진류아를 쯔루가로 읽어 겸근명이고 무내숙녜이다.

하. 의봉(59, 1개)

백제국 신령왕으로 되어 있다. 화천국 천신 의봉(풍69)의 시조가 이향아색웅명이어서 무내숙녜이다.

거. 모고수(45, 1개)

백제국인 판례길지로 되어 있다. 모고를 무코로 읽는데 화천국 황별 서목(조72)의 서도 무코로 읽는다. 서목의 시조가 대황전별명이어서 판례길지도 무내숙녜이다.

너. 삼야조(45, 1개)

백제국인 포수마내고의미로 되어 있다. 응신紀 22년조에 삼야신의 시조가 제언으로 되어 있고 제2장 치무언명과 어지별명 항목에서 제언이 무내숙녜라고 했으므로 포수마내고의미도 동일인물이다.

더. 어지조(27, 1개)

부여의 탁근국주 시비왕으로 되어 있다. 부여에 도읍한 왕은 성왕이므로 시비왕은 성왕이다.

러. 원인수(40, 2개)

백제국인 지두신으로 되어 있다. 우경제번백제의 완부수(27)도 같은 시조이다. 우경황별하 원부(조43)가 다조신 동조로 되어 있고 다조신의 시조는 신팔정이명이므로 지두신은 무내숙녜이다.

머. 신태수(58, 1개)

백제국인 백오로 되어 있다. 속일본기 양로 7년 3월조에 상륙국 신태군에 사는 물부국의(國依)에게 신태련의 성을 내렸다고 했으므로 물부와 같은 성씨다. 물부는 근초고왕, 근구수왕, 무내숙녜 등 모두가 해당되는데 국의(國依)는 국의(國意)와 뜻이 닿아 있어서 고사기 개화천황기의 환의신의 조 일자국의기도명으로 보고 근구수왕으로 비정한다.

버. 한인(28, 1개)

백제국인 다야가지로 되어 있다. 섭진국제번 한의 위옥한인(43)의 시조가 아지왕이므로 다야가지는 아신왕이다.

서. 안래련(24, 1개)

백제국 노왕으로 되어 있고 주석에 비유왕이라고 했다.

어. 의라련(2개)

의라련(54)의 시조가 백제국인 소녜지야마미내군으로 되어 있다. 하내국 산하련(54)도 동일하다. 우경 천신 의라련(풍20)의 시조가 신요속일명 10세손 이기포도대련으로 되어 있고 포도는 후쯔로 읽어서 근구수왕이므로 소녜지야마미내군도 근구수왕이다.

저. 대현사(26, 1개)

백제국인 화덕으로 되어 있다. 하내국 천손 대현주(풍65)가 천진언근명으로 되어 있어서 화덕은 무내숙녜이다.

처. 대구조(12, 1개)

속고왕 12세손 은솔 고난정자로 되어 있다. 대구는 오호오카로 읽어서 대강과 같다. 좌경제번 한 대강기촌(4)의 안귀공이 근구수왕이므로 고난정자도 근구수왕이다.

커. 대석부립(29, 1개)

백제국인 정성문이로 되어 있다. 대석(9)과 동일한 성씨이고 대석존이 근구수왕이므로 정성문이도 근구수왕이다.

터. 우노수(2개)

우노수(40)의 시조는 백제국 군 남 미나중부의미이다. 우노조(54)가 우노수 동조로 되어 있다. 미정잡성 하내국 우노련(77)의 시조가 신라 황자 김정흥이고 신라왕자는 천일창이므로 미나중부의미는 무내숙네이다.

퍼. 위나부수(45, 1개)

백제국인 중진파수로 되어 있다. 구사기 제황본기에 화염황자를 위나군이라 했으므로 중진파수는 화염왕이 되어 무내숙네이다.

허. 석야련(11, 1개)

근속고왕 손 억뢰복류로 되어 있다. 석야(石野)는 돌이 있는 들판이고 돌은 대석과 연결되어 근구수왕이다. 복류를 후루로 읽는데 포류도 후루로 읽고 대화국황별 포류숙네(조51)의 시조가 미병도대사주명이어서 근구수왕임이 재확인된다.

고. 상일좌(55, 1개)

백제국인 구이능고사주로 되어 있다. 일좌는 오사로 읽고 산성국황별 일좌의 시조가 무내숙네로 되어 있어서 구이능고사주도 무내숙네이다.

노. 향산련(11, 1개)

백제국인 달솔 형원상으로 되어 있는데 향산은 천향산명과 연결되고 제3장 명일명문명과 천향산명 항목에서 무내숙네라고 했다.

도. 천구조(40, 1개)

백제국인 발전 백성군으로 되어 있고 백성숙네는 판본조신(조15)에서 기각숙네의 아들로 나온다. 판본신(조55)이 무내숙네이므로 백성숙네도 무내숙네이다.

로. 오복조(54, 1개)

백제국인 아루사로 되어 있다. 오복(吳服)은 오나라의 의복을 말하고 옷을 만드는 것은 의봉(衣縫)이어서 같은 성씨로 본다. 의봉의 시조는 무내숙네이므로 아루사도 같다.

모. 고야조(27, 1개)

백제국인 좌평 여자신으로 되어 있다. 고야(풍72)의 시조가 대명초언명으로 제3장 대명초언명 항목에서 근초고왕이어서 여자신도 근초고왕으로 본다.

보. 고규련(11, 1개)

백제국인 달솔 명진으로 되어 있다. 규는 쯔키로 읽는데 신공紀 47년조의 규본수와 같은 성씨다. 제2장 치무언명과 어지별명 항목에서 액전부, 규본수 등의 조 천웅장언이 무내숙네였으므로 명진도 무내숙네이다.

소. 취석조(59, 1개)

백제국인 아마의미로 되어 있고 취석(取石)은 돌을 취하는 것으로 대석과 연결해 보면 돌이 근구수왕이므로 취하는 것은 무내숙네로 본다.

오. 도조사(26, 1개)

백제국왕 손 허리공으로 되어 있다. 미정잡성 화천국 신인(80)의 시조 고려국인 허리도와 같은 인물로 본다. 하내국천신 신인(풍62)의 시조가 가비량명으로 제3장 의부다다니고와 숭신천황 항목에서 무내숙네여서 허리공도 무내숙네이다.

조. 고시(古市)촌주(55, 1개)

백제국 호왕으로 되어 있다. 좌경황별상 전구조신(조15)의 부가 설명에 대화국 고시(高市)군 전구촌에 정착해 전구신이라 했다. 전구조신의 시조는 무내숙네이다. 우경 천손 고시(高市)련(풍29)의 주석에 고시군 하타(波多)신사가 있어서 고시련을 팔본고시련, 팔태고시련이라고 한다고도 했다. 고시련의 시조는 천진언근명 3세손 언이하도명이어서 근구수왕이다. 이렇게 되면 고시(古市)를 고시(高市)와 연결하기 어려운 부분이 발생한다.

다시 보면 고시(古市)는 후루이찌로 읽고 후루와 연결되는 것은 같은 발음인 포류(布留)이다. 포류숙네(조51)의 시조가 천족언국압인명 7세손 미병도대사주명이고 제2장 왕인과 언모진명 항목에서 근구수왕이었으므로 호왕은 근구수왕이다.

초. 광해련(25, 1개)

한왕 신 지후 왕수경으로 되어 있다. 한(韓) 출신으로 되어 있는 것은 금직촌주와 금부촌주, 조처조가 있는데 금직촌주와 금부촌주는 근초고왕, 조처조는 무내숙네이다. 왕씨가 시조인 것으로 왕인[126] 외에 왕문도가 팔청수련, 길수련, 양진련의 시조인데 앞서 팔청수련 항목에서 무내숙네였다. 따라서 왕수경도 무내숙네로 비정한다.

코. 광전련(2개)

광전련(11, 26)은 시조가 백제국인 신신군(辛臣君)으로 되어 있다. 신(辛)을 카라로 읽어서 가라국인이 되므로 신신군은 무내숙네이다.

토. 가씨(2개)

가씨(29)의 시조는 백제국인 가의지로 되어 있고 좌경 신전련(11)도 백제국인 정육위상 가수군으로 되어 있다. 다른 용례가 없다. 신전(神前)은 국전(國前)과 동일하다고 보며 구사기 국조본기의 국전국조가 길

126 문숙네의 시조가 한(漢) 고황제 지후 난왕으로 되어 있어서 한(韓)이 아니므로 제외된다.

비신 동조 길비도명 6세손 우좌자명으로 되어 있고 길비신은 치무언명 손 어우별명으로 되어 있다. 치무언명과 어우별명 모두 근구수왕이므로 가의지, 가수군은 근구수왕으로 비정한다.

포. 반비씨(29, 1개)

백제국 사반(沙半)[127]왕으로 되어 있다. 사반왕은 백제 제7대 왕이다. 삼국사기에 구수왕이 재위 21년에 죽으니 맏아들 사반(沙伴)이 위를 계승했으나 나이가 어려 정치를 해 나갈 수가 없으므로 고이왕이 즉위했다고 나온다.

삼국유사는 사비(沙沸)왕, 혹 사이(沙伊)왕이 왕위를 이어받았으나 나이가 어려 정사를 보살피지 못했기 때문에 즉시 폐위하고 고이왕을 세웠다고 했으며 간혹 239년에 사비왕이 죽어(재위 234~239) 고이왕이 즉위했다고도 기록하고 있다.

사반왕은 근초고왕 이전의 백제왕이고 일본서기는 근초고왕 이후를 기록했으며 성씨록은 일본서기를 따른 것이므로 사반왕도 근초고왕 이후의 다른 왕으로 비정해야 하나 용례가 없어서 비정이 불가하다.

호. 마전련(25, 1개)

백제국 조선왕 회(一本 유)로 되어 있는데 마전을 아사타로 읽는다.

127 주석에 반(半)을 반(伴)이라고도 한다고 했다.

아침(朝)도 아사로 읽는데 조처조의 아사쯔마와 연결되어 있고 도류사주가 무내숙네이므로 조선왕 회는 무내숙네이다.

구. 삼곡조(28, 1개)

백제국인 견조(堅祖) 주이가 시조로 되어 있다. 미정잡성 우경에 견조씨(65)라는 성씨가 있는데 시조가 역시 백제국인 견조 위지로 되어 있고 위지를 이찌로 읽는다. 번마국 풍토기 미낭군조에 시변천황이 나오는데 시변을 이찌베로 읽어서 같은 인물로 본다. 주석에 시변천황은 이중천황 황자 시변압반황자라고 되어 있으므로 위지 또 주이는 근구수왕이다.

누. 기타(4개)

좌경 사전사(11)와 소고사주(12), 우경 성소련(24)과 청도련(25)은 다른 용례가 없어서 인물 비정이 불가하다.

3. 고려(고구려)

가. 확인된 성씨(4개)

우경 고안하촌주(30)와 섭진국 고안한인(46)은 앞서 한(漢) 팔호사 항목에서 미정잡성 하내국 고안기촌(75)의 시조가 아지왕으로 되어 있어서 이들의 시조가 모두 아신왕이라고 한 바 있다. 산성국과 섭진국 상원사(36,46)의 시조 만덕사주와 박국인 한위는 한(漢) 상원직과 상원숙네 항목에서 무내숙네였다.

나. 장배련(29, 1개)

고려국주 추모왕으로 되어 있다. 고구려 태조 동명성왕으로 추모는 광개토대왕 비문에 나오는 이름이다. 장배는 나가세로 읽는데 세는 등, 뒤를 말하지만 여울도 세로 읽는다. 여울은 작은 개울로 협(狹)과 의미가 통하는데 고사기 신무천황기에 장협국조를 신팔정이명이라 했으므로 무내숙네이다.

다. 난파련(30, 1개)

고려국 호태왕으로 되어 있다. 호태왕은 광개토대왕의 별명이다. 난파기촌(조59)이 대언명이어서 근구수왕이다.

라. 신성련(13, 1개)

고려국인 고복속으로 되어 있다. 성(城)은 통상 나라를 의미하므로 신성은 신라가 되고 천일창이 되어 고복속은 무내숙네이다.

마. 어립련(13, 1개)

고려국인 종오위하 고장자로 되어 있다. 어립(御笠)은 어립(御立)과 같은 성씨이고 어립(御立)이 어사(御使)와 동조이다. 어사조신(조18)의 시조가 경행황자 기입언명이므로 고장자는 경행천황이 되어 근구수왕이다.

바. 일치조(9개)

일치조(13, 30, 40, 46)의 시조는 고려국인 이리수사주로 되어 있다. 좌경제번고려에 이리수의미가 있는데 같은 이름으로 본다. 속일본기 광인천황 보귀 8년 4월조에 일치조 사마려 등 8인에게 영정숙녜를, 웅삼성 등 4인에게 조정숙녜를, 반마려 등 2인에게 길정숙녜를 사성했으므로 일치조와 영정숙녜(41), 조정숙녜(40), 길정숙녜(41)는 같은 성씨이다.

대화국 영정숙녜와 조정숙녜, 길정숙녜와 함께 일치창인(41)과 화조(41)가 일치조 동조로 되어 있다. 미정잡성 화천국 일치부(79)의 시조가 천즐옥명 남 천즐이명인데 천즐옥명은 근구수왕이어서 천즐이명은 무내숙녜가 된다. 천즐이명의 이(耳)는 미미로 읽는데 신팔정이명의 이(耳)와 같아서 무내숙녜임이 확인된다.

한편 화조는 야마토노미야쯔코로 읽고 연관된 성씨로 화련, 화조신이 있는데 좌경 화조신(10)의 시조가 도모왕 18세손 무녕왕이었다. 하지만 이는 한 성씨에 시조가 둘인 경우로 보며 이리수사주는 무내숙녜이다.

사. 도목(3개)

도목(55)의 시조는 고려국 이리화수사주로 되어 있다. 도목(島木)과 함께 우경 도사(30, 시조 화여지), 도기사(30, 시조 능가왕)도 모두 도(島)를 사용하고 있어서 같은 성씨로 본다.

미정잡성 섭진국 도수(72)의 시조가 천압수이존으로 되어 있고 도근진인(조3)의 시조가 백제왕으로 되어 있으며 연관된 성씨인 산어진인

(조3), 산상조신(조36), 산변공(조56) 등의 시조가 모두 근구수왕이어서 이리화수사주, 능기왕, 화여지는 근구수왕으로 본다.

아. 후부왕(3개)

후부왕(31)의 시조는 고려국 장왕 주지후로 되어 있다. 후부는 시토리로 읽고 위문련(풍51)과 동일한 성씨이다. 위문련의 시조는 각응혼명남 이좌포혼명이고 이사후타마로 읽는데 오십협경혼명과 발음이 같아서 동일한 인물이다.

제3장 명일명문명과 천향산명 항목에서 오십경혼명이 근구수왕이라고 했으므로 장왕도 근구수왕이다. 좌경 후부약사주(14)의 고려국인 대형억덕과 출수련(13)의 고려국인 후부 능치원도 근구수왕이다.

자. 팔판조(36, 1개)

박국인 지류천마내의리좌로 되어 있다. 구사기 천신본기에 천팔판언명을 이세신마속련의 조라 했으며 국조본기에 이세국조가 천일취명으로 나오므로 지류천마내의리좌는 근구수왕이다.

차. 고사(4개)

고사(13)의 시조가 고려국인 원라군 저왕 9세손 연나왕으로 되어 있다. 저왕은 고사기 응신천황기에 나오는 의부부저왕이다. 삼국군, 주인군, 식장판군 등의 조로 되어 있는데 식장진인이 치순모이우왕이어서 저왕은 무내숙네이다. 연나왕은 특별한 용례가 없어서 무내숙네의 재

등장으로 본다.

좌경의 고(14(2), 高)는 고사(高史)와 동일한 성씨이므로 고(高)의 시조 고려국인 고조근과 종오위하 고금장도 무내숙네이다. 좌경 남상련(13)의 고려국인 고도사(高道士)도 역시 무내숙네이다.

카. 박조(5개)

박조(36)의 시조는 고려국주 부련왕으로 되어 있다. 박조의 박(狛)은 코마로 읽는데 대화국제번백제 만련(39)의 시조 백제인 박(狛)이 무내숙네라고 했으므로 부련왕은 무내숙네이다. 하내국 대박련(55(2))의 시조 이리사사례사와 복귀왕, 박수(30)의 안악상왕도 무내숙네이다.

좌경 고려조신(12)의 고려도 코마로 읽어서 같은 성씨이고 시조 고구려왕 호태 7세손 연흥왕도 무내숙네이다.

타. 하내민수(14, 1개)

고려국인 안류왕으로 되어 있다. 우경제번 백제의 민수가 근구수왕으로 되어 있어서 안류왕은 근구수왕이다. 하내를 카후찌로 읽는데 하내국제번백제 하내련(53)의 시조가 음태귀수왕이어서 역시 같다.

파. 복당련(3개)

복당련(12)은 시조가 고려국인 전부(前部) 능위로 되어 있다. 속일본기 고야천황 신호경운 원년 3월 전부(前部) 충(蟲)마려에게 광소련이란 성을 내린 것이 나온다. 좌경 풍원련(12)의 시조가 고려국인 상부왕 충

(虫)마려로 되어 있는데 속일본기 폐제 천평보자 5년 3월조에 상부왕 충(蟲)마려에게 풍원련을 내린 것이 나오므로 충(蟲)마려와 충(虫)마려는 동일인물이다. 따라서 충마려가 전부와 상부를 모두 관장했음을 알 수 있다.

우경제번 신라 풍원련(31)의 시조가 신라국인 일여비마려로 나오는데 신라국인은 천일창이자 무내숙녜이므로 상부왕 충마려와 전부 능위가 모두 무내숙녜이다. 복당조(13)도 복당련과 같은 성씨이므로 무내숙녜가 시조다.

하. 고정조(36, 1개)

고려국주 추모왕 20세손 여안기왕으로 되어 있다. 고정(高井)은 광정(廣井)과 같은 의미로 보며 섭진국제번 백제 광정련의 시조가 백제국 피류왕으로 근구수왕이므로 여안기왕도 근구수왕이다.

거. 기타(3개)

좌경 왕(14)과 산성국 황문련(36), 우경 고전수(30)는 다른 용례가 없어서 인물 비정이 불가하다.

4. 신라와 임나

신라 9개 성씨는 신라왕자 천일창에 따라 모두 무내숙녜로 비정한다. 천일창, 또 동일한 이름인 천일모명으로 되어 있는 성씨가 4개이다. 나머지 5개 성씨의 신라국인도 모두 무내숙네로 비정한다. 하내국 복환의 시조가 연(燕)의 노리사주로 되어 있는 것은 백제의 수해련에서 무내숙네로 비정했다.

마찬가지로 임나의 9개 성씨도 임나국주 아라사등에 따라서 모두 무내숙네로 비정한다. 아라사등이 3개, 좌이금이 3개 성씨의 시조로 되어 있다. 풍귀는 대귀와 같은 의미이고 임나국주 이리구모왕도 무내숙네이다. 임나국 가실왕도 역시 무내숙네로 비정한다.

신라와 임나 성씨의 시조를 모두 무내숙네로 보는 것은 이제껏 성씨의 시조를 살펴본 바 실존 인물이 근구수왕, 무내숙네가 주축을 이루기 때문이다. 근초고왕, 아신왕, 전지왕이 조금 거론되고 나머지 말다왕 등은 한두 번밖에 나오지 않는다. 성씨의 시조가 실존 인물이라면 다른 인물을 생각하겠지만 그렇지 않기 때문에 앞에서 열거한 인물들 중에 한 명이어야 하고 그렇다면 비정할 수 있는 사람이 무내숙네밖에 없다.

5. 미정잡성

가. 좌경(11개, 우경1, 산성국1)

자전진인(61)의 대우왕과 야실련(62)의 대혈모지명은 무내숙네이고 어원진인(61)의 언인대형왕, 갈야신(61)의 언포도의사마지기명, 백제씨

(62)의 모리가좌왕은 근구수왕이다. 지상량인(62)의 백제왕은 아신왕이고 인판련(62)의 화명명은 근초고왕이다.

물집련(62)의 물집은 모쯔메로 읽고 시조가 입달왕인데 미정잡성 대화국의 천집조(70)의 천집을 코모쯔메로 읽어서 같은 성씨로 보며 시조가 천진언근명이므로 입달왕은 무내숙녜이다. 산성국 물집(69)도 마찬가지이다.

조호(62, 朝戶)의 시조는 백제국인 흉광사주 조호로 되어 있다. 흉(胸)을 무네로 읽는데 흉견, 흉형의 흉과 같고 흉형군이 제사 지내는 신은 무내숙녜이므로 조호도 무내숙녜이다.

족나(63)의 시조는 백제국인 종칠위하 족나 진기지로 되어 있다. 족나는 스쿠나로 읽는데 신대紀 8단 일서6에 대기귀신과 함께 천하를 다스린 소언명명이 스쿠나히코나노미코토이고 대기귀신과 함께 나라를 다스려서 무내숙녜이므로 진기지도 무내숙녜이다.

후부고(63)의 시조는 고려국인 정육위상 후부 고천금인데 후부는 시토리로 읽고 위문도 시토리로 읽는다.

- 위문련 : 각응혼명 남 이좌포혼명지후야(섭진국천신)
- 위문숙녜 : 출자 신혼명 지후 대미숙녜야(대화국천신)
- 위문숙녜 : 각응혼명지후야(하내국천신)

각응혼은 근구수왕이고 이좌포혼명은 이사후타마노미코토로 읽는데 오십협경혼명과 발음이 같아서 역시 근구수왕이다. 따라서 대미숙녜도 근구수왕이 되며 고천금도 마찬가지다. 이미 고려국 후부왕 항목에서 근구수왕임을 밝혔고 우경 후부고(66)도 마찬가지다.

나. 우경(22개, 화천국1, 대화국1)

성상진인(63)의 난파왕과 중신신(63)의 참착대사주, 중신율원련(64)의 뢰대신과 대록수(64)의 천아옥근명은 근구수왕이고 주인소천진인(63)의 토왕과 심래진수(64)의 이향아색웅명, 물부(64)의 이하아색웅명, 대신(65)의 검근명은 무내숙녜이다. 범해련(65)의 화명명은 근초고왕이다.

고향촌주(65)는 오국인 소군왕이 시조인데 우경제번 한에서 고향촌주(22)의 시조가 근구수왕임을 확인했다. 필씨(65)의 필(筆)은 글을 쓰거나 그림을 그리는 붓인데 왜화사가 근구수왕, 하내화사가 무내숙녜로서 필씨의 시조 위만공은 의미상 근구수왕으로 본다.

고씨(66)는 코시노무라지로 읽고 고지련과 발음이 같다. 고지련(49, 풍41)의 시조는 대반실옥대련 또 왕인인데 둘 다 근구수왕이므로 고씨의 시조 백제국인 저솔 구군은 근구수왕이다. 화천국 고씨(78)의 효령천황 황자 치다기비고명도 근구수왕이다. 견조씨(65)의 시조는 백제국인 견조 위지인데 우경제번 백제의 삼곡조(28) 성씨에서 근구수왕임을 밝혔다.

오씨(66)는 오공(풍35)과 같은 성씨이고 오공의 시조는 천상명 13세손 향태신명인데 일본(一本)에 뢰신명으로 되어 있어서 근구수왕이고 따라서 오씨의 시조 백제국인 덕솔 오기측은 근구수왕이다.

삼간명공(66)의 시조는 미마나국주 모류지왕인네 미마나는 임나이므로 모류지왕은 무내숙네이다. 조명사(66)의 조명(朝明)은 조처조의 조(朝)와 닿아 있고 좌경 조호와도 연결되는데 조처조, 조호의 시조가 모두 무내숙네이므로 조명사의 시조 고려 대방국주 씨한법사도 무내숙네이다.

가라씨(66)의 시조는 백제국인 도구군으로 되어 있는데 가라국의 왕은 아라사등이고 무내숙네이므로 도구군도 무내숙네이다. 도구숙네는 목토숙네와 같은 이름인데 역시 무내숙네임을 확인한 바 있다.

지하혈태촌주(65)는 후한 효헌제 남 미파야왕이 시조인데 섭진국제번 한에서 지하기촌의 지하를 시가로 읽고 사슴과 연관되어 무내숙네임을 확인했으므로 미파야왕도 무내숙네이다.

대량공(65, 弖良公)의 시조는 백제국주 의리도해 4세손 진라군이다. 대(弖)를 테로 발음했는데 좌대언, 좌대공의 대(代, 데)와 발음이 같다. 대(弖)의 한자음이 대 또는 호인데 좌대언을 사데비코 혹은 사호비코로 읽는 것도 같다. 따라서 대량공은 성씨 좌대공과 연결되고 좌대공의 시조가 풍성입언명으로 되어 있어서 진라군은 무내숙네이다.

원조(64)는 섭진국제번 백제의 원수(45)와 같은 성씨인데 원수의 시조가 무내숙네이므로 원조의 시조도 무내숙네이다. 요속일명이 하늘에서 내려올 때 원조와 함께한 판호물부(64), 이전물부(64)의 시조도 무내숙네이다.

구사기 천신본기를 보면 천손이 하늘에서 내려올 때 32명이 동행했고 물부조를 비롯한 5개 부의 조(祖), 이전조를 비롯한 5개 조(造), 천물부와 함께한 이전물부 등 25개 물부도 함께 동행한 것으로 되어 있다. 물부조, 위나부, 십시부 등 5개 부(部)의 조(祖)가 무내숙네여서 위 내용이 재확인된다. 대화국 상규물부(70)도 같은 경우이다.

다. 산성국(10개, 대화국1)

물부수(68)의 요속일명과 대벽(68)의 진속혼명, 산대직(68)의 화명명과 국배완인(69)의 진시황제는 근초고왕이다. 촌주(68)의 시조는 한 사건왕인데 전지왕으로 밝혀졌다. 대화국의 촌주(70)도 마찬가지이다.

고사기 수인천황기에 오십일대일자왕이 있다. 춘일산군, 춘일부군, 고지지군의 조로 되어 있고 고지지군의 고지는 코시로 읽어서 고지련의 고지와 동일하며 시조는 왕인이므로 오십일대일자왕은 근구수왕이다. 그래서 춘일부군과 동일한 춘일부촌주(68)의 시조 진속혼명 3세손 대전제명도 근구수왕이다.

혜아(68)의 천수일명은 무내숙네이고 혈태촌주(68)도 우경 지하혈태촌주(65)와 같은 성씨이므로 조씨 보덕공은 무내숙네이다. 목승(69)의 시조 진류목은 쯔루키로 읽어서 검근명과 같으므로 역시 무내숙네이다.

광번공(69)은 속일본기 성무천황 천평 20년 10월조에 광번 우양에게 진(秦, 하타)씨를 사성하는 것이 나오므로 시조 백제국 진왕은 근구수왕이다.

라. 대화국(9개, 하내국1)

천집조(70)의 천진언근명은 무내숙네이다. 견상현주(70)의 시조도 천진언근명으로 되어 있는데 이는 잘못된 것이다. 견상조신의 시조는 일본무존으로 근구수왕이다. 고사기 경행천황기에는 견상군의 조가 도의별왕으로 되어 있고 구사기에는 도의별왕이 견상군, 무부(타케루베)군의 조로 되어 있으며 경행紀 40년조에 일본무존의 공적을 기록하기 위해 무부를 정했다고 했으므로 견상현수의 시조는 근구수왕이다. 성씨와 인물 어느 한쪽을 선택할 수 없어서 비정에서 제외한다.

위전수(69)는 하내국 위전신(74)과 동일한 성씨이다. 위전신의 시조는 도조고내명인데 쯔하야코노미코토로 읽는다. 진속혼을 쯔하야무스비로 읽어서 같은 인물로 본다. 진속혼명은 제3장 진속혼명과 천아옥근명 항목에서 근초고왕이라고 했으므로 도조고내명은 근초고왕이 된다. 따라서 위전수의 시조 천마비지진내명도 근초고왕이 된다.

파다축(69)의 파다는 하타로 읽히므로 시조 고미모수비명 손 치방은 무내숙네이다. 삼세축(70)의 시조 대물주신 5세손 의부태다근자명은 오호타타네코로 읽어서 삼륜군의 시조 대전전근자명과 같으므로 무내숙네이다.

구사기 천황본기에 미진군의 조가 치무언왕명으로 나오므로 미진직(70)의 시조 한고조 5세손 대수명은 근구수왕이다.

한인(71)의 시조는 한인 흑으로 되어 있는데 우경제번 백제 한인(28)의 시조 다야가지가 아신왕이었으므로 흑도 아신왕이다.

장창조(70)의 시조 한국 천사명의 사(師)는 스승을 말하고 스승으로 모신 사람은 왕인이므로 천사명은 근구수왕이다. 장창의 창(倉)이 창고를 말하므로 장창조는 재부숙네와 연결되어 있는 성씨이다. 원사공(71,

鋺師公)도 저울을 맡은 사람을 말하므로 재부숙네와 연결되며 시조 고려국 보륜왕은 근구수왕이다.

마. 섭진국(14개)

한해부수(71)의 평군목토숙네와 아손(71)의 팔강다명, 양의부련(71)의 이향아색호명과 위나부수(72)의 금련, 천내한인(73)의 부정명과 임도수(73)의 소잔오명은 모두 무내숙네이다. 도수(72)의 정재오승승속일천압수이존은 근초고왕이고 진도직(72)의 뢰대신명은 근구수왕이다.

하신(71)은 하도조신(조17)과 같은 성씨이고 하도조신의 시조 길비무언명은 근구수왕이므로 하신의 시조 갈목습진언명 남 요거숙네는 근구수왕이다. 응신紀 22년조에 어우별이 길비국을 갈라주는데 장자 도속별이 하도신의 시조로서 제2장 치무언명과 어지별명 항목에서 근구수왕이라고 한 바 있다.

일하부수(72)의 시조는 천일화기명 6세손 보도네명이다. 일하부는 근구수왕, 대일하부는 무내숙네가 시조이므로 보도네명은 근구수왕이다. 아도부(72)는 아도숙네(풍31)와 동일한 성씨로 아도숙네의 시조가 미요전명으로 근구수왕이므로 아도부의 시조 산도다기류비녀명 4세손 모능지내화기명도 근구수왕이다.

산수(72)의 시조는 화명명 11세손 미장옥주도구대명인데 연관된 성씨인 산공(조50,조72)의 시조가 미내숙네, 오십일족언명 등으로 근구수왕임이 확인되었으므로 미장옥주도구대명도 근구수왕이다.

갈성직(72) 성씨의 갈성은 갈성습진언으로 무내숙네이므로 시조 천신립명은 무내숙네이다. 모좌오공(73)의 시조는 오국왕자 청청왕으로 되어 있다. 연관된 성씨인 모좌촌주(9)의 시조 오 손권 남 고가 무내숙네여서 청청왕도 무내숙네이다.

바. 하내국(30개)

좌좌노공(73)의 풍성입언명과 이기(73)의 황전별명, 임생부공(73)과 압부(74)의 숭신천황, 공왕부수(74)의 혈수천황은 모두 무내숙네이다. 우노련(77), 죽원련(77), 소교조(77), 배작조(77), 대하량(77), 하량성(77) 등의 시조가 모두 신라국인으로 되어 있어서 이들은 모두 무내숙네이다.

지후신(74)의 시조는 천언마수명인데 대화국황별 지후신(조50)의 시조가 건내숙네이므로 천언마수명은 무내숙네이다. 대반련(74)의 시조는 천언명인데 주석에 천언마수명이라 했으므로 역시 무내숙네이다. 신가수(74)의 시조 오마혜족니는 우마시마찌노스쿠네로 읽는데 우마시마치명이 무내숙네이므로 오마혜족니도 무내숙네이다.

시작련(74)의 시조 포도노지내명은 후쯔누시노미코토로 읽는데 경진주신을 후쯔누시노카미로 읽으므로 포도노지내명은 근구수왕이다. 삼간명공(75)은 미마나노키미로 읽는데 미마나는 임나로서 시조가 무내숙네가 되어야 하나 뢰대신명으로 되어 있어서 근구수왕이므로 성씨, 인물 어느 한쪽의 비정이 불가하다.

인편수(75)와 시조 신지파이명은 따로 용례가 없는데 인편(靭編)이 부드러우면서도 질긴 것을 엮는다는 뜻이므로 천으로 옷을 만드는 의봉에 비유해 무내숙네로 비정한다. 왜천원기촌(75)은 천원공(조53)과 같은 성씨이고 천원공의 시조가 화염왕이므로 무옹추신 15세손 언진근명도 무내숙녜이다.

내원직(75)의 시조는 협산명인데 협산련(풍66)이란 성씨의 시조가 천아옥명이므로 협산명은 근구수왕이다. 속일본기 성무천황 천평 15년 9월조에 관노 비태를 면천시켜 대우사의 성을 내렸다고 했으며 비태는 원래 대판의 모래로 옥석(玉石)을 가공하는 자라고 했다. 이는 옥작(玉作)을 말하고 시조가 천명옥명이므로 대우사(75)의 시조 백제국인 백저나세는 근구수왕이다.[128]

고안기촌(75)은 시조가 아지왕으로 되어 있으므로 삼국사기의 아신왕이다. 안담련(75)이 제사지내는 신은 소동명으로 면적명과 발음이 같고 무내숙녜로 밝혀졌으므로 시조 우도사니하명은 무내숙녜이다.

선자수(76)의 시조는 백제국인 구이군인데 쿠니키미로 읽는다. 쿠니키미는 국군(國君)이란 뜻이며 이는 국신(國神)과 동일하고 신무천황이 동정을 시작할 때 만난 진언이 국신이므로 구이군은 근구수왕이다.

신목수(76)의 신목은 니히키로 읽어서 좌경제번 고려의 신성련(13)과 같은 성씨인데 신성련의 시조 고복속이 무내숙녜이므로 신목수의 시조 백제국인 이거류군도 무내숙녜이다. 팔우부(76)의 팔우도 야마타로 읽어서 산전과 같고 산전조(18)의 시조 충의가 무내숙녜여서 백제국

---

128 속일본기 효겸제 천평승보 4년 5월조에 관노 겸취를 면천해 무부(카무나기베)숙녜, 근족을 면천해 하무조신을 사성했다는 기록이 있다. 무부숙녜의 시조는 이향아색웅명으로 무내숙녜, 하무조신의 시조는 대국주신으로 둘 다 무내숙녜이므로 근구수왕의 경우와 함께 관노를 면천한다는 것은 실제 관노가 아니라 이야기를 이어가기 위한 상징적인 표현이므로 유의해야 한다.

인 다지다기경도 무내숙네이다.

풍촌조(76)의 풍촌(豊村)은 풍국(豊國)과 같은 의미이고 풍국진인(조3)은 대원진인(조3)과 동조로 백제왕이 시조이므로 풍촌조의 시조 백제국인 덕솔 고노부좌는 아신왕이다.

속일본기 원명천황 화동 5년 11월조에 인전조신, 구노조신, 장전조신을 아배조신으로 돌려주는 내용이 있고 아배조신의 시조는 대언명이므로 장전사주(76)의 시조 백제국 위군왕은 근구수왕이다.

사인(76)의 시조는 백제국 인리가지귀왕이다. 사인을 토네로 읽고 화천국지기 등네직(풍65)의 등네도 같은 발음이다. 등네직의 시조가 추근진언이어서 인리가지귀왕은 근구수왕이다. 박랑부(76)와 박인(77)의 시조는 둘 다 고려국 수모기왕으로 되어 있는데 앞서 백제인 박(狛)이 무내숙네라고 했으므로 수모기왕도 무내숙네이다.

사. 화천국(15개)

저감부수(78)의 천족언국압인명과 대부수(78)의 담저기단저수명, 공수(79)의 신혼명은 근초고왕이다. 양의부수(78)의 길비진언오십협근명은 근구수왕이다.

아손공(78)의 왜일향건일향팔강전명, 자목조(79)의 천진언근명, 진발부(79)의 천수일명과 신인(80)의 고려국인 허리도, 근의수(80)의 신라국주 각절왕 및 산전조(80)의 신라국인 천좌의리명은 무내숙네이다.

제감부수(78)의 시조 무내숙네 남 기서남병숙네는 코세노오카라노스쿠네로 읽어서 거세웅병숙네와 동일인물이므로 무내숙네이다. 일치부(79)의 시조는 천즐옥명 남 천즐이명인데 천즐옥명은 근구수왕이어서 천즐이명은 무내숙네가 된다. 천즐이명의 이(耳)는 미미로 읽는데 신팔정이명의 이(耳)와 같아서 무내숙네임이 확인된다.

백태수(79)의 시조는 천표일명이다. 구사기 천손본기에 신내아지축부의 조 천표춘명이 있는데 동일 인물로 비정한다. 천표춘명이 사겸신의 아들로 되어 있는데 아지축부는 시조가 사겸신이어서 동일인물이고 사겸신은 고혼명의 아들로 되어 있어서 근구수왕이므로 천표춘명, 천표일명도 근구수왕이다.

범인(79)의 시조는 신한구숙네명인데 범인증가의 시조가 백룡왕이어서 신한구숙네명은 근구수왕이다. 소두수(79)의 시조는 오국인 현양신인데 소두를 오쯔로 읽어서 미진과 같고 구사기 천황본기에 치무언명이 미진군의 조로 되어 있으므로 현양신은 근구수왕이다.

제5장

성씨록 인물 비정에 따른 결론

1. 실존 인물의 최소화

근초고왕부터 의자왕까지 백제의 왕은 19명이다. 그 중 성씨록에 실린 왕은 표5)에 보이는 것처럼 11명이다. 그리고 전지왕을 포함해 8명은 제번에 속하고 있다. 그것은 한반도에서 건너간 것이 바로 표기되어 있다는 의미이다. 따라서 일본서기에서 천황이나 천신, 국신 등의 가공인물로 존재하는 왕은 근초고왕, 근구수왕, 아신왕뿐이고 삼국사기에 존재하지 않는 무내숙네까지 4명에 불과하다.

표5) 성씨록 내 인물 정리

구 분	합계	근초고왕	근구수왕	무내숙녜	아신왕	전지왕	기타	비정불가
계	1,181	303	346	455	36	16	12	13
황 별	335	32	130	164	9			
신 별	404	250	65	87	2			

제번	소계	325	9	117	141	21	14	12	11
	한	163	4	66	64	17	9		3
	백제	103	5	40	34	2	5	12	5
	고려	41		11	25	2			3
	신라	9			9				
	임나	9			9				
미정잡성	소계	117	12	34	63	4	2		2
	좌경	11	1	4	5	1			
	우경	23	1	10	12				
	산성	11	4	2	4		1		
	대화	11	1	3	4	1	1		1
	섭진	14	1	5	8				
	하내	31	1	5	22	2			1
	화천	16	3	5	8				

※ 기타 내역 : 혜왕 1, 의자왕 1, 무녕왕 2, 진사왕 1, 비유왕 5, 동성왕 1, 성왕 1
- 비유왕 남 곤기왕, 진사왕 자 지종은 비정을 할 수 없어 비유왕, 진사왕으로 표기

기원전 660년 신무천황이 등극한 이후 697년 일본의 성립까지 1357년의 역사를 적은 일본서기가 고작 4명의 실존 인물로 그토록 수많은 가공인물을 만들어 긴 역사를 창조했다는 것은 정말 믿기지 않는 일이다.

그 솜씨에 경탄을 하지 않을 수 없지만 한편으로 이런 가짜 역사를 만들어서 후대에 자존심을 세워보겠다고 한 그 정신에 경악하지 않을 수 없다. 세월이 지나면 진실은 가려지고 결국 기록에 의존할 수밖에 없을 때 가짜가 진짜로 둔갑하게 되는데 제국주의 일본은 그런 짓을 서슴지 않았고 임나일본부라는 괴물로 우리를 괴롭혔던 것이다.

그 야비함은 지금도 계속되고 있다. 독도가 자기네 영토가 아니라는 것을 알고 있으면서도 미래를 대비해 가짜 영토 만들기에 혈안이 되어 있는 것을 보면 일본서기와 어찌 그리 판박이인지 분개를 넘어 서글픔을 느낀다. 자신들의 이익을 위해 진실쯤은 아무렇지도 않게 무시해 버리는 집단지성. 앞으로 우리나라의 국력이 떨어지면 어떤 일이 벌어질지 아찔할 따름이다.

그런데 왜 이렇게 4명밖에 되지 않는, 적은 인물로 수많은 가공인물을 만들었을까? 그것은 진실을 찾는 작업을 더 어렵게 하려는 의도로 보인다. 실존 인물이 많으면 많을수록 일본서기의 내용에서 감춰진 사실을 찾기가 수월해지기 때문에 최대한 실존 인물을 적게 함으로써 그런 영향성을 줄인 것이다.

큰 거짓말일수록 쉽게 믿는 인간의 속성과도 관련이 있다. 작은 거짓말은 쉽게 탄로 나지만 큰 거짓말은 설마 하는 마음에 탄로 날 때까지 시간이 오래 걸리는 법이다. 더구나 고사기와 일본서기뿐만 아니라 신찬성씨록, 구사기, 풍토기, 고어습유 등 연관되는 서적을 계속 생산했기 때문에 위조된 역사가 사실로 고착화된 경향이 있다.

하지만 거짓말은 거짓말일 뿐이다. 이렇게 성씨를 세밀히 살피면 실존 인물을 찾아낼 수 있고 이 실존 인물을 바탕으로 앞으로 연구를 계속하면 고서들에 적힌 내용이 무엇을 말하는 것인지도 복원할 수 있을 것이다.

앞으로 그런 연구결과가 조속히 나오기를 기대한다. 그리고 이번 성씨록의 인물 비정도 개개 사안을 다른 시각으로 보는 사람이 있을 것이다. 잘못된 부분을 바로잡아 더 올바른 시각으로 더 알찬 비교 연구 결과가 나오기를 바라마지 않는다.

2. 일본 고대 서적의 편찬 시기

기록에 의하면 고사기는 712년, 일본서기는 720년, 구사기는 622년, 신찬성씨록은 815년에 편찬된 것으로 되어 있고 풍토기는 915년 이후에 만들어진 것으로 보인다. 물론 이 연도들은 고대 일본을 천황이 계속 다스렸다는 일본서기의 내용이 진실일 때만 믿을 수 있는 것이다.

하지만 성씨록을 정리해 본 결과 이미 일본서기의 천황이 가공인물이라는 것이 밝혀졌고 잠시 후 보겠지만 일본서기의 편년 자체도 거짓이므로 일본서기, 또 그에 연관되어 쓰인 속일본기에 나타나는 내용들도 사실이라고 믿을 수 없다.

그리고 고사기와 일본서기, 구사기에 나오는 성씨들이 성씨록과 연결되어 있고 그런 성씨의 연결이 아주 체계를 잘 갖추고 있기 때문에 아마 이 책들은 비슷한 시기에 최종 정리되었을 것이다.

성씨의 성씨록 등재 빈도를 보면 의외로 구사기가 세세한 부분까지 신찬성씨록과 연결되어 있다. 다음은 일본서기인데 고사기와 일본서기에 똑같이 등장하는 가공인물 중 성씨록에는 일본서기의 이름이 주로 등재되어 있다. 고사기 인물도 성씨록의 일정 부분을 차지하고 있지만 등재 빈도가 일본서기에 비해 훨씬 적다.

그렇다면 이 책들의 편찬 시기로 가장 믿을 수 있는 것은 신찬성씨록이 만들어졌다고 하는 815년 전후일 것이다. 이것은 신찬성씨록이 실제로 815년에 만들어졌다는 가정에 따른 것이다. 만약 신찬성씨록이 그 이후에 만들어졌다면 이 책들의 편찬 시기도 늦춰져야 한다.

고사기는 가공인물의 성씨록 등재가 많지 않고 편년체도 아니기 때문에 성씨록이 완전히 정리되기 전에도 충분히 편찬할 수 있었을 것이므로 아마 815년 이전에 만들어졌을 것이다.

구사기는 성씨록과 함께 세트로 만들어졌을 가능성이 농후하다. 고사기나 일본서기에 없고 구사기에만 있는 이름이 성씨록에 실린 것을 보면 가공인물의 체계 정리에서 가장 중요한 역할을 한 것이 구사기인 것을 알 수 있다. 따라서 구사기는 815년 혹은 그 직전이나 직후에 완성되었을 것이다.

가공인물이 확실하게 정해져야 거기에 살을 붙여서 가공의 역사를 만들어낼 수 있기 때문에 일본서기는 확실히 신찬성씨록 편찬 이후에 정리되었을 것이다. 그리고 그 때도 지금 우리가 보는 대로는 아니었을 것이다. 계속해서 조금씩 내용이 덧붙여지거나 변형되었을 것으로 짐작된다.

풍토기는 성씨록에 등재된 가공인물이 다시 변형되어 여러 다른 이름으로 나오므로 시기적으로 가장 늦게 봐야 한다. 따라서 신찬성씨록이 815년에 편찬되었다면 풍토기는 915년 이후에 완성된 것이 확실해 보인다.

이런 추론이 가능한 것은 일본서기의 편년이 거짓이기 때문이다. 편년이라는 형식을 갖추고 있지만 일본서기는 실제로 일어난 일을 편년으로 적은 책이 아니다. 지금의 일본 영토에 697년 이전에는 일본이라는 나라가 없었고, 천황도 존재하지 않았다. 따라서 지금 보는 일본서기의 천황 체제는 모두 허구이다. 그래서 일본서기의 내용, 또 마찬가지로 속일본기의 내용도 일정 부분은 신뢰할 수 없다. 어째서 그런지 살펴보자.

3. 일본서기의 편년은 거짓

앞서 연구한 바와 같이 일본서기는 하나의 실존 인물을 대상으로 수많은 가공인물을 만들어 적은 것이기 때문에 편년이 사실일 수가 없다. 한 성씨의 시조라면 같은 인물이 될 수밖에 없는데 시대를 달리해 적고 있는 것은 편년이 거짓이라는 명백한 증거이다.

그 외에도 일본서기의 편년이 거짓이라는 증거는 많이 있는데 그에 대해 알아보자.

가. 일본서기 편년 자체의 잘못

일본서기는 제1대 천황인 신무천황이 동정을 시작하는 기원전 667년부터 지통천황이 황태자에게 양위하는 697년까지 일어난 일을 연대순으로 적는 형식을 취하고 있는데 문제는 이 편년에도 틀린 부분이 너무 많다는 것이다.

우선 이중천황은 인덕천황 31년 황태자가 되었다고 하면서 그때 나이 15살이라고 적고 있다. 인덕천황은 재위 87년에 죽고 그 다음해 이중천황이 즉위해 재위 6년 만에 죽게 되는데 죽었을 때 70살이라고 기록했다. 하지만 인덕천황 재위 56년과 이중천황 재위 6년에 황태자가 된 나이 15살을 더하면 이중천황은 77살에 죽어야 하므로 70살은 명백한 오류이다.

뿐만 아니라 인덕천황 7년에 이중천황을 위해 임생부를 정했다는 구절[129]이 있어서 그 해에 태어난 것으로 계산하면 황태자가 되는 것은 25살이고 인덕천황 재위 56년과 이중천황 자신의 재위 6년을 더하면 87살이 되는데 70살에 죽었다고 한 것은 일본서기의 편년을 믿고 싶어도 믿을 수 없게 만든다.

이는 일본서기가 역사적 사실대로 편년을 적은 것이 아니라 필요에 의해서 마구잡이로 편년을 조작한 서적임을 보여주는 증거인데 이런 경우가 한두 가지가 아니다.

수인紀에는 수인천황이 숭신천황 29년 1월 1일 출생했고 24살 때 꿈의 가르침에 의해 황태자가 되었다고 나와 있다. 그래서 숭신紀를 보면 48년 1월조에 풍성명과 활목존 두 아들에게 꿈을 꾸면 그 점으로 후사를 정하겠다고 하고 그해 4월 활목존을 황태자로 했다고 나온다.

---

129 태어나지도 않은 아이의 이름으로 임생부를 정할 리는 만무하므로 그때 이미 태어난 것이 된다.

숭신천황 29년에 태어나 48년에 황태자가 되었다면 20살 때 황태자가 되어야 하는데 24살 때 황태자가 되었다고 한 것은 명백한 오류이다.

성무紀에는 성무천황이 경행천황 46년에 태자가 되었고 나이 24살로 나온다. 그런데 경행천황기를 보면 51년 8월조에 황태자를 정한 것이 나오므로 5년의 오류가 있다.

성무천황의 나이도 맞지 않다. 성무천황은 재위 60년에 죽었고 그때 나이 107살로 되어 있다. 경행천황도 재위 60년에 죽었다고 기록되어 있으므로 황태자가 된 것이 경행천황 46년이면 33살, 경행천황 51년이면 38살이 되는데 24살이라고 한 것은 일본서기의 편년이 얼마나 소용이 없는지 단적으로 보여준다.

이보다 더한 것도 있다. 중애천황 원년 11월조를 보면 짐이 아직 약관이 되기 전에 부왕이 붕하였다고 나온다. 중애천황은 일본무존의 둘째아들로 되어 있는데 성무천황 48년, 서기 178년에 31세로 태자가 되었다고 나오므로 서기 148년에 태어난 것이 된다.

그런데 일본무존이 죽은 것은 경행 43년. 서기 113년이므로 아버지가 죽고 35년 후에 태어난 것이 된다. 이렇게 도저히 일어날 수 없는 일을 적어놓고 그 편년을 믿으라고 하니 믿고 싶어도 믿을 수가 없는 것이다.

더구나 성무천황 원년은 신미년인 131년으로 되어 있고 재위 60년 6월에 죽었으므로 죽은 해는 190년이며 중애천황의 원년은 다시 신미년인 191년이 되어야 하는데 아무런 설명도 없이 중애천황의 원년을 임신년이라고 해 192년으로 적고 있다.

이렇게 편년에 있어서 아버지와 아들의 관계가 맞지 않는 것은 그 관계가 실질적으로 부자관계가 아니라는 것을 말해준다. 천황이 실존 인물이고 일본서기의 내용대로 계보가 이어져 왔다면 지은이들이 엉터리 편년을 고치지 않고 그냥 둘 이유가 없다.

이보다 더한 경우도 있다. 제명천황이 재위 7년인 661년에 죽자 그 다음해인 662년을 천지천황의 원년으로 서술하고 있고 재위 7년째인 668년 황태자가 천황에 즉위했다고 나온다. 즉위를 하지 않았으므로 이 기간은 천황의 재위기간이 될 수 없는데도 불구하고 이런 오류를 수정하지 않은 것은 일본서기가 편년으로 쓰이지 않았음을 보여준다.

아이러니하게도 이런 엉터리 편년은 우리에게 일본서기를 곧이곧대로 믿지 말라고 말한다. 일본서기는 이렇게 스스로 자신의 편년이 거짓이며 조작된 것임을 보여주고 있는 책이다.

나. 천황의 나이에 의한 증명

천황의 나이도 의심스러운 점이 많다. 고사기와 일본서기가 실존 인물을 다루었다면, 책의 편찬 시기가 몇 백 년 차이가 나는 것도 아니고 고사기가 나온 후 고작 8년 만에 일본서기가 만들어졌다고 했으므로 1~2년 차이라면 몰라도 나이 자체가 비슷해야 할 것이다. 그러나 표6)을 보면 그렇지 않다는 것을 알 수 있다.

표6) 천황의 나이와 차이

대수	이름	나이		나이 차이	
		고사기	일본서기	고사기가 많은 경우	일본서기가 많은 경우
1	신무(神武, 진무)	137	127	10	
2	수정(綏靖, 스이제이)	45	84		39
3	안령(安寧, 안네이)	49	57		8
4	의덕(懿德, 이토쿠)	45	78		33
5	효소(孝昭, 고쇼)	93	114		21
6	효안(孝安, 고안)	123	138		15
7	효령(孝靈, 고레이)	106	129		23
8	효원(孝元, 고겐)	57	117		60
9	개화(開化, 가이카)	63	112		49
10	숭신(崇神, 스진)	168	120	48	
11	수인(垂仁, 스이닌)	153	140	13	
12	경행(景行, 게이코)	137	106	31	
13	성무(成務, 세이무)	95	107		12
14	중애(仲哀, 주아이)	52	52	-	-
	신공(神功, 진구)	★[130]	100		
15	응신(應神, 오진)	130	110	20	
16	인덕(仁德, 닌토쿠)	83			
17	이중(履中, 리추)	64	70		6
18	반정(反正, 한제이)	60			
19	윤공(允恭, 인교)	78	若干[131]		

130 ★는 고사기에 등재되지 않은 인물임을 표시한 것이다. 편찬 시기가 8년밖에 차이가 나지 않음에도 불구하고 일본서기가 고사기에 없는 천황을 7명이나 더 수록한 것은 고사기나 일본서기가 실존 인물을 적고 있지 않다는 강력한 증거이다.

20	안강(安康, 안코)	56			
21	웅략(雄略, 유라쿠)	124			
22	청령(清寧, 세이네이)		若干		
23	현종(顯宗, 겐조)	34			
24	인현(仁賢, 닌켄)				
25	무열(武烈, 부레쓰)				
26	계체(繼體, 게이타이)	43	82		39
27	안한(安閑, 안칸)		70		
28	선화(宣化, 센카)		73		
29	흠명(欽明, 긴메이)		若干		
30	민달(敏達, 비다쓰)				
31	용명(用明, 요메이)				
32	숭준(崇峻, 스)				
33	추고(推古, 스이코)		75		
34	서명(舒明, 조메이)	★			
35	황극(皇極, 고교쿠)	★			
36	효덕(孝德, 고토쿠)	★			
37	제명(齊明, 사이메이)	★			
38	천지(天智, 덴지)	★			
39	천무(天武, 덴무)	★			
40	지통(持統, 지토)	★			

우선 두 책에서 나이가 동일한 천황은 중애천황 1명밖에 없고 나머지는 모두 나이가 다르며 그 차이를 일반적이라고 받아들일 수 없는 경우도 많다. 수정천황은 고사기보다 일본서기의 나이가 39년이나 많

131 약간(若干)은 60간지를 일러서 60살 전후인 것으로 추정된다.

고, 효원천황은 무려 60년, 개화천황도 49년이나 많다.

반대인 경우도 있다. 숭신천황은 고사기가 48년이 많으며 경행천황도 31년이 많다. 이렇게 서로 차이가 나는 것은 최소한 하나는 사실이 아니라는 것이며 8년 만에 이렇게 많은 차이를 보이는 것에서 이 책들이 역사적 사실을 기록한 것이 아니라 편년을 조작해 기록했음을 보여주고 있다.

천황의 나이를 적지 않은 것도 이상한 일이다. 고사기를 보면 33명의 천황 중 신무부터 웅략까지는 연이어 나이가 적혀 있고 이후는 현종과 계체만 나이를 적고 있어서 청령, 인현, 무열은 나이가 적혀 있지 않고 안한부터 추고까지도 연이어 나이가 적혀 있지 않다.

일본서기도 마찬가지로 신무부터 응신까지 연이어 나이가 적혀 있고 이중, 계체, 안한, 선화, 추고의 나이가 적혀 있으며 윤공, 청령, 흠명은 약간(若干)이라는 애매모호한 표현으로 되어 있다.

두 책에서 공통된 것은 오래된 천황의 나이는 적으면서, 책을 지을 당시와 가까워 훨씬 파악이 용이한 후대 천황의 나이를 적지 않았다는 점이다. 특히 편년체인 일본서기가 그렇게 적고 있는 것은 편년이 정확하다는 주장에 동의할 수 없도록 만들며, 고사기에는 없는 후대 7명의 천황에 대해 모두 나이를 적지 않은 것도 더더욱 편년을 신뢰할 수 없게 만든다.

고사기나 일본서기가 상식과는 거꾸로 나이를 적은 것은 그 편년이 거짓이며 천황도 실존 인물이 아니라는 것을 보여준다.

다. 천황의 성씨에 따른 증명

일본서기는 기원전 660년에 등극한 신무천황부터 지통천황이 다스린 697년까지, 신공황후의 섭정기간 등을 포함해 총 1357년 동안 천황이 다스린 것으로 적고 있다.

만약 이 천황들이 모두 실존 인물이고 많은 후손을 남겼다면 천황과 관련된 성씨가 아주 많아야 할 것이다. 황족으로서 계보가 정확하게 남아 있을 것이고 황족의 성씨 자체를 자랑스러워했을 것이기 때문에 성씨를 바꾸거나 소멸되는 일도 거의 일어나지 않았을 것이며 자연히 많은 성씨로 존속해야 한다.

더구나 성씨록에서 황별이 최고의 지위를 차지하고 있으므로 마땅히 그래야 할 것이다. 성씨록에 수록된 천황의 성씨를 보면 다음과 같다.

표7) 신찬성씨록에 수록된 천황의 성씨(천황대수를 합침)

연번	천황대수	성 씨	수 록 내 용	수록위치
1	1	다조신	출자 신무황자 신팔정이명지후야	좌경황별상
2	3	신전부숙녜	안령천황 황자 기성진언명지후야	좌경황별상
3	3	저사숙녜	안령천황 황자 지기도비고명지후야	우경황별상
4	5	대춘일조신	출자 효소천황 황자 천대언국압인명야	좌경황별하
5	5	길전련	대춘일조신동조 관송언향식도(효소)천황 황자 천대언국압인명 4세손 언국기명지후야	좌경황별하
6	5	소야조신	효소천황 황자 천족언국압인명지후야	산성국황별
7	5	중신신	관송언향식도(효소)천황 황자 천족언국압인명 7세손 참착대사주지후자	미정잡성 우경
8	7	길비조신	대일본근자언대경(효령)천황 황자 치무언명지후야	좌경황별상

9	7	입조신	효령천황 황자 치무언명지후야	우경황별하
10	7	우자가신	효령천황 황자 언협도명지후야	우경황별하
11	7	고씨	대일본근자언대경(효령)천황 황자 치다기비고명지후자	미정잡성 화천국
12	8	아배조신	효원천황 황자 대언명지후야	좌경황별상
13	8	석천조신	효원천황 황자 언태인신명지후야	좌경황별상
14	8	회가신	효인천황 황자 대인명지후야	우경황별상
15	8	출정신	효원천황 황자 언태인신명지후야	산성국황별
16	8	내신	효원천황 황자 언태인신명지후야	대화국황별
17	8	아폐조신	아배조신 동조 효원천황 황자 대언명지후야	하내국황별
18	8	소하	효원천황 황자 언태인신명지후야	하내국황별
19	8	갈야신	대왜근자언국견(효원)천황 황자 언포도의사마기지명지후야	미정잡성 좌경
20	9	도수조신	개화천황 황자 무풍엽협별명지후야	좌경황별상
21	9	치전련	개화천황 황자 언좌명지후야	좌경황별하
22	9	대사부	개화천황 황자 언좌명지후야	우경황별하
23	9	일하부숙네	개화천황 황자 언좌명지후야	산성국황별
24	9	일하부숙네	출자 개화천황 황자 언좌명야	섭진국황별
25	9	인해부	개화천황 황자 비고유모수미명지후야	하내국황별
26	10	하모야조신	숭신천황 황자 풍성입언명지후야	좌경황별하
27	10	상모야조신	숭신천황 황자 풍성입언명지후야	우경황별상
28	10	임생부공	어간성입언(숭신)천황지후자	미정잡성 하내국
29	10	압부	어간성입언오십경식(숭신)천황지후자	미정잡성 하내국
30	11	도성임생공	출자 수인천황 황자 탁석별명야	좌경황별하
31	11	소규신	수인천황 황자 어지별명지후야	좌경황별하
32	11	화기조신	수인천황 황자 탁석별명지후야	우경황별하
33	11	아보조신	수인천황 황자 식속별명지후야	우경황별하
34	11	우사공	수인천황 황자 반충별명지후야	우경황별하

35	11	산수	수인천황 황자 오십일족언명지후야	섭진국황별
36	11	산공	수인천황 황자 오십일족언별명지후야	화천국황별
37	12	어사조신	출자 경행황자 기입언명지후야	좌경황별상
38	12	견상조신	출자 경행황자 일본무존야	좌경황별상
39	12	모의공	경행천황 황자 대대명지후야	좌경황별하
40	12	찬기공	대족언인대별(경행)천황 황자 신즐별명지후	우경황별하
41	12	주부공	대족언인대별(경행)천황 황자 신즐별명 3세손 족언대형왕지후야	우경황별하
42	12	고조련	경행천황 황자 오백목입언명지후야	우경황별하
43	12	좌백직	경행천황 황자 도배입언명지후야	우경황별하
44	12	자전승	경행천황 황자 식장언인대형기성명지후야	산성국황별
45	12	좌백직	대족언인대별(경행)천황 황자 도배입언명지후야	하내국황별
46	12	지전수	경행천황 황자 대대명지후야	화천국황별
47	14	간인숙녜	중애천황 황자 예옥별명지후야	좌경황별상
48	14	포세공	중애천황 황자 인치명지후야	산성국황별
49	14	소의부수	중애천황 황자 예옥별왕지후야	하내국황별
50	14	의부신	중애천황 황자 예옥별왕지후야	하내국황별
51	15	식장진인	출자 예전천황 시 응신황자 치순모이우왕지후야	좌경황별
52	15	팔다진인	출자 응신황자 치야모이우왕야	좌경황별
53	15	산도진인	식장진인동조 응신황자 치순모이우왕지후야	우경황별
54	15	판전숙녜	식장진인동조 응신황자 치순모이파왕지후야	좌경황별상
55	15	일치조신	응신천황 황자 대산수왕지후야	우경황별하
56	15	식장련	응신천황 황자 치순모이우왕지후야	우경황별하
57	15	식장죽원공	응신천황 3세손 아거내왕지후야	산성국황별
58	15	진원	예전천황 황자 대산수왕지후야	하내국황별
59	20	공왕부수	혈수(안강)천황지후자	미정잡성 하내국
60	26	삼국진인	계체황자 완자왕지후야	좌경황별

61	26	삼국진인	계체황자 완자왕지후야	우경황별
62	26	판전진인	출자 계체황자 중왕지후야	우경황별
63	26	삼국진인	계체황자 완자왕지후야	산성국황별
64	26	주인진인	계체천황 황자 토왕지후야	대화국황별
65	26	주인소천진인	남태적(계체)천황 황자 토왕지후자	미정잡성 우경
66	28	다치비진인	선회천황 횡자 하미혜파왕지후야	우경황별
67	28	위명진인	선화천황 황자 화염왕지후야	우경황별
68	28	위나진인	선화황자 화염왕지후야	섭진국황별
69	30	로진인	출자 민달황자 난파왕야	좌경황별
70	30	대원진인	출자 민달 손 백제왕야	좌경황별
71	30	향산진인	출자 민달황자 춘일왕야	좌경황별
72	30	춘일진인	민달천황 황자 춘일왕지후야	우경황별
73	30	자전진인	정중창태주부(민달)천황 손 대우왕지후야	미정잡성 좌경
74	30	어원진인	정중창태주부(민달)황자 언인대형왕지후야	미정잡성 좌경
75	30	지상량인	정중창태주부(민달)천황 황자 백제왕지후야	미정잡성 좌경
76	30	성상진인	정중창태주부(민달)천황 황자 난파왕지후자	미정잡성 우경
77	31	등미진인	출자 용명황자 래목왕야	좌경황별
78	31	권연진인	출자 용명황자 식률왕야	좌경황별
79	31	당마진인	용명황자 마려고왕지후야	우경황별
80	34	삼도진인	출자 서명황자 하양왕야	좌경황별
81	38	담해진인	출자 천지황자 대우미야	좌경황별
82	38	춘원조신	천지천황 황자 정광일 하도왕지후야	좌경황별상
83	39	삼원조신	천무천황 황자 일품 신전부왕지후야	좌경황별상
84	39	삼원진인	출자 천무황자 정광일 기성왕지후야	좌경황별
85	39	고계진인	출자 천무황자 정광일태정대신 고시왕야	좌경황별
86	39	빙상진인	출자 천무황자 일품태총관 신전부왕야	좌경황별

87	39	강진인	출자 천무황자 일품증태정대신 사인왕야	좌경황별
88	39	문실진인	천무천황 황자 이품 장왕지후야	우경황별
89	39	풍야진인	천무천황 황자 정광일 고시왕지후야	우경황별
90	39	영원조신	천무천황 황자 정광일 고시왕지후야	좌경황별상

표7)을 보면 천황이 직접 거론된 성씨는 총 90개이며 인물은 19명이다. 따라서 40명 천황 중 성씨록에 실린 천황은 19명밖에 되지 않는다.

신찬성씨록이 편찬되었다고 하는 815년은 지통천황이 황태자에게 천황위를 양보하는 697년으로부터 118년밖에 되지 않은 시기임에도 성씨록에 실린 천황이 19명밖에 되지 않는 것은 실로 불가사의한 일이 아닐 수 없다.

35대 황극천황이 37대 제명천황으로 다시 등극하기 때문에 39명으로 쳐도 성씨록에 실린 천황이 절반이 되지 않을 뿐만 아니라 신공황후가 섭정한 기간도 70년으로 실제 다스린 인물은 40명이 맞는데 절반이 넘는 천황이 성씨록에 기재되지 않았다.

앞서 어느 황자 누구와 어느 천황의 황자 누구의 차이점에 대해 알아봤는데 이에 대한 사례도 살펴보자. 신무황자는 신팔정이명이고 경행황자 기입언명, 경행황자 일본무존은 경행천황과 기입언명, 일본무존이 모두 같은 인물임을 알려주고 있다. 응신황자 치순모이우왕에서 응신천황과 치순모이우왕은 같은 사람이다.

계체천황은 완자왕, 중왕과 다 같은 사람이고, 선화천황은 화염왕과 같은 사람이며, 민달천황은 난파왕과 춘일왕, 언인대형왕과 같은 사람이다. 용명천황은 내목왕, 식률왕, 마려고왕과 같은 사람이고 서명천황은 하양왕과 같은 사람이다.

천지천황은 대우미와 같은 사람이며 천무천황은 기성왕, 고시왕, 친전부왕, 사인왕과 모두 같은 사람으로 총 19사례가 있다.

그리고 주인진인, 주인소천진인을 보면 계체천황 황자 토왕으로 되어 있는데 군서유종에 실린 10-00 판본에는 계체황자 토왕으로 되어 있어서 사례가 추가된다. 그래서 계체천황은 완자왕, 중왕뿐만 아니라 토왕까지도 모두 같은 사람이다.

이렇게 다시 살펴보면 자신에게서 직접 유래된 성씨가 있는 천황은 신무·숭신·경행·응신·안강·계체·선화·민달·용명·서명·천지·천무 등 12명이고 7명은 천황의 이름은 있지만 그 후손이 시조가 되는 성씨를 가지고 있다.

따라서 전체 40명 중 실질적으로 자신의 성씨를 가진 천황은 12명에 불과해 1/3에도 미치지 않는다. 성씨록에 등재되어도 실존 인물은 아니지만 성씨록에 등재되지 못한 천황은 더욱 가공인물이라는 것을 짐작할 수 있으며 결국 일본서기의 편년은 거짓이고 전체 천황도 가공인물이라는 것이다.

라. 천황의 아들에 의한 증명

천황과 마찬가지로 천황의 아들에게도 똑같은 문제가 발생한다. 천황의 아들도 태자나 왕자로서 실존 인물이었다면 많은 성씨를 남겨야 정상인데 천황과 마찬가지로 그렇지 않은 경우가 더 많은 것은 납득하기 힘들다.

시시콜콜하지만 천황이 낳은 아들을 성씨록에서 찾아봤다. 신무천황은 수연이명과 신팔정이명, 신순명천이존을 낳았는데 성씨록에는 신팔정이명만 나온다. 수정천황은 안령천황을 낳았고 안령천황은 상진언모형, 의덕천황, 기성진언명을 낳았는데 상진언모형과 의덕천황은 성씨록에 보이지 않는다.

의덕천황의 아들 효소천황도 천족언국압인명과 효안천황을 낳았는데 효안천황도 성씨록에 보이지 않는다. 효안천황의 아들 효령천황은 효원천황과 언오십협근언명(별명 길비진언명), 언협도명, 치무언명을 낳았는데 언오십협근언명은 성씨록에 나오지 않는다.

효원천황도 오대언명과 개화천황, 언태인신명, 무식안언명을 낳았는데 무식안언명은 성씨록에 보이지 않는다. 개화천황도 숭신천황, 언탕산우명(별명 언장책명), 언좌명을 낳았다. 숭신천황은 수인천황, 언오십협모명, 왜언명, 오십일학언명, 풍성입언명, 팔판입언명 등 6명을 낳았는데 수인천황과 풍성입언명만 보이고 나머지 4명은 보이지 않는다.

수인천황도 오십경부입언명, 경행천황, 치성경입언명, 탁석별명, 지속별명, 반충별명, 조별명, 오십일족언명, 담무별명 등 9명을 낳았는데 오십경부입언명, 치성경입언명, 조별명, 담무별명 등 4명은 보이지 않는다.

경행천황은 대대황자, 소약존(별명 일본동남, 일본무존), 치왜근자황자, 성무천황, 오백성입언황자, 인지별황자, 대초별황자, 오십협성입언황자, 길비형언황자, 신즐황자, 도배입언황자, 무국응별황자, 일향습진언황자, 국유별황자, 국배별황자(별명 궁도별황자), 풍호별황자, 풍국별황자 등 17명을 낳았는데 그 중 대대황자, 소약존, 오백성입언황자, 신즐황자, 도배입언황자 등 5명만 성씨록에 보인다.

성무천황은 아들이 없어 일본무존의 둘째아들이 중애천황이 된다. 미판황자, 인웅황자, 예옥별황자, 응신천황을 낳았는데 미판황자, 인웅황자는 성씨록에 나오지 않는다.

응신천황은 인덕천황, 근조황자, 액전대중언황자, 대산수황자, 거래진치황자, 토도치랑자황자, 치순모이우황자, 준총별황자, 대엽지황자, 소엽지황자 등 10명을 낳았는데 그 중 대산수황자, 치순모이우황자만 보인다.

인덕천황은 이중천황, 주길중황자, 반정천황, 윤공천황, 대초향황자를 낳았는데 모두 성씨록에 보이지 않는다. 이중천황의 아들 반판시변압우황자, 어마황자도 역시 보이지 않고, 반정천황의 아들 고부황자도 성씨록에 없다.

윤공천황의 아들 목리경황자, 경흑언황자, 안강천황, 팔조백언황자, 웅략천황 중 안강천황만 성씨록에 나온다. 안강천황의 뒤를 이은 웅략천황도 성씨록에 보이지 않으며 청령천황, 반성황자, 성천치궁황자를 낳았는데 모두 성씨록에 보이지 않는다.

청령천황은 이중의 아들인 반판시변압우황자의 아들 억계왕(별명 도치자)을 황태자로 하고 아우 홍계왕(별명 내목치자)을 황자로 삼았다. 청령천황의 뒤를 이어 홍계왕이 현종천황이 되고 그가 죽자 억계왕이 인현천황에 등극하는데 모두 성씨록에 나오지 않으며 인현의 뒤를 이어 등극한 아들 무열천황도 역시 보이지 않는다.

응신천황이 죽은 후 인덕천황이 즉위하는 313년부터 무열천황이 죽는 506년까지 10명의 천황이 교체되는 동안 193년이 흘렀는데 성씨록에 등장하는 인물이 고작 안강천황 한 명뿐이라는 것은 너무나 기이한 일이 아닐 수 없다.

계체천황은 응신천황의 5세손 언주인왕의 아들이다. 흠명천황, 안한천황, 선화천황, 대랑황자, 완자황자, 이황자, 후황자, 토황자, 중황자 등 8명을 낳았는데 완자황자, 토황자, 중황자만 성씨록에 보인다. 선화천황은 상식엽황자(별명 완자)와 화염황자를 낳았는데 이 둘은 성씨록에 나온다. 성씨록 하미혜파왕의 발음 카미에하노미코는 카미쯔우에하노미코(상식엽황자)의 줄임말로 보인다.

흠명천황은 전전주승대형황자와 민달천황, 석상황자, 창황자, 용명천황, 납취조황자, 추고천황, 완자황자, 석상부황자, 산배황자, 앵정황자, 귤본치황자, 자성황자, 갈성황자, 니부혈수부황자(별명 천향자황자, 주적황자), 숭준천황, 귤마려황자 등 17명을 낳았다. 그 중 민달천황, 용명천황, 추고천황, 완자황자 등 4명만 나오고 13명은 보이지 않는다.

민달천황은 압판언인대형황자(별명 마려고황자[132]), 난파황자, 춘일황자, 대파황자[133], 죽전황자, 미장황자 등 6명을 낳았는데 죽전황자, 미장

132 발음이 완자황자와 같다.

133 성씨록의 대우왕, 오호마타노미코로 읽는다.

황자는 보이지 않고 성씨록에 아들 또 손자로 나오는 백제왕은 일본서기에 보이지 않는다.

용명천황은 흠명천황의 아들로 구호황자(별명 풍이총성덕, 풍총이법대왕, 법주왕), 내목황자, 식률황자, 자전황자, 전목황자(별명 풍포황자), 마려자황자[134] 등 6명을 낳았는데 구호황자, 자전황자, 전목황자는 보이지 않는다. 숭준천황은 봉자황자를 낳았는데 역시 보이지 않는다.

추고천황은 흠명천황의 딸로 성씨록에 보이지 않고 용명천황의 큰 아들인 구호풍총이황자에게 업무를 맡겼는데 추고천황기에는 그가 용명천황의 두 번째 아들로 나온다.

서명천황은 민달천황의 아들인 압판언인대형황자의 아들이다. 황극천황 2년 9월조에 고시천황이라 부른다고 했다. 천지천황, 천무천황, 고인황자(별명 대형황자), 문옥황자를 낳았다. 고인황자는 성씨록에 보이지 않고 문옥황자는 하양왕으로 나온다.

황극천황은 서명천황의 황후다. 성씨록에는 보이지 않고 천지천황과 천무천황을 낳았다. 효덕천황은 황극천황의 친동생이다. 성씨록에 보이지 않고 유간황자를 낳았는데 역시 보이지 않는다. 제명천황은 황극천황이 다시 등극한 천황으로 동일인물이다.

천지천황은 지통천황, 건황자, 원명천황[135], 천도황자, 시기황자, 이하황자(별명 대우황자, 홍문천황[136]) 등 5명을 낳았다. 건황자와 원명천황은

134 완자황자와 발음이 같다.

135 일본의 43대 왕으로 재위는 707~715년. 속일본기에 기록되어 있다.

성씨록에 보이지 않고 시기황자는 천무천황의 아들 기성왕(磯城王)으로 나온다.

천무천황은 초벽황자, 대진황자, 장황자, 궁삭황자, 사인황자, 신전부황자, 수적황자, 고시황자, 인벽황자, 기성황자 등 10명을 낳았다. 초벽황자, 대진황자, 궁삭황자, 수적황자, 인벽황자등 5명은 성씨록에 보이지 않는다. 지통천황은 천지천황의 딸이면서 천무천황의 황후이다. 성씨록에 보이지 않는다.

이상으로 성씨록에 등재된 천황의 성씨와 천황의 아들에 대해 살펴봤는데 이를 요약해서 정리하면 표8)과 같다.

표8) 일본서기 천황과 자손의 신찬성씨록 등재 현황

대수	천황 이름	성씨록 등재	등재 시 명의		낳은 아들 수			나이	재위	즉위전 소요
			본인	자손	계	성씨록 등재	성씨록 미등재			
계		19	12	7	148	63	85		1348	9
1	신무	○	○		3	1	2	127	76	
2	수정	×			1	1		84	33	3
3	안령	○		○	3	1	2	57	38	
4	의덕	×			1	1		78	34	
5	효소	○		○	2	1	1	114	83	1
6	효안	×			1	1		138	102	

136 일본서기에 등재된 천황은 아니지만 1870년 메이지왕이 고분[弘文]이라는 시호를 추증하면서 제39대 천황으로 인정받았다. 672년 1월부터 8월까지 재위했다고 하나 정식 즉위 전에 임신란으로 죽었다는 견해도 있다. 생모가 궁녀로 나온다.

7	효령	○		○	4	3	1	129	76	
8	효원	○		○	4	3	1	117	57	
8	개화	○		○	3	3		112	60	
10	숭신	○	○		6	2	4	120	68	
11	수인	○		○	9	5	4	140	99	
12	경행	○	○		17	6	11	106	60	
13	성무	×			×			107	60	
14	중애	○		○	4	2	2	52	9	1
	신공황후	×			1	1		100	69	
15	응신	○	○		10	3	7	110	41	
16	인덕	×			5		5		87	2
17	이중	×			2		2	70	6	
18	반정	×			1		1		5	
19	윤공	×			5	1	4	若干	42	1
20	안강	○	○		×				3	
21	웅략	×			3		3		23	
22	청령	×			×			若干	5	
23	현종	×			×				3	
24	인현	×			×				11	
25	무열	×			×				8	
26	계체	○	○		8	5	3	82	25	
27	안한	×			×			70	2	2
28	선화	○	○		2	2		73	4	
29	흠명	×			17	4	13	若干	32	
30	민달	○	○		6	3	3		14	
31	용명	○	○		6	2	4		2	
32	숭준	×			1		1		5	
33	추고	×			×			75	36	
34	서명	○	○		4	3	1		13	

35	황극	×			2	2			4	
36	효덕	×			1		1		10	△1[137]
37	제명	황극천황과 동일 인물임							7	
38	천지	○	○		5	2	3		10[138]	
39	천무	○	○		10	5	5		15	
40	지통	×			1		1		11	

천황의 아들 총 148명 중 성씨록에 등재된 인물이 63명, 등재되지 않은 인물이 85명으로 집계되었는데 중애천황의 황후인 신공황후, 서명천황의 황후인 황극천황, 천무천황의 황후인 지통천황의 아들은 이중으로 계산되어 있으므로 이를 제외하면 실제로 성씨록에 등재된 인물은 60명, 등재되지 않은 인물이 84명이다.

천황과 마찬가지로 천황의 아들도 성씨록에 등재되지 않은 인물이 훨씬 많다는 것은 그 실존이 정말 의심스럽다. 천황보다는 등재 비율이 높은 편이지만 만세일통이라는 천황국가의 위계상 있을 수 없는 일이기 때문이다.

천황의 나이와 관련해서 또 다른 의문점이 있다. 성무천황은 고사기에 95살, 일본서기에 107살로 나오지만 아들이 없고, 안강천황은 고사기에 56살, 청령천황은 일본서기에 약간, 현종천황은 고사기에 34살,

137 황극 4년과 문화 원년이 중첩되어 있다. 왕이 죽은 후 그 다음해에 원년이 되는 일본서기의 계산을 따르면 효덕천황의 재위는 9년이 되어야 한다.

138 일본서기에 재위 10년으로 되어 있지만 재위 7년에 천황으로 등극했다고 되어 있어서 자체에 오류가 있다. 제명천황이 죽은 후 그 다음해가 원년으로 되어 있어서 전체를 재위 기간으로 삼았다.

안한천황은 일본서기에 70살, 추고천황은 일본서기에 75살로 나오는데 모두 아들이 없다.

당시 시대상을 유추해 볼 때 이렇게 나이가 많은 인물이 아들이 없다는 것은 믿기 어려운 일이며 또 나이를 모르는 인현천황과 무열천황을 더하면 아들이 없는 천황이 8명이나 되는 것도 이해하기 힘들다.

특히 인현천황이 즉위하는 313년부터 무열천황이 죽는 506년까지 193년 동안 10명의 천황이 교체되고 아들이 16명이 태어나지만 오직 안강천황 한 명만 성씨록에 등장한다는 것은 정말 이상한 일이 아닐 수 없으며 천황체계가 허구임을 보여주는 대표적 사례이다.

마. 인물 간의 비교 검토에 따른 사례

앞서 무내숙네가 206살이 되었는데도 죽지 않고 활약하는 것을 봤는데 일본서기와 성씨록을 비교하면 이보다 더한 경우도 나온다.

효령紀를 보면 치무언명이 효령천황의 아들로 길비신의 시조로 되어 있고 성씨록 우경황별하의 길비신을 보면 치무언명 손 어우별명이 시조로 되어 있다. 효령천황은 기원전 343년에 태어났으며 재위기간은 기원전 290년부터 기원전 215년까지이다. 129살에 아들을 낳을 수 있는지 모르겠지만 단순하게 따져도 치무언명은 기원전 214년에는 태어나야 한다.

손자 어우별명은 응신천황 22년인 서기 291년에 등장한다. 어우별이 천황을 잘 섬겨서 그의 세 아들에게 길비국을 나누어 준다. 한 세대를 30년으로 보면 100년이면 족한데 500년이 넘는 것은 절대로 있을 수 없는 일이다.

경행紀 51년조를 보면 일본무존이 세 번째 비에게서 치무언왕을 낳았다고 나온다. 일본무존이 웅습을 토벌할 때 나이 16세라고 했는데 이 해는 경행 27년으로 98년이다. 서기 113년에 죽게 되므로 31살에 죽은 것이 된다. 일본무존이 낳은 자식이 모두 6명이므로 치무언왕은 아무리 빨라도 서기 100년은 지나야 탄생하게 된다.

그런데 효령천황 아들 치무언명과 치무언왕의 치무언은 와카타케히코로 읽어서 같은 인물이고 치무언명은 기원전 214년 이전에 태어나야 한다고 했으므로 300년이 넘는 간극이 존재하고 있다. 이 역시 일본서기의 편년이 무의미함을 보여준다.

다른 사례도 있다. 수인紀 2년조에 임나인, 임나국왕 소나갈질지, 다른 이름 도노아아라사등이 나오는데 기원전 28년이다. 계체천황 23년조에 임나왕 기능말다간기라 하고서 아라사등일 것이라고 뒤이어 적었는데 이는 529년이다. 또 24년조에는 아라사등이 모야신과 협력하는 것으로 적고 있는데 530년이다. 551년, 552년의 차이가 나는데 일본서기 스스로 편년을 완전히 부정하고 있음을 알 수 있다.

신공紀를 보면 신라를 정벌한 다음해 3월 무내숙녜와 화이신의 조 무진웅에 명해 인능왕을 치게 하는데 이 해는 201년이다. 인덕紀 65년조에 화이신의 조 난파근자 무진웅을 보내 숙나를 죽이게 하는데 이 해는 377년이다. 같은 사람이 177년의 세월을 넘어서서 활약할 수 없다.

응신紀 16년 목토숙녜를 가라에 보내 습진언을 데려오게 하는데 이 해는 285년이다. 이중천황 즉위전기에 목토숙네가 서치별황자와 협력해 중황자를 죽이는 대목이 있는데 이 해는 399년이다. 114년의 차이도 현실적이지 않지만 앞선 인물들에 비하면 정상이라고 느껴질 정도다.

응신천황 13년은 282년인데 대초료존이 일향에서 온 발장원을 보고 연정을 품어서 천황이 짝지어 주었고 교합해 정이 좋았다고 나온다. 응신천황은 재위 41년에 죽고 대초료존이 87년을 다스리다 죽는데 발장원을 본 이후로 죽기까지가 115년이고 발장원을 만날 때 이미 교합할 나이가 되었으므로 130살 정도에 죽은 것인데 당시로는 불가능하다고 여겨진다. 고사기에는 나이 83세에 죽었다고 나온다.

추고천황 34년 대신 소아마자숙네가 죽었는데 도목숙네의 아들이라고 했다. 성씨록을 보면 도목숙네는 무내숙네의 5세손으로 되어 있고 소아마자숙네는 무내숙네의 6세손이다.

무내숙네가 태어난 것은 경행천황 3년으로 73년인데 서기 150년에 아들을 낳았다 해도 6세손이면 서기 350년 남짓이다. 그런데 추고 34년은 626년이다. 200살이 넘어서 무내숙네가 마지막으로 보이는 응신 9년인 278년으로 해도 348년의 차이가 나므로 불가능한 일이다.

이미 우리는 이들이 실존 인물이 아니라는 것을 알고 있지만 그래도 이렇게 일본서기 자체 또 성씨록과의 비교에서 거짓이 드러나므로 일본서기의 편년은 거짓일 수밖에 없다.

바. 중국사서의 인용에 대한 문제

신공紀 39년조를 보면 위지의 내용을 소개하고 있다. 이 해는 일본서기 편년으로 서기 239년인데 위지에 말하길, 위나라 명제 경초 3년(239)에 왜의 여왕이 보낸 대부 난두미 등이 군에 이르러 천자 알현을 요청하고 조공했다. 태수 등하는 관리를 딸려 경도로 보냈다고 인용하고 있다.

40년조에도 위지에 말하길, 정시 원년(240) 건충교위 제휴 등에게 조서, 인수를 가지고 왜국에 가게 했다고 인용하고 있고 43년조에도 위지에 말하길, 정시 4년(243) 왜왕이 다시 사자로 대부 이성자액야약 등 8인을 보내 헌상했다고 인용하고 있다.

이렇게 인용해서 적은 구절이 한 군데 더 있다. 신공황후 66년조인데 이 해는 진(晋) 무제의 태초 2년(266)이다. 진의 기거의 주(注)에 무제의 태초 2년 10월 왜의 여왕이 통역을 거듭해 공헌했다고 나온다고 인용하고 있다.

중국 사서를 인용한 것은 실제 일어난 일임을 알 수 있는데 삼국사기 신라본기에도 아달라이사금 20년(173) 왜국 여왕 비미호(卑彌乎)가 사신을 보내왔다고 적고 있어서, 시기적으로는 조금 차이가 있지만, 왜에 여왕이 있었던 것은 확실해 보이며 아마 이 시기에는 왜가 독자적인 주권을 가졌을 것이다.

그런데 이상한 점은 자기 나라의 역사를 적고 있으면서 몇 월 며칠 사자를 보냈다거나 사자가 군에 도착했다거나 혹은 사자가 천자를 알현했다고 적지 않고 왜 위지에 적힌 것을 인용했냐는 것이다. 실제로 일어난 일인지 우리가 모르는 부분은 아주 능동적으로 적고 있으면서 중국의 사서에 적혀 있어서 실제 일어난 일이라고 믿어지는 것은 왜 인용을 했을까?

실제 있었던 일을 인용으로 처리한 것을 거꾸로 뒤집으면 인용이 없이, 일본서기가 실제로 일어났다고 적은 부분은 실제가 아닌, 가상의 일들이 된다. 이것이야말로 일본서기의 실체이다.

위지나 진서의 내용을 인용한 것은 왜에 여왕이 존재했다고 적고 있으므로 신공황후가 실존한 왜의 여왕인 것처럼 인식되도록 하기 위한 것이다. 그러나 정확하게 왜의 여왕의 역사를 적으면 진짜 역사와 가짜 역사가 뒤섞여서 나중에 어느 것이 진짜인지 분간할 수 없게 될 것이다.

그래서 진짜는 중국 사서를 인용하는 것으로 정리하고 오로지 가짜 역사로 전체를 채워나간 것이다. 이것은 일본서기에 등장하는 주요 인물 중 실존 인물이 근초고왕을 비롯한 4명에 불과한 것에서 볼 수 있듯이 근초고왕 이후의 백제와 왜의 관계를 다룬 것이지 그 이전에 존재한 왜국의 역사를 적고자 한 것이 아니다.

만약 그렇게 했더라면 지금 우리가 보는 일본서기는 만들어지지 않았을 것이다. 일본서기를 만든 사람은 근초고왕 이후의 백제의 이야기를 적고자 한 것이며 그래서 왜국의 역사를 정확하게 적지 않고 중국사서를 인용하는 것으로 끝낸 것이다.

신공황후 섭정기를 보면 또 하나의 문제점이 있는데 이것을 보면 신공황후가 왜의 여왕 비미호가 될 수 없다는 것이 드러난다. 신공紀 55년조에 초고왕 훙(薨)[139], 56년 귀수 등극, 64년 귀수왕 훙, 침류 등극,

65년 침류왕 훙, 진사 등극이 기록되어 있는데 이는 일본서기 편년으로 255년, 256년, 264년, 265년이다.

그런데 삼국사기는 375년 근초고왕 훙, 근구수 등극, 384년 근구수왕 훙, 침류 등극, 385년 침류왕 훙, 진사 등극으로 120년의 일정한 차이가 있다. 예외는 근구수의 등극을 일본서기가 한 해 늦게 처리한 것인데 이는 앞선 천황이 죽은 다음해에 등극을 하는 일본서기상의 천황 등극 방식이므로 사실상으로는 차이가 없다. 이 때문에 120년인 이 갑자를 하향 조정해야 사실과 맞아지는 것이다.

그래서 실제 신공황후가 존재했다 하더라도 4세기 후반에 활약한 인물이 되어서 3세기에 실존한 왜의 여왕이 될 수 없다. 이렇게 조금만 살펴도 신공황후가 왜의 여왕이 될 수 없음을 알게 되는데 이것은 일본서기를 적은 사람이 신공황후를 왜의 여왕과 착각하지 말라고 알려준 것이다.

중국사서를 인용한 것은 다른 중요한 목적이 있다. 위지를 인용한 부분과 진서를 인용한 부분의 사이에 있는 내용을 120년 뒤로 돌려서 삼국사기의 기록과 맞추면 감춰진 한일 고대사의 비밀이 밝혀지는데 중국 사서를 인용한 부분은 표식으로서 기능하고 있다.

위지를 인용한 다음은 120년을 뒤로 돌리라는 것이고 진서를 인용한 부분은 120년의 돌림을 마무리하라는 표식이다. 일본서기는 실년

139 훙(薨)은 왕이 죽은 것을 말한다.

기사가 없는데 유일하게 인용의 사이에 있는 부분은 120년을 뒤로 돌리면 실제로 일어난 역사적 사실을 기록한 것이 된다.

4. 일본서기 천황의 허구와 그 실체

제2장부터 제4장까지 민달과 경행, 수인, 윤공, 인현, 서명천황이 근구수왕이고 신무와 응신, 계체, 용명, 인덕, 안강, 숭신, 천지천황이 무내숙녜였으며 현종천황은 침류왕임을 살펴봤다. 따라서 일본서기의 천황체계는 결코 존재하지 않았던 것이고 오로지 가짜 역사를 채우기 위해 만들어진 가공인물일 뿐이다.

이제 이 천황들이 누구를 모티브로 한 가공인물인지 살펴보자. 우선 신무천황은 무내숙녜라고 했고 제2세 수정천황부터 제9세 개화천황까지는 역사기록이 없는 결사 시대로 비정할 필요가 없는 천황이다. 제10세 숭신천황은 무내숙녜, 제11세 수인천황과 제12세 경행천황은 근구수왕이다.

제13세 성무천황은 3년조에 무내숙녜를 대신으로 하면서 천황과 무내숙녜가 같은 날 태어나 특히 총애했다는 구절이 있으므로 무내숙녜이다.

제14세 중애천황은 죽을 때 웅습을 치다가 적의 화살에 맞아 죽었다 했는데 웅습국은 소잔오존이 내려온 신라국의 소나라로서 무내숙녜가 다스린 곳이므로 중애천황은 근구수왕이다. 중애천황의 황후인 신공황후는 중애천황이 죽자 천황의 대수에 포함되지 않는 섭정을 하는데 왜의 여왕 비미호로 꾸며진 완전한 가공인물이다.

신대紀 제9단 일서2에 황손이 내려와 목화개야희를 만나 혼인하고 언니 반장희는 추하다고 들이지 않았다. 반장희가 자기 아이를 낳았다면 영생을 누릴 텐데 동생의 아이는 나무의 꽃처럼 떨어질 것이라고 한 구절이 있다.

여기서 언니 반장희는 한반도의 땅을 말하고 동생은 왜의 땅을 말하는데 동생과 결혼한 것은 백제가 한반도에서 물러나 왜에 정착할 수밖에 없었던 것을 말하고 이에 대한 울분 즉 언니와 결혼할 수 없었던 심정을 화풀이하는 목적으로 만들어진 것이 일본서기이다.

천황이 존재했고 한(漢)나라와 고구려, 백제, 신라가 속국이었다고 하는 것은 사실과 정반대이다. 왜야말로 비미호 시대를 거친 후 백제에 복속되었으며 나중에 신라가 백제를 병합하자 남은 무리가 왜로 건너가 일본을 건국할 수밖에 없던 처지였는데 거꾸로 이런 가짜 역사를 만들 생각을 했다는 것이 놀라울 따름이다.

신공황후 62년조에도 백제기를 인용해 신라가 귀국에 가지 않아 사지비궤를 보내 치게 했는데 신라가 미녀 2인을 단장해 항구에서 유혹하자 사지비궤가 도리어 가라국을 쳤다고 나온다. 이 미녀 2인도 한반도와 왜의 땅을 말하는데 이 부분도 위지와 진서의 인용 사이에 있으므로 다른 책에서 살펴볼 예정이다.

제15세 응신천황과 제16세 인덕천황은 무내숙네이다. 제17세 이중천황의 화풍시호는 거래수별(去來穗別)천황인데 거래를 이장(伊奘)이라

한다고 했고 이장은 신대紀 태초의 신 다음으로 국토를 생성하고 만물을 탄생시킨 천하를 다스릴 주인으로 천조대신, 월궁존, 소잔오존을 낳은 이장낙존과 이장염존의 이장이다.

신대紀 제7단 일서3에는 이장낙존의 아이 천명옥이 나오고 천명옥은 옥작의 시조로 근구수왕이므로 이장낙존이 근초고왕처럼 되어 있지만 성씨록 미정잡성 섭진국의 임도수(월73) 성씨에는 이장낙명 남 소잔오명으로 되어 있다. 소잔오명은 무내숙녜이고 그 아버지가 근구수왕으로 나오므로 이장낙명은 근구수왕이다.

출운국 풍토기 의우군의 출운신호조에 이장나지(伊裝奈枳)[140]의 아들 웅야가무여명이 있고 주석에서 웅야가무여명을 웅야대사의 제신인 수좌지남명이라고 했다. 수좌지남명은 소잔오존의 고사기 이름이므로 이장낙명은 무내숙녜의 아버지가 되어 역시 근구수왕이고 이중천황도 근구수왕이 된다.

제18세 반정천황의 화풍시호는 서치별(瑞齒別)천황이다. 성씨록 우경천손 단비숙녜(풍26)의 시조는 화명명 3세손 천인남명이다. 제3장 명일명문명과 천향산명 항목에서 인덕천황 황자 서치별존이 태어났을 때 목욕물에 호장화가 날아들어 다치비서치별존으로 하고 다치비부를 정했으며 다치비와 단비는 발음이 같고 선화紀 원년에 상식엽황자가 단비공의 선(先)이어서 천인남명이 무내숙녜라고 했으므로 반정천황은

140 이자나기로 읽는다. 이장낙존을 이자나기노미코토로 읽어서 같은 인물이다.

무내숙녜이다.

제19세 윤공천황은 근구수왕이고 제20세 안강천황은 무내숙녜이다. 제21세 웅략천황의 화풍시호는 대박뢰유무(大泊瀨幼武)천황으로 제4장 장배련 항목에서 여울이 협(狹)과 연결되고 장협국조가 신팔정이명이어서 무내숙녜라 했으므로 웅략천황도 무내숙녜이다.

제22세 청령천황의 화풍시호에는 백발(白髮)이 있는데 성씨록에 백발왕을 시라가로 읽어서 시라기와 유사한 발음이므로 신라와 연결시킨 것으로 본다. 좌경황별하 경아손(輕我孫, 조28)의 시조가 언좌명 4세손 백발왕으로 성무어세 때 경지(輕地)를 하사받았기 때문에 성씨가 유래했다고 되어 있다.

효덕천황의 황자 때 이름을 경(輕)황자라 하는데 윤공紀에 나오는 목리경(木梨輕)태자와 같은 사람으로 보며 고사기 윤공천황기를 보면 목리경태자의 이름을 따 경부(輕部)를 정했다고 했다. 화천국황별 성씨 경부(輕部, 조71)의 시조가 왜일향건일향팔강다명이어서 무내숙녜이므로 청령천황, 백발왕, 효덕천황, 경황자, 목리경태자까지 모두 무내숙녜이다.

제23세 현종천황은 침류왕이고 제24세 인현천황은 근구수왕이다. 제25세 무열천황의 화풍시호는 소박뢰치초료(小泊瀨稚鷦鷯)천황으로서 인덕紀 12년조에 소박뢰조의 조 숙녜신, 17년조에 소박뢰조의 조 현유신이 나온다. 숙녜신과 현유신은 같은 인물이고 소박뢰는 오하쯔세로 읽는데 소장(小長)과 같고 고사기 신무천황조에 소장국조의 조가 신팔정이명으로 나오므로 숙녜신, 현유신도 무내숙녜이고 무열천황도 무내숙네가 된다.

고사기 무열천황의 화풍시호에 소장곡(小長谷)이 있는데 폭이 좁으면서 긴 골짜기에 여울이 있으므로 무내숙네가 여울로 연결되어 있다.

제26세 계체천황은 무내숙네이다. 제27세 안한천황은 구사기 제황본기에 구(勾)대형황자로 나오는데 구를 마가리로 읽는다. 고사기 개화천황기에 당마구군의 조 소우왕이 있는데 당마구군의 구도 한자와 발음이 같다. 또 우경황별 당마진인(조7)의 시조가 용명황자 마려고왕으로 되어 있어서 소우왕과 구대형황자, 안한천황이 모두 무내숙네이다. 앞서 대우왕도 무내숙네였는데 소우왕도 무내숙네가 되어 연결되어 있다.

제28세 선화천황은 무내숙네이다. 섭진국 황별 위나진인 성씨의 시조가 선화황자 화염왕으로 되어 있고 화염왕이 무내숙네이므로 선화천황도 무내숙네가 된다.

제29세 흠명천황의 화풍시호는 천국배개광정(天國排開廣庭)천황이다. 속일본기 성무천황 천평14년 2월조에 노비 광정(廣庭)을 면천시켜 대양덕기촌을 사성한 것이 나온다. 대양덕은 다른 사례가 없고 광정을 찾아보면 가장 유사한 것이 고정(高庭)이다.

대화국황별 포류숙네(조51)의 부가설명에 포도노사신사를 석상향 포류촌 고정(高庭)으로 옮긴 것이 나오는데 포도노사를 후쯔누시로 읽고 경진주신과 같은 발음이므로 노비 광정과 흠명천황은 근구수왕이다.

제30세 민달천황은 근구수왕이며 제31세 용명천황은 무내숙네이다. 제32세 숭준천황은 화풍시호가 박뢰부(泊瀨部)천황이고 대박뢰, 소박뢰가 모두 무내숙녜이므로 숭준천황도 무내숙녜이다.

제33세 추고천황은 민달천황의 황후인데 숭준천황이 시해된 후 신하가 권해 천황에 즉위한 것으로 되어 있다. 고사기에서는 마지막 천황이다. 구호풍총이황태자에게 일임하고 섭정을 하므로 내용은 근구수왕으로 볼 수 있지만 추고천황 자체는 연결되는 성씨가 없다.

제34세 서명천황은 근구수왕이다. 제35세 황극천황은 서명천황의 황후로 나온다. 동생인 효덕천황에게 양위했다가 그가 죽자 다시 제37세 제명천황으로 즉위한다. 역시 연결되는 성씨가 없다.

제36세 효덕천황과 제38세 천지천황은 무내숙녜이다. 제39세 천무천황은 근구수왕이면서도 무내숙녜가 되는 것을 제2장 기성진언명과 신전부왕 항목에서 살펴봤다. 제40세 지통천황은 여왕으로 역시 연결되는 성씨가 없다.

이상으로 일본서기에 나오는 천황이 어떤 인물을 모티브로 했는지 살펴봤다. 제명은 황극과 동일인물이고 신공황후가 더해져 40명의 실질적 천황 중 근구수왕 9명, 무내숙녜 17명, 침류왕 1명이고 근구수왕과 무내숙녜로 동시에 비정되는 천황이 1명이며 비정이 불가한 천황이 12명이다.

이렇게 일본서기의 천황은 실제 존재하지 않았고 한반도에서 건너간 인물을 모티브로 한 가공인물에 불과하므로 일본서기가 적고 있는 천황 체제라는 것은 허구에 불과하다. 그 편년이 거짓이고 천황 체제도 존재하지 않았으므로 일본서기는 읽을 때 아주 주의를 요한다. 무턱대고 일본서기의 편년과 인물을 우리 고대사에 이입하면 얼토당토않은 결과가 도출될 수 있기 때문이다.

5. 무내숙녜의 정체와 임나일본부의 허구

가. 무내숙녜의 정체

무내숙녜는 성씨록에서 가장 많은 비중을 차지하고 있는 인물인데다 일본서기에 대가라국왕, 임나국왕, 신라왕자 등으로 등장하기 때문에 그의 정체에 따라 우리 고대사 연구 성과의 방향이 달라질 수 있는 아주 중요한 인물이다.

성씨록, 구사기 등의 일본 고대 서적에 따르면 그는 근구수왕의 큰아들로 비정된다. 고사기나 일본서기에도 일목요연하게 정리되어 있기 때문에 삼국사기에 등장하지 않는다고 해서 근구수왕의 큰아들이 아니라고 하기는 쉽지 않고 본서에서도 일단 도출된 결과를 따라 그렇게 적어왔다.

하지만 의문점도 많다. 당시의 왕권 체계는 아주 엄중했을 텐데 나이가 어린 무내숙녜가 할아버지인 근초고왕이나 아버지인 근구수왕에게 반기를 들어서 독자적인 나라를 개척했다고 보기는 어렵다. 더구나 근초고왕과 근구수왕은 정복왕으로서 드넓은 백제의 영토를 확장했는데 이는 강력한 왕권을 기반으로 하지 않으면 어렵고, 손자 내지 아들의 반란이 있었더라면 강력한 왕권이 형성되지 못했을 것이라는 점[141]에서 무내숙네를 근구수왕의 큰아들로 보기 어려운 점이 있다.

또 다른 하나는 근초고왕 2년(347)에 보이는 삼국사기의 기록이다. 이 해는 근초고왕의 집권 후 첫 기록인데 천지신명께 제사를 지냈다는 구절 다음에 진정(眞淨)을 승진시켜 조정좌평으로 삼았는데 그는 왕후의 친척으로 성질이 사나웠으며 일에 까다롭고 세력을 믿어 자기 뜻대로 처리하니 나라 사람이 미워했다고 나온다.

이 진정은 무내숙네의 가공인물 중 하나인 소잔오존의 본명으로 연결된다. 일본서기 신대 6단을 보면 소잔오존이 근구수왕의 가공인물 중 하나인 천조대신과 천안하에서 맹약을 하는 장면이 있는데 이때 칼과 구슬에 천진명정(天眞名井)의 물을 끼얹었다고 나온다. 천진명정을 해석하면 천은 하늘로부터 받은 것 즉 태어날 때부터 물려받은 성(姓)을 말하며 천진명정은 성은 진이고 이름은 정이라는 것인데 소잔오존의 본명이 진정(眞井)이라는 것을 알려주고 있다고 본다.

진정(眞淨)과 진정(眞井)이 비록 이름의 한자는 다르지만 한글은 같고 우물물은 마실 수 있는 깨끗한 물이므로 그 의미가 일맥상통하며, 근초고왕 또 근구수왕과 계속 대립했으므로 나라 사람이 미워할 수밖에 없다는 점에서 같은 인물로 본다. 그런 무내숙네를 왕후의 친척이라고 했기 때문에 근구수왕의 큰아들이 될 수는 없으므로 다른 시각에서 무내

141 무내숙네의 반란이 특정 시기에 잠시 일어났다가 끝나는 것이 아니라 4세기 후반에 몇 차례에 걸쳐 지속적으로 일어났기 때문에 실제 그런 내분이 일어났다면 강력한 왕권은 이루어지지 못했을 것이다.

숙네를 보지 않을 수 없다.

첫 번째로 생각할 수 있는 것은 무내숙네를 비류백제의 일원으로 보는 견해이다. 김성호 씨는 1982년 펴낸 비류백제와 일본의 국가기원이라는 책에서 비류의 세력이 온조에게 흡수된 것이 아니라 독자적인 나라로 존재하다가 396년 광개토대왕의 침공으로 망한 후 왜로 건너가 응신천황으로 능극했다고 본다. 많은 이견이 존재하지만 응신천황이 무내숙네를 모티브로 한 가공인물이라는 점에서 무내숙네를 비류백제의 세력으로 볼 수 있다.

두 번째는 무내숙네를 고구려의 한 세력으로 보는 것이다. 이는 그동안 연구된 바는 없지만 고구려 고분에 그려진 별자리가 아라가야의 고분에서도 확인됨에 따라 연관성이 있을 것이라는 견해가 조심스럽게 대두되고 있다.

이를 뒷받침하는 것으로 무내숙네의 가공인물 중 하나인 천일창에 대한 풍토기 기록이 있다. 풍토기일문 축전국 이토군조를 보면 중애천황이 웅습을 치려고 축자에 왔을 때 오십적수가 찾아갔으며 중애천황이 누구인지 물으니 고려국의 의려산(意呂山)에서 하강해 온 일모(日桙)의 후예라고 대답한다.

일모는 천일창(天日槍)의 고사기 이름 천지일모(天之日矛)의 일모이며 일모(日桙)와 일모(日矛), 일창(日槍)은 히보코로 읽어서 같은 이름이므로 이들은 동일한 인물로서 무내숙네이다. 그런데 무내숙네가 고려국에서 왔다고 했으며 이는 고구려를 말하므로[142] 무내숙네는 고구려인이 된다.

이 견해를 따르면 고구려의 어느 특정 세력이 한반도 남부로 내려와 가라로 불린 적이 있으며 왜까지 차지했지만 나중에 그 영토를 모두 백제에 빼앗긴다는 결론에 도달하게 된다.

결론적으로 보면 무내숙네는 비류백제계를 대표하는 인물로 보인다. 앞서 제1장 요속일명과 근초고왕 항목에서 아키히토 천황이 자신을 백제의 후손이라고 한 점, 고사기와 일본서기가 세 가닥의 덧니와 삼경초라는 구절까지 만들어가며 백제계 인물로 만든 점, 건내숙네 또 무내숙네라는 이름에서 크다는 의미를 사용해 기존 백제 왕가보다 우선시한 점 등을 고려할 때 온조를 시조로 하는 기존 백제 왕가보다 우위라고 할 수 있는 비류계의 인물로 비정하는 것이 가장 타당할 것이다.

그렇더라도 비류백제가 온조백제와는 별도로 존재했는지에 대해서는 확실히 장담할 수 없다. 온조백제 속에서 영향력 있는 집안으로 그 터전을 계속 유지해 오다가 근초고왕 시절에 비류백제로 독립했을 수도 있으며 다른 가능성도 무궁하기 때문이다.

앞으로 무내숙네의 정체를 밝혀내는 것도 우리 고대사를 정립하는 데 큰 의미가 있을 것인데 많은 연구가 필요하다.

---

142 성씨록에 고구려를 고려라고 했는데 풍토기도 이를 따른 것이다. 풍토기는 915년 조정의 명에 의해 만들어지고 고려가 선 것이 918년이므로 우리가 검토하는 일본 고대 서적의 고려는 모두 고구려이다.

하지만 풍토기를 편찬하는데 일정 기간이 걸려서 신라가 망하고 고려가 개국한 후에 완성됐다고 보면 당초 신라라고 해야 할 것을 고려라고 했을 수도 있다. 고사기나 일본서기에 천일창이 신라 왕자로 나오므로 원칙적으로 신라라고 해야 옳기 때문이다. 그런데 마침 백제를 멸망시켜 미워하던 신라가 망하고 한반도에 고려가 서자 신라 대신 고려라고 적었을 가능성도 있다. 이렇게 보면 풍토기는 918년 이후에 최종적으로 완성한 것이 된다.

나. 임나일본부의 허구

무내숙네의 정체가 중요한 것은 임나와 관련이 있기 때문이다. 임나는 님의 땅, 즉 임금의 땅, 귀한 땅이라는 개념과 맡겨둔 땅, 다시 찾아야 될 땅이라는 개념 등 두 가지로 해석되고 있다.

임나일본부는 임나에 있었던 통치기구이다. 임나일본부설은 고대 천황이 있던 시기에 왜가 한반도 남부의 임나에 통치기구를 두고 지배했다고 하는 학설이다. 그 시기를 4세기에서 6세기로 보는데 그때는 일본이라는 국호가 없었기 때문에 임나일본부설은 성립할 수가 없다. 즉 일본서기의 임나일본부는 후대의 조작이며 실제로 당시에 있었던 명칭은 임나일본부가 될 수 없다.

그렇다면 실제 있었던 명칭, 지금 우리가 부를 수 있는 명칭은 무엇일까? 이는 무내숙네가 임나국왕이기 때문에 그의 정체에 따라 달라지는데 어떤 경우라도 임나의 통치기구는 절대 일본부가 될 수 없다.

우선 무내숙네가 근구수왕의 아들이라면 한반도 남부의 임나는 무내숙네의 백제가 일시 차지했다가 다시 백제왕가가 차지한 것이 된다. 이는 백제부라고 해야 할 것이다.

다음 무내숙네가 비류백제인 경우에도 무내숙네의 비류백제가 차지했다가 다시 온조백제가 차지한 것이 되어 역시 백제부라고 해야 한다.

마지막으로 무내숙네가 고구려인인 경우, 무내숙네가 차지하고 있었던 시절이라면 고구려부가 되고 이후 백제가 차지했으면 백제부가 된다.

이것이 일본 고대 서적을 통해 도달한 가장 합당한 결론이다. 우리나라 서적이 아닌 일본에서 고대에 펴낸 서적을 비교하고 검토하는 것만으로 얻은 결론이며 임나일본부설과 같은 다른 결론에 도달하는 것은 아주 악의적으로 엉터리 결론을 유도한 것이다.

이제 일본은 존재하지도 않았던 천황, 존재하지도 않았던 임나일본부를 들고 역사를 왜곡하는 행위를 그만두어야 한다. 임나일본부설은 2010년 한·일역사공동연구위원회에서 사실이 아닌 것으로 결론 났지만 2021년 검정을 통과한 일본의 중학교 교과서 중에서 극우 단체인 새로운역사교과서를만드는모임이 참여해 지유사에서 펴낸 교과서에는 임나일본부라는 표현은 사용하지 않으면서 교묘하게 이 설에 입각한 서술 내용과 지도를 넣었다고 한다.[143]

이런 엉터리 학설이 버젓이 존재할 수 있는 것은 일본 고대 서적에 대한 우리의 연구가 미진하기 때문이다. 필자는 양국 학계가 임나일본부설을 종식시키기로 발표했을 때 이미 이런 문제를 예견했다. 우리의 손으로 끝내지 않은 것은 언제든지 되돌아올 것으로 봤기 때문이다. 이미 일본은 시대 구분에 임나를 넣어 우리를 한 차례 희롱한 바 있다.

우리 국민은 일제의 침략에 분노하고 임나일본부설에 치를 떤다. 하지만 임나일본부설을 넘어서기 위해 진정으로 해야 할 일, 일본의

143 세계일보. 2021.3. 31. 〈'독도=일본땅' 전 교과서 확대… '임나일본부설'도 포함〉 기사에서 발췌

고서를 연구하는 일은 소홀히 한다. 오히려 잘못된 애국심으로 임나를 이야기만 해도 임나일본부설을 추종하는 사람으로 매도하려고 한다. 그런 분위기에서 어떻게 일본 고대 서적을 연구해서 임나일본부설을 이길 수 있는가? 잘못된 애국심이야말로 오히려 일본을 도와주는 것이다.

사족이 길어졌는데 임나일본부라는 명칭은 임나국왕인 무내숙네의 실체를 비정해 보면 있을 수 없는 명칭이다. 물론 이런 주장만이 아니라 일본의 고대 서적에 대해 자세하게 비교, 검토를 해서 내보여야 할 것인데 그것은 다른 책에서 다룰 예정이다.

6. 최종 결론

일본의 고대 서적 중에서 성씨와 관련된 책으로는 고사기, 일본서기, 구사기, 풍토기, 고어습유 등이 있으며 거기에 나오는 성씨를 집대성한 책으로 신찬성씨록이 있다.

신찬성씨록은 황별, 신별, 제번과 미정잡성 등 총 1182개의 성씨를 담고 있으며 우리나라에서 구할 수 있는 세 개의 판본 중 가장 정리가 잘 되어 있는 정정신찬성씨록에 등장하는 인물을 다른 고대 서적과 비교하면서 전부 검토해 봤다.

이에 대한 검토과정이 본서의 내용인데 최종적으로 보면 고사기나 일본서기에 등장하는 수많은 인물들, 황별, 신별로 분류된 성씨록의 인물들이 모두 한반도에서 건너간 사람이다.

따라서 일본서기의 천황체계와 임나일본부는 허구이며 일본서기의 편년도 엉터리이다. 다만 일본서기나 고사기에서 적고 있는 내용 중 역사적 사실을 확인할 수 있는 부분이 있는데 이에 대해서는 앞으로 많은 연구가 필요하다.

부록

신찬성씨록
원본

訂正
新撰姓氏錄
鳥

錄字下一本有抄字。
四十四氏。一本作四十三氏非。
俣一作股。王一作親王。非下同。

新撰姓氏錄

第一帙 起自左京息長眞人盡攝津國島奈眞人四十四氏。

左京皇別

息長眞人 出自譽田天皇諡應神皇子稚渟毛二俣王之後也。

山道眞人 息長眞人同祖。稚渟毛二俣王之後也。日本紀合。

坂田酒人眞人 息長眞人同祖。

八多眞人 出自諡應神皇子稚野毛二俣王也。日本紀合。

1

英一作田非

姓氏錄一

三國眞人 諡繼體皇子椀子王之後也。依日本紀附。

路眞人 出自諡敏達皇子難波王也。日本紀合。

守山眞人 路眞人同祖。難波王之後也。日本紀合。

甘南備眞人 路眞人同祖。續日本紀合。

飛多眞人 路眞人同祖。

英多眞人 同上。

大宅眞人 路眞人同祖。依續日本紀刊定。

一

2

大原眞人 出自諡敏達孫百濟王也。續日本紀合。

島根眞人 大原眞人同祖。

豐國眞人 百濟王之後也。大原眞人同祖。續日本紀合。

山於眞人 大原眞人同祖。

吉野眞人 同上。

桑田眞人 同上。

池上眞人 同上。

3

海上眞人　大原眞人同祖。依續日本紀附。

清原眞人　大原眞人同祖。百濟王之後也。

香山眞人　出自諡敏達皇子春日王也。

登美眞人　出自諡用明皇子來目王也。續日本紀合。

蜷淵眞人　出自諡用明皇子殖栗王也。

三嶋眞人　出自諡舒明皇子賀陽王也。續日本紀合。

淡海眞人　出自諡天智皇子大友王也。續日本紀合。

[illegible]三國之誤。[illegible]壹一作貳。

三園眞人　出自諡天武皇子淨廣壹磯城王之後也。

笠原眞人　三園眞人同祖。磯城王之後也。

高階眞人　出自諡天武皇子淨廣壹太政大臣高市王也。續日本紀合。

氷上眞人　出自諡天武皇子一品太政大臣新田部王也。續日本紀合。

岡眞人　出自諡天武皇子一品贈太政大臣舍人王也。續日本紀合。

右京皇別

道字古本作路。

山道眞人　息長眞人同祖。應神皇子稚渟毛二俣王之後也。

息長丹生眞人　息長眞人同祖。

三國眞人　諡繼體皇子椀子王之後也。日本紀合。

坂田眞人　出自諡繼體皇子仲王之後也。日本紀合。

多治比眞人　宣化天皇皇子賀美惠波王之後也。

爲名眞人　宣化天皇皇子火焔王之後也。日本紀合。

春日眞人　敏達天皇皇子春日王之後也。

室一作屋。長王一本作長屋王非。

高額眞人　春日眞人同祖。春日王之後也。

當麻眞人　用明皇子麻呂古王之後也。日本紀合。

文室眞人　天武天皇皇子二品長王之後也。續日本紀合。

豐野眞人　同天皇皇子淨廣壹高市王之後也。續日本紀合。

山城國皇別

三國眞人　繼體皇子椀子王之後也。日本紀合。

大和國皇別

酒人眞人 同天皇皇子兎王之後也。日本紀合。

攝津國皇別

爲奈眞人 宣化皇子火焔王之後也。日本紀合。

右第一卷

左京皇別上 起源朝臣盡新田部宿祢四十二氏。

源朝臣 源朝臣信。年六。廣井氏腹。弟源朝臣弘。年四。上毛野氏腹。弟源朝臣常。年四。弟源朝臣明。年二。以上二人飯高氏腹。妹源朝臣貞姫。年六。布勢氏腹。妹源朝臣潔姫。

8

百濟氏古本作百済王未知孰是。 戸一作尸非 子作字非 主作右非

年六。妹源朝臣全姫。年四。以上二人當麻氏腹。妹源朝臣善姫。年二。百濟氏腹。信等八人。是今上親王也。而依弘仁五年五月八日勅。賜姓貫於左京一條一坊。以信爲戸主。

良岑朝臣 從四位下良岑朝臣安世。是皇統彌照天皇桓武御子也。從七位下百濟宿祢之継爲女孺而供奉所生也。延暦二十一年十二月二十七日。特賜姓良岑朝臣。貫於左京。

長岡朝臣 正六位上長岡朝臣岡成。是皇統彌照天皇桓武之御東

9

宮也。多治比眞人豊繼爲女孺而供奉所生也。延暦六年。特賜姓長岡朝臣。貫於左京。續日本紀合。

廣根朝臣 正六位上廣根朝臣諸勝。是光仁天皇龍潜之時。女孺從五位下縣犬養宿祢勇耳侍御而所生也。桓武天皇延暦六年。特賜姓廣根朝臣。續日本紀合。

春原朝臣 天智天皇皇子淨廣壹河嶋王之後也。

三原朝臣 天武天皇皇子一品新田部王之後也。

10

丙子一作甲午文作丙午。

永原朝臣 天武天皇皇子淨廣壹高市王之後也。續日本紀合。

橘朝臣 甘南備眞人同祖。敏達天皇皇子難波皇子男贈從二位栗隈王男治部卿從四位下美努王。美努王娶從四位下縣犬養宿祢東人女。贈從一位縣犬養橘宿祢三千代夫人。生左大臣諸兄中宮大夫佐爲宿祢贈從二位牟漏女王。女王適贈太政大臣藤原房前。生太政大臣永手大納言眞楯等。和銅元年十一月己卯大嘗會。二十五日癸未曲宴。賜橘宿祢姓於大夫人。天平八年十二月丙子。詔参議從三位行左大辨葛

11

姓氏録一 六

城土賜橘宿祢諸兄。

淡海朝臣 春原朝臣同祖。河嶋王之後也。

阿部朝臣 孝元天皇皇子。大彦命之後也。日本紀及續日本紀合。

布勢朝臣 阿部朝臣同祖。日本紀漏。

完人朝臣 阿部朝臣同祖。大彦命男。彦背立大稲腰命之後也。日本紀合。

高橋朝臣 阿倍朝臣同祖。大稲輿命之後也。景行天皇巡狩東國■

12

供献大蛤。于時天皇喜其奇美。賜姓膳臣。天渟中原瀛眞人天皇 諡天武 十二年。改膳臣賜高橋朝臣。

許曾倍朝臣 阿倍朝臣同祖。大彦命之後也。日本紀漏。

阿閉臣 阿倍朝臣同祖。

竹田臣 阿倍朝臣同祖。大彦命男武渟川別命之後也。

名張臣 阿倍朝臣同祖。大彦命之後也。

佐佐貴山公 阿倍朝臣同祖。

13

姓氏録一 七

膳大伴部 阿倍朝臣同祖。大彦命孫磐鹿六雁命之後也。景行天皇巡狩東國。至上總國。従海路渡淡水門。出海中得白蛤。於是磐鹿六雁爲膾進之。故美六雁賜膳大伴部。

阿倍志斐連 大彦命八世孫稚子臣之後也。自臣八世孫名代。諡天武御世。献之楊花。勅曰。何花哉。名代奏曰。辛夷花也。群臣奏曰。是楊花也。名代猶強奏辛夷花。因賜阿倍志斐連姓也。日本紀漏。

石川朝臣 孝元天皇皇子彦太忍信命之後也。日本紀合。

14

田口朝臣 石川朝臣同祖。武内宿祢大臣之後也。蝙蝠臣。豊御食炊屋姫天皇 諡推古 御世。家於大和國高市郡田口村。仍號田口臣。日本紀漏。

櫻井朝臣 石川朝臣同祖。蘇我石川宿祢四世孫稲目宿祢大臣之後也。日本紀合。

紀朝臣 石川朝臣同祖。建内宿祢男紀角宿祢之後也。

角朝臣 紀朝臣同祖。紀角宿祢之後也。日本紀合。

坂本朝臣 紀朝臣同祖。紀角宿祢男白城宿祢之後也。

15

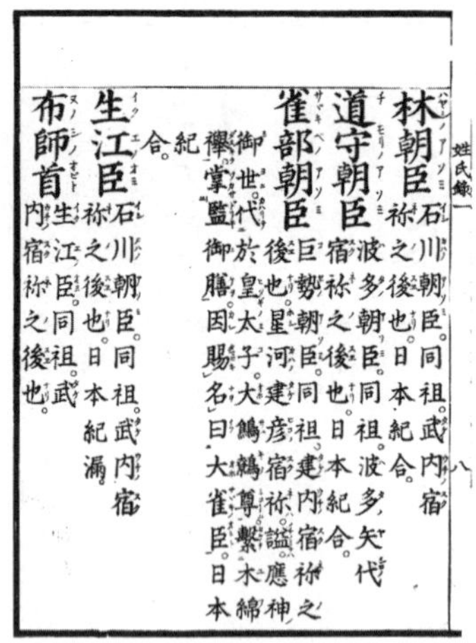

姓氏錄一　八

林朝臣　石川朝臣同祖。武内宿祢之後也。日本紀合。
道守朝臣　波多朝臣同祖。波多矢代宿祢之後也。日本紀合。
雀部朝臣　巨勢朝臣同祖。建内宿祢之後也。星河建彦宿祢。謚應神御世。代於皇太子大鷦鷯尊。繫木綿襷。掌監御膳。因賜名曰大雀臣。日本紀合。
生江臣　石川朝臣同祖。武内宿祢之後也。日本紀漏。
布師首　生江臣同祖。武内宿祢之後也。

16

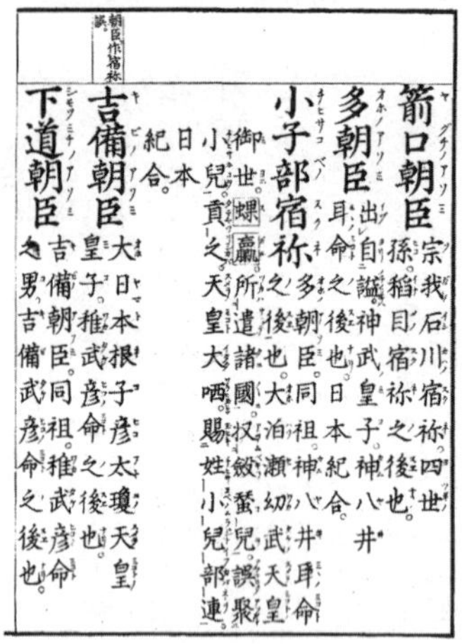

朝臣作宿祢誤。

箭口朝臣　宗我石川宿祢四世孫。稲目宿祢之後也。
多朝臣　出自謚神武皇子神八井耳命之後也。日本紀合。
小子部宿祢　多朝臣同祖。神八井耳命之後也。大泊瀬幼武天皇御世。蜾蠃所遣諸國。収歛蚕兒。誤聚小兒。貢之天皇大哂。賜姓小兒部連。日本紀合。
吉備朝臣　大日本根子彦太瓊天皇皇子稚武彦命之後也。
下道朝臣　吉備朝臣同祖。稚武彦命之男吉備武彦命之後也。

17

朝臣一作宿祢誤。　朝臣一作宿祢誤。　指恐旨之誤　朝臣一作宿祢誤。

姓氏錄一　九

道守朝臣　開化天皇皇子武豊葉頬別命之後也。
御使朝臣　出自謚景行皇子氣入彦命之後也。譽田天皇御世。御室雜使大壬生等逃遁不仕。天皇遣使尋求。並不復命。於是氣入彦奉詔指追。於參河國捕獲參來。天皇嘉之。賜使者姓御使連也。續日本紀合。
犬上朝臣　出自謚景行皇子日本武尊也。
坂田宿祢　息長眞人同祖。應神皇子稚渟毛二派王之後也。天渟中原瀛眞人天皇謚天武御世。出家入道。法名信正。娶近江國人槻本公轉戸。

18

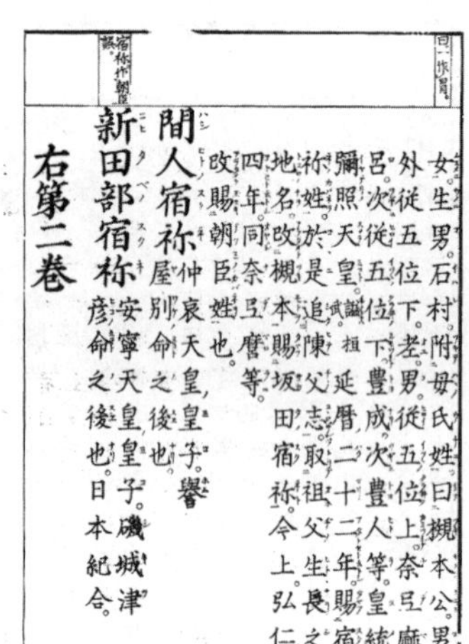

宿祢作朝臣誤。

女生男。石村附母氏姓曰槻本公。男外従五位下老。男従五位上奈弖麻呂。次従五位下豊成。次豊人等。皇統彌照天皇謚桓武延暦二十二年。賜宿祢姓。於是追陳父志。取祖父生長之地名。改槻本賜坂田宿祢。令上弘仁四年同奈弖麿等。改賜朝臣姓也。
間人宿祢　仲哀天皇皇子譽屋別命之後也。
新田部宿祢　安寧天皇皇子磯城津彦命之後也。日本紀合。

右第二卷

19

姓氏錄一 十

帶一作足。

左京皇別下 起大春日朝臣盡鴨縣主三十二氏。

大春日朝臣

出自孝昭天皇皇子天帶彥國押人命也。仲臣令家重千金委糟爲堵。于時大鷦鷯天皇(謚仁德)臨幸其家。詔號糟垣臣。後改爲春日臣。桓武天皇延曆二十年賜大春日朝臣姓。

小野朝臣

大春日朝臣同祖。彥姥津命五世孫米餅搗大使主命之後也。其後敏達天皇御世大德小野臣妹子家于近江國滋賀郡小野村。因以爲氏。日本紀合。

20

爾作安部下同

和爾部朝臣

大春日朝臣同祖。彥姥津命三世孫難波宿祢之後也。續日本紀合。

和爾部宿祢

和爾部朝臣同祖。彥姥津命四世孫矢田宿祢之後也。續日本紀合。

櫟井臣

和爾部朝臣同祖。彥姥津命五世孫米餅春大使主命之後也。

和爾部臣

和爾部朝臣同祖。彥姥津命五世孫米餅春大使主命之後也。

21

姓氏錄一 十一

臣字疑非。宍一作安。巴一作巳恐非。

葉栗臣

和爾部朝臣同祖。彥姥津命三世孫建穴命之後也。

吉田連

大春日朝臣同祖。觀松彥香殖稻天皇(謚孝昭)皇子天帶彥國押人命四世孫彥國葺命之後也。昔磯城瑞籬宮御宇御間城入彥天皇御代。任那國奏曰。臣國東北有三巴汶(上巴汶。中巴汶。下巴汶。)地。地方三百里。土地人民亦富饒。與新羅國相爭。彼此不能攝治。兵戈相尋。民不聊生。臣請將軍令治此地。即爲貴國之部也。天皇大悅。勅群卿令奏應遣之人。卿等奏曰。彥國葺命孫塩垂津彥命。頭上有贅。三岐如松樹。(因號松樹君。)其長五尺。力過

22

須一作頒。

衆人。性亦勇悍也。天皇令塩垂津彥命遣奉勅而鎮守。彼俗称宰爲吉。故謂其苗裔之姓爲吉氏。男從五位下知須等家居奈良京田村里。仍天璽國押開豐櫻彥天皇(謚聖武)神龜元年賜吉田連姓。(取居地名也。)今上弘仁二年改賜宿祢姓也。續日本紀合。

九部

和爾部朝臣同祖。彥姥津命男伊富都久命之後也。

丈部

天足彥國押人命孫比古意祁豆命後也。

下毛野朝臣

崇神天皇皇子豐城入彥命之後也。日本紀合。

23

姓氏錄一　十二

師云泥諸蕃田辺史事

謚誠一本作謚語

上毛野朝臣

下毛野朝臣同祖。豐城入彦命五世孫。多奇波世君之後也。大泊瀨幼武天皇謚雄略。御世。努賀君男百尊。爲聞女産兒。往賀聟家。犯夜而歸。於應神天皇御陵邊。逢騎馬人相共語話。換馬而別。明日看所換馬。是土馬也。因負姓陵邊君。百尊男德尊。孫斯羅。謚皇極御世。賜河內山下田。以解文書。爲田邊史。寶字稱德孝謙皇帝。天平勝寶二年。改賜上毛野公。今上弘仁元年。改賜朝臣姓。續日本紀合。

池田朝臣

上毛野朝臣同祖。豐城入彦命十世孫。佐太公之後也。日

24

本紀合。

住吉朝臣

上毛野朝臣同祖。豐城入彦命五世孫。多奇波世君之後也。續日本紀合。

池原朝臣

住吉同氏。多奇波世君之後也。

上毛野坂本朝臣

上毛野朝臣同祖。豐城入彦命十世孫。佐太公之後也。續日本紀合。

車持公

上毛野朝臣同祖。豐城入彦命八世孫。射狹君之後也。雄略天

25

姓氏錄一　十三

大網臣一作大網公。拾芥抄同之。

臣一作朝臣或作公。

孫一作男。

皇御世。供進乘輿。仍賜姓車持公。

大網臣

上毛野朝臣同祖。豐城入彦命六世孫。下毛野君奈良弟眞若君之後也。

桑原臣

上毛野同氏。豐城入彦命五世孫。多奇波世君之後也。

川合公

上毛野同氏。多奇波世君之後也。

垂水史

上毛野同氏。豐城入彦命孫彦狹嶋命之後也。

商長首

上毛野同氏。多奇波世君之後也。三世孫久比。泊瀨部天皇崇峻謚

26

敎一作勅下同。

勅之下恐有脫文。

弥侯作彌里非。

申一作甲拾芥抄作甲斐是非

府或作符。

峻御世。被遣吳國。雜寶物等。獻於天皇。其中有吳權。天皇敎此物。也久比奏曰。吳國以懸定萬物。令交易其名。云波賀理。天皇勅之。勿令他人同。久比男宗麻呂。舒明天皇御代。負商長姓也。日本紀漏。

吉弥侯部

上毛野朝臣同祖。豐城入彦命六世孫。奈良君之後也。

申能

從五位下御方大野之後也。續日本紀合。

葛城朝臣

葛城襲津彦命之後也。日本紀續日本紀官府改姓並合。

稻城壬生公

出自垂仁天皇皇子鐸石別命也。

27

拾芥抄有守連
彦字下有脫文
宮平一作當平
未字作末非以刪實改之

小槻臣 同天皇皇子於知別命之後也。

牟義公 景行天皇皇子大碓命之後也。

守公 牟義公同祖大碓命之後也。

治田連 開化天皇皇子彦坐命之後也。四世孫彦□命征北夷有功効。因割近江國淺井郡地賜之爲墾田地。大海眞持等墾開彼地以爲居地。大海六世孫之後熊田宮平等因行事賜治田連姓也。

輕我孫 治田連同祖彦坐命四世孫白髮王之後也。初彦坐命末賜阿

姓氏錄一 十四

28

比古姓成務天皇御代賜輕地三十千代是負輕我孫姓之由也。

鴨縣主 治田連同祖彦坐命之後也。

右第三卷

右京皇別上

起八多朝臣盡猪使宿祢三十三氏。

八多朝臣 石川朝臣同祖武内宿祢命之後也。日本紀合。

巨勢朝臣 石川同氏巨勢雄柄宿祢之後也。日本紀合。

巨勢楲田朝臣 雄柄宿祢四世孫稻茂臣之後也。男荒人天豐

29

都一作郡非下同

財重日足姬天皇謚皇極御世遣佃葛城長田。其地野上。漑水難至。荒人能解機術。始造長楲。川水灌田。天皇大悅。賜楲田臣姓也。日本紀漏。

巨勢斐太臣 巨勢楲田同氏。巨勢雄柄四世孫稻茂男荒人之後也。

紀朝臣 石川朝臣同祖。屋主忍雄建猪心命之後也。日本紀合。

平群朝臣 石川朝臣同祖。武内宿祢男平群都久宿祢之後也。日本紀合。

姓氏錄一 十五

30

平群文室朝臣 同都久宿祢之後也。日本紀漏。

都保朝臣 平群朝臣同祖。都久足尼之後也。

高向朝臣 石川同氏。武内宿祢六世孫猪子臣之後也。日本紀合。

田中朝臣 武内宿祢五世孫稻目宿祢之後也。日本紀合。

小治田朝臣 同上。日本紀合。

川邊朝臣 武内宿祢四世孫宗我宿祢之後也。日本紀合。

岸田朝臣 武内宿祢五世孫稻目宿祢之後也。男小祢臣孫耳高家

31

姓氏録一

居岸田村。因負岸田臣號。日本紀合。

久米朝臣 武内宿祢五世孫稲目宿祢之後也。日本紀合。

御炊朝臣 武内宿祢六世孫宗我馬背宿祢之後也。日本紀漏。

玉手朝臣 同宿祢男葛木曾頭日古命之後也。日本紀合。

掃守田首 武内宿祢男紀都奴宿祢之後也。

上毛野朝臣 崇神天皇皇子豊城入彦命之後也。日本紀合。

佐味朝臣 上毛野朝臣同祖。豊城入彦命之後也。日本紀合。

十六

32

表恐衰之誤 孝德一作孝元 下水字恐于之誤

大野朝臣 同豊城入彦命四世孫大荒田別命之後也。日本紀合。

垂水公 豊城入彦命四世孫賀表乃真稚命之後也。六世孫阿利真公。謚孝徳天皇御世。天下旱魃。河井涸絶。于時阿利真公造作高樋。以垂水岡基之水。令通水宮内。供奉御膳。天皇美其功。便賜垂水公姓。掌垂水神社也。日本紀漏。

田邊史 豊城入彦命四世孫大荒田別命之後也。

佐自努公 同上。日本紀漏。

33

姓氏録一

臣一作宿祢非

若櫻部朝臣 阿倍朝臣同祖。大彦命孫伊波我牟都加利命之後也。日本紀合。

阿閇臣 大彦命男彦背立大稲興命之後也。日本紀合。

伊賀臣 大稲興命男彦屋主田心命之後也。日本紀合。

阿閇間人臣 同祖。

他田廣瀬朝臣 同祖。續日本紀。伊賀廣瀬二不見。

道公 同祖。大彦命孫彦屋主田心命之後也。

十七

34

眞龍云音智之誤 式有河内国智太神社

音太部 高橋朝臣同祖。彦屋主田心命之後也。

會加臣 孝元天皇皇子大彦命之後也。

杖部造 同祖。

猪使宿祢 安寧天皇皇子志紀都比古命之後也。日本紀合。

右第四巻

右京皇別下 起粟田朝臣。盡新良貴。三十四氏。

粟田朝臣 大春日朝臣同祖。天足彦國忍人命之後也。日本紀合。

35

姓氏錄一 十八

山上朝臣 同祖。日本紀合。

眞野臣 天足彦國押人命三世孫彦國葺命之後也。男大口納命。男難波宿祢。男大矢田宿祢。後[redacted]從氣長足姫皇尊(謚神功)征伐新羅。凱旋之日。便留爲鎮守將軍。于時娶彼國王猶榻之女。生二男。(云)兄佐久命。次武義命。佐久命九世孫和珥部臣鳥。務大肆忍勝等。居住近江國志賀郡眞野村。庚寅年。負眞野臣姓也。

和邇部 天足彦國押人命三世孫彦國葺命之後也。

36

安那公 同上

野中 同。彦國葺命之後也。

和氣朝臣 垂仁天皇皇子鐸石別命之後也。神功皇后征伐新羅。凱旋明年。車駕還都。于時忍熊別皇子等竊構逆謀。於明石堺備兵待之。皇后監識遣弟彦王於針間吉備堺。造關防之。所謂和氣關是也。太平之後。錄從駕勳。酬以封地。仍被賜吉備磐梨縣。始家之焉。光仁天皇寶龜五年。改賜和氣朝臣姓也。續日本紀合。

37

姓氏錄一 十九

山邊公 和氣朝臣同祖。

阿保朝臣 垂仁天皇皇子息速別命之後也。息速別命幼弱之時。天皇爲皇子。築宮室於伊賀國阿保村。以爲封邑。子孫因家之焉。允恭天皇御代。以居地名。賜阿保君姓。廢帝天平寶字八年。改公賜朝臣姓。續日本紀合。

羽咋公 垂仁天皇皇子磐衝別命之後也。

讚岐公 大足彦忍代別天皇皇子神櫛別命之後也。

38

酒部公 同皇子三世孫足彦大兄王之後也。大鷦鷯天皇御代。從韓國參來人兄曾曾保利。弟曾曾保利二人。天皇勅有何才。白有造酒之才。令造御酒。於是賜麻呂號酒看都子。賜山鹿比咩號酒看都女。因以酒看都爲氏。

建部公 犬上朝臣同祖。日本武尊之後也。續日本紀合。

別公 建部公同祖。

御立史 御使同氏。氣入彦命之後也。持統天皇御代。依居參河國青海

39

姓氏録一

郡御立地。賜御立史姓。日本紀漏。

高篠連 景行天皇皇子。五百木入彦命之後也。續日本紀合。

佐伯直 景行天皇皇子。稻背入彦命之後也。男御諸別命。稚足彦天皇（謚成務）御代。中分針間國給之。仍号針間別。男阿良都命（一名伊許自別）。譽田天皇為定國堺。車駕巡幸。到針間國神崎郡瓦村東崗上。于時青菜葉自崗邊川流下。天皇詔。應川上有人也。仍差伊許自別命。往問。即答曰。己等是日本武尊平東夷時。所俘蝦夷之後也。散遣於針間。阿藝。阿波。讃岐。伊豫等

廿

40

直字以下五字細注疑後人之所加

國。仍居地為氏也。（後改為佐伯）伊許自別命以狀復奏。天皇詔曰。宜汝為君治之。即賜氏針間別佐伯直（佐伯者所賜氏也。直者君也）。爾後至庚午年。脫落針間別三字。偏為佐伯直。

笠朝臣 孝靈天皇皇子。稚武彦命之後也。應神天皇巡幸吉備國。登加佐米山之時。飄風吹放御笠。天皇恠之。鴨別命言。神祇欲奉天皇。故其狀爾。天皇欲知其真偽。令獵其山。所得甚多。天皇大悦。賜名賀佐。

笠臣 笠朝臣同祖。稚武彦命孫。鴨別命之後也。

41

姓氏録一

凶字一本無。鬼神一作山神。

吉備臣 稚武彦命孫。御友別命之後也。

眞髮部 同命男。吉備武彦命之後也。

廬原公 笠朝臣同祖。稚武彦命之後也。孫吉備建彦命。景行天皇御世。被遣東方。伐毛人及凶鬼神。到于阿倍廬原國。復命之日。以廬原國給之。

宇自可臣 孝靈天皇皇子。彦狹嶋命之後也。

道守臣 道守朝臣同祖。豐葉頬別命之後也。

嶋田臣 多朝臣同祖。神八井耳命之後也。五世孫。武惠賀前命孫。仲臣

廿一

42

園一作薗。　一本在高園朝臣下。

子上。稚足彦天皇（謚成務）御代。尾張國嶋田上下二縣有惡神。遣子上。平服之。復命之日。賜号嶋田臣也。

茨田連 多朝臣同祖。神八井耳命男。彦八井耳命之後也。日本紀漏。

志紀首 多朝臣同祖。神八井耳命之後也。

園部 同祖。

火 同祖。

日置朝臣 應神天皇皇子。大山守王之後也。續日本紀合。

43

姓氏錄一 廿二

正六位上一作正五位下

保一作滅

私作松誤

高圓朝臣 出自正六位上高圓朝臣廣世也。石川朝臣元就母氏爲 續日本紀合。

息長連 應神天皇皇子稚渟毛二俣王之後也。

大私部 開化天皇皇子彦坐命之後也。日本紀漏。

新良貴 彦波瀲武鸕鷀草葺不合尊男稻飯命之後也。是於新良國即爲國主。稻飯命者新羅國王之祖也。日本紀不見。

右第五卷

44

朝字一本無

山城國皇別

起小野朝臣盡息長竹原公二十四氏。

小野朝臣 孝昭天皇皇子天足彦國押人命之後也。

粟田朝臣 天足彦國押人命三世孫彦國葺命之後也。

小野臣 天足彦國押人命七世孫人花命之後也。

和邇部 小野朝臣同祖。天足彦國押人命六世孫米餅搗大使主命之後也。一本彦姥津命三世孫難波宿祢之後也。日本紀漏。

大宅臣 小野朝臣同祖。

45

姓氏錄一 廿三

葉栗 小野朝臣同祖。彦國葺命之後也。

村公 天足彦國押人命之後也。

度守首 村公同祖。

阿閉臣 阿倍朝臣同祖。大彦命之後也。

的臣 石川朝臣同祖。彦太忍信命三世孫葛城襲津彦命之後也。

與等連 塩屋連同祖。彦太忍信命之後也。

曰佐 紀朝臣同祖。武内宿祢之後也。欽明天皇御世。□率同族四人。國民

46

三十五人歸化。天皇務以其遠來。勅稱珍勳臣。爲三十九人之譯。時人号曰譯氏。男諸石臣。次麻奈臣。是近江國野州郡曰佐。山代國相樂郡曰佐。大和國添上郡山村曰佐等祖也。

出庭臣 孝元天皇皇子彦太忍信命之後也。

日下部宿祢 開化天皇皇子彦坐命之後也。日本紀合。

輕我孫公 治田連同祖。彦今簀命之後也。

堅井公 彦坐命之後也。日本紀合。

47

姓氏錄一　廿四

別公　同上。

道守臣　道守朝臣同祖。武波都良和氣命之後也。

今木　道守朝臣同祖。建豐羽頬別命之後也。

間人造　間人宿祢同祖。譽屋別命之後也。

布勢公　仲哀天皇皇子。忍稚命之後也。續日本紀不見。

茨田連　茨田宿祢同祖。彦八井耳命之後也。

茨田勝　景行天皇皇子。息長彦人大兄磯城命之後也。

48

乃字疑衍。

息長竹原公　應神天皇三世孫。阿居乃王之後也。

右第六卷

大和國皇別　起星川朝臣。盡川俣公。十八氏。

星川朝臣　石川朝臣同祖。武内宿祢之後也。敏達天皇御世。依居地。賜姓星川朝臣。日本紀合。

江沼臣　石川同氏。建内宿祢男。若子宿祢之後也。日本紀漏。

内臣　孝元天皇皇子。彦太忍信命之後也。

49

姓氏錄一　廿五

疑見前。

山公　内臣同祖。味内宿祢之後也。

阿祇奈君　玉手朝臣同祖。彦太忍信命孫。武内宿祢之後也。

馬工連　平群朝臣同祖。平群木兎宿祢之後也。

曰佐　紀朝臣同祖。武内宿祢之後也。

池後臣　建内宿祢之後也。日本紀不見。

巨勢楲田臣　池後臣同祖。武内宿祢之後也。

音太部　高橋朝臣同祖。大日子命之後也。

50

下一作本。　世一作代。　達倭一作還建。恐不是達幸之誤。　失一作大。　臣字一無。

坂合部首　阿倍朝臣同祖。大彦命之後也。

柿下朝臣　大春日朝臣同祖。天足彦國押人命之後也。敏達天皇御世。依家門有柿樹。爲柿本臣氏。

布留宿祢　柿本朝臣同祖。天足彦國押人命七世孫。米餅搗大使主命之後也。男木事命。男市川臣。大鷦鷯天皇御世。達倭賀布都努斯神社於石上郷布瑠村高庭之地。以市川臣爲神主。四世孫額田臣。武蔵臣。齋明天皇御世。宗我蝦夷大臣。号武蔵臣物部首并神主首。因茲失臣姓。爲

51

物部首男正五位上日向天武天皇御世依社地名改布瑠宿祢姓日向三世孫邑智等也。

久米臣 柿本朝臣同祖。天足彦國押人命五世孫大難波命之後也。

肥直 多朝臣同祖。神八井耳命之後也。

下養公 上毛野朝臣同祖。豊城入彦命之後也。

廣來津公 下養公同祖。豊城入彦命四世孫大荒田別命之後也。

川俣公 日下部宿祢同祖。彦坐命之後也。

右第七巻

攝津國皇別 起川原公盡車持公二十九氏。

川原公 爲奈眞人同祖。火焰王之後也。天智天皇御世依居賜川原公姓。日本紀漏。

榛原公 息長眞人同祖。大山守命之後也。

高橋臣 阿倍朝臣同祖。大彦命之後也。日本紀不見。

佐佐貴山君 同上。

久久智 同上。

坂合部連 同大彦命之後也。允恭天皇御世造立國境之標。因賜姓坂合部連。

伊我水取 阿倍朝臣同祖。大彦命之後也。

吉志 難波忌寸同祖。大彦命之後也。

三宅人 大彦命男波多武日子命之後也。

雀部朝臣 巨勢朝臣同祖。建内宿祢命之後也。

坂本臣 紀朝臣同祖。彦太忍信命孫武内宿祢命之後也。

阿支奈臣 玉手朝臣同祖。武内宿祢男葛城曾豆比古命之後也。

布敷首 玉手朝臣同祖。葛木襲津彦命之後也。

井代臣 大春日朝臣同祖。米餅搗大使主命之後也。居大和國添上郡井手村。因負姓井代臣。

津門首 櫟井臣同祖。米餅搗大使主命之後也。

物部首 大春日朝臣同祖。孝昭天皇皇子天帯彦國押人命之後也。

姓氏錄一　廿八

男字前文作錄是。

和邇部　大春日朝臣同祖。天足彦國押人命之後也。

物部　物部首同祖。米餅搗大使主命之後也。

羽束首　天足彦國押人命男。彦姥津命之後也。

日下部宿祢　出自開化天皇皇子。彦坐命也。日本紀合。

依羅宿祢　日下部宿祢同祖。彦坐命之後也。續日本紀合。

鴨君　同上。

山邊公　和氣朝臣同祖。大鐸石和居命之後也。

56

穉一作櫨。

山守　垂仁天皇皇子。五十日足彦命之後也。

豐嶋連　多朝臣同祖。彦八井耳命之後也。日本紀漏。

松浦首　豐嶋連同祖。

道守臣　道守朝臣同祖。武葉頻別命之後也。

韓矢田部造　上毛野朝臣同祖。豐城入彦命之後也。三世孫彌母呂別命孫。現古君。氣長足比賣尊神功御世。筑紫櫓水宮御宇之時。海中有物。差現古君遣見。復奏之日。率韓蘇使主等參來。因茲賜韓矢田部造姓。日

57

姓氏錄一　廿九

本紀漏。

車持公　上毛野朝臣同祖。豐城入彦命之後也。

右第八卷

河内國皇別　起阿閇朝臣。盡蓁原。四十六氏。

阿閇朝臣　阿倍朝臣同祖。孝元天皇皇子。大彦命之後也。

阿閇臣　阿閇朝臣同祖。大彦命男。彦瀬立大稻越命之後也。

日下連　阿閇朝臣同祖。大彦命男。級結命之後也。日本紀漏。

58

行字一無。

就一作付。

一本号下有曰字。得作大。

大戸首　阿閇朝臣同祖。大彦命男。比毛由比命之後也。謚安閑御世。河内國日下大戸村造立御宅。爲首。仕奉行。仍賜大戸首姓。日本紀漏。

難波忌寸　大彦命之後也。阿倍氏遠祖。大彦命。磯城瑞籬宮御宇天皇御世。遣治蝦夷之時。至於兎田黒坂。忽聞嬰兒啼泣。郎謁覓獲棄嬰兒。大彦命見而大歡。郎訪求乳母。得兎田弟嫒。便就嬰兒曰。觸養長安爵功。於是成人。奉送之大彦命。爲子。愛育。号得彦宿祢者。異說並存。

難波　難波忌寸同祖。大彦命孫。波多武彦命之後也。

59

姓氏錄一

道守朝臣 波多朝臣同祖。武内宿祢男八多八代宿祢之後也。日本紀合。

山口朝臣 道守朝臣同祖。武内宿祢之後也。續日本紀合。

林朝臣 同上。

道守臣 道守朝臣同祖。武内宿祢男波多八代宿祢之後也。

的臣 道守朝臣同祖。武内宿祢男葛城曾都比古命之後也。

塩屋連 道守臣同祖。武内宿祢男葛木曾都比古命之後也。日本紀合。

卅

60

小家連 塩屋連同祖。武内宿祢男葛城襲津彦命之後也。

原井連 同上。續日本紀漏。

早良臣 平群朝臣同祖。武内宿祢男平群都久宿祢之後也。

布忍首 的臣同祖。武内宿祢之後也。日本紀漏。

額田首 早良臣同祖。平群木兎宿祢之後也。不尋父氏。負母氏額田首。

紀祝 建内宿祢男紀角宿祢之後也。

紀部 建内宿祢男都野宿祢之後也。

61

何一作我。

川一作河

姓氏錄一

蘇何 孝元天皇皇子彦太忍信命之後也。

大宅臣 大春日朝臣同祖。天足彦國押人命之後也。

壬生臣 大宅臣同祖。

物部 天足彦國押人命七世孫米餅搗大使主命之後也。

日下部連 彦坐命子狹穗彦命之後也。

川俣公 日下部連同祖。彦坐命之後也。

豐階公 川俣公同祖。彦坐命男澤道彦命之後也。

卅一

62

酒人造 日下部連同祖。日本紀不見。

日下部 日下部連同祖。

忍海部 開化天皇皇子比古由牟須美命之後也。

茨田宿祢 多朝臣同祖。彦八井耳命之後也。筥呂母能古仁德天皇御代造茨田堤。日本紀合。

志紀縣主 多朝臣同祖。神八井耳命之後也。

紺口縣主 志紀縣主同祖。神八井耳命之後也。

63

入字一本及拾芥抄首補作人。 雨一作田。 賭一作蝕。

姓氏録一 卅二

志紀首　志紀縣主同祖。神八井耳命之後也。

下家連　彦八井耳命之後也。

江首　江人附。彦八井耳命七世孫来目津彦命之後

大雨宿祢　大碓命之後也。

尾張部　彦八井耳命之後也。

守公　牟義公同祖。大碓命之後也。日本紀漏。

阿禮首　守公同祖。大碓命之後也。

64

廣一作尋。 吉一作古。 村作林誤。

廣來津公　上毛野朝臣同祖。豊城入彦命之後也。三世孫赤麻呂。依家地名負尋來津君者。

止美連　尋來津公同祖。豊城入彦命之後也。四世孫荒田別命男田道公。被遣百濟國。娶止美邑呉女生男。持君三世孫熊次新羅等。欽明天皇御世。参來新羅男吉雄。依居賜姓止美連也。日本紀漏。

村舉首　豊城入彦命之後也。

佐伯直　大足彦忍代別天皇皇子稲背入彦命之後也。日本紀不見。

65

姓氏録一 卅三

蘇宜部首　仲哀天皇皇子誉屋別命之後也。日本紀漏。

礒部臣　同上。

秦原　誉田天皇皇子大山守命之後也。

右第九巻

和泉國皇別

起道守朝臣盡山公三十三氏。

道守朝臣　波多朝臣同祖。八多八代宿祢之後也。日本紀合。

坂本朝臣　紀朝臣同祖。建内宿祢男紀角宿祢之後也。男白城宿祢。

66

城一作木。 辛字一本無。

三世孫建日臣。因居賜姓坂本臣。日本紀合。

的臣　坂本朝臣同祖。建内宿祢男葛城襲津彦命之後也。

布師臣　同上。

紀辛梶臣　建内宿祢男紀角宿祢之後也。

大家臣　建内宿祢男紀角宿祢之後也。謚天智庚午年。依居大家負大宅臣姓。

掃守田首　武内宿祢男紀角宿祢之後也。

67

文部首 同上。

雀部臣 多朝臣同祖神八井耳命之後也。

小子部連 同神八井耳命之後也。

志紀縣主 雀部臣同祖。

膳臣 宇太臣松原臣阿倍朝臣同祖。太鳥膳臣等并大彥命之後也。

他田 膳臣同祖。

葦占臣 大春日朝臣同祖。天足彥國押人命之後也。

姓氏錄一 卌四

68

網一作納或作細未詳是非

物部 布留宿祢同祖。天足彥國押人命之後也。

網部物部 同上。日本紀漏。

根連 同上。

櫛代造 同上。

日下部首 日下部宿祢同祖。彥坐命之後也。

日下部 日下部首同祖。

佐代公 上毛野朝臣同祖。豐城入彥命之後也。敏達天皇行幸吉野川

69

瀬之時。依有勇事賜佐代公。

賜字上一本有負字

珍縣主 佐代公同祖。豐城入彥命三世孫御諸別命之後也。日本紀漏

登美首 佐代公同祖。豐城入彥命男倭日向建日向八綱田命之後也。日本紀漏。

葛原部 佐代公同祖。豐城入彥命三世孫大御諸別命之後也。日本紀漏。

茨木造 豐城入彥命之後也。

姓氏錄一 卌五

70

多一作田。

郡一作鄉

丹比部 同上。日本紀漏。

輕部 倭日向建日向八綱多命之後也。雄略天皇御世。獻加里乃郡。仍賜姓輕部君。

和氣公 犬上朝臣。同祖。倭建尊之後也。

縣主 和氣公同祖。日本武尊之後也。

酒部公 讃岐公。同祖神櫛別命之後也。

池田首 景行天皇皇子。大碓命之後也。日本紀漏。

71

木一作本。拾芥抄無木字

別字疑衍

聟木 豊木入彥命。四世孫。大荒田別命之後也。

山公 垂仁天皇皇子。五十日足彥別命之後也。

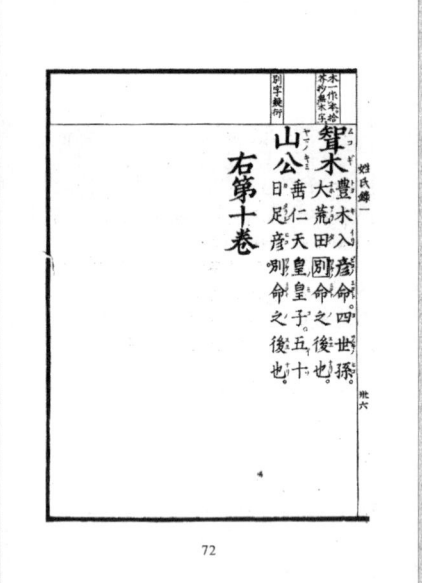

右第十卷

訂

新撰姓氏錄

風

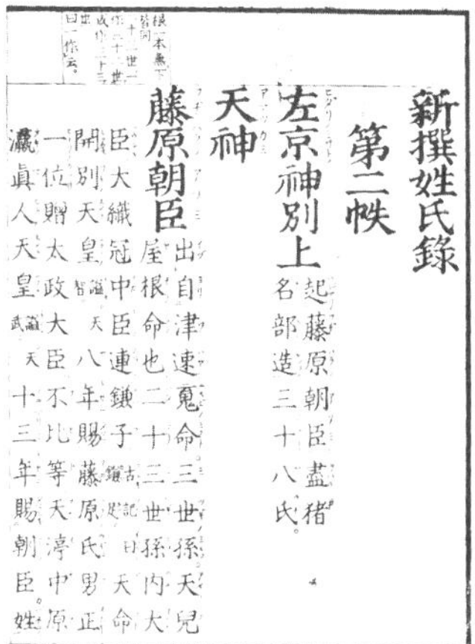

新撰姓氏錄

第二帙

左京神別上 起藤原朝臣盡猪名部造三十八氏。

天神

藤原朝臣 出自津速魂命三世孫天兒屋根命也。二十三世孫內大臣大織冠中臣連鎌子 古記曰鎌足 天命開別天皇 諡天智 八年賜藤原氏。男正一位贈太政大臣不比等。天渟中原瀛眞人天皇 諡天武 十三年賜朝臣姓。

1

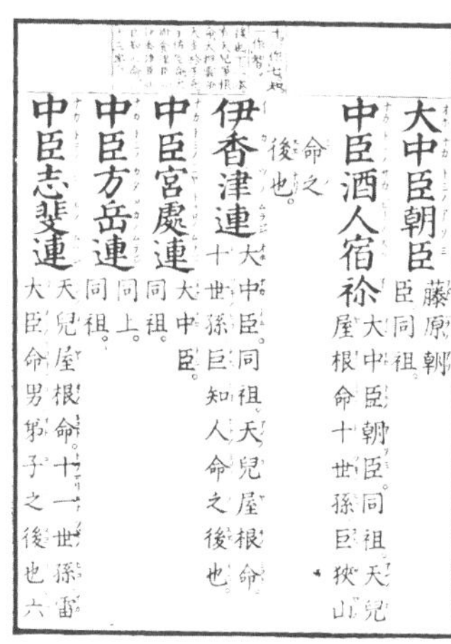

姓氏錄二

大中臣朝臣 藤原朝臣同祖。

中臣酒人宿祢 大中臣朝臣同祖。天兒屋根命十世孫臣狹山命之後也。

伊香津連 大中臣同祖。天兒屋根命十世孫臣知人命之後也。

中臣宮處連 大中臣。

中臣方岳連 同上。

中臣志斐連 同祖。天兒屋根命十一世孫雷大臣命男弟子之後也

2

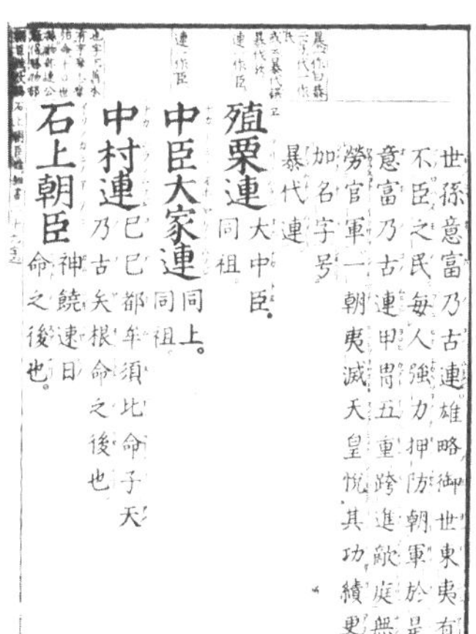

世孫意富乃古連。雄略御世東夷有不臣之民。每人強力押防朝軍。於是意富乃古連甲冑五重跨進鮫庭無勞官軍。一朝夷滅。天皇悅其功績更加名字号暴代連。

殖栗連 大中臣。

中臣大家連 同祖。

中村連 同上。

已已都年須比命子天乃古矢根命之後也

石上朝臣 神饒速日命之後也。

3

姓氏錄二 二

六諸本作五非。

穗積朝臣 石上同祖。神饒速日命六世孫。伊香色雄命之後也。

阿刀宿祢 石上同祖。

若湯坐宿祢 石上同祖。

舂米宿祢 石上同祖。

小治田宿祢 石上同祖。欽明天皇御代依墾開小治田鮎田賜小治田大連。

弓削宿祢 石上同祖。

4

冰一作氷。

十二世篇中皆作十三世按舊事紀布都久留連公

冰宿祢 石上同祖。

穗積臣 伊香賀色雄命男。大水口宿祢之後也。

矢田部連 伊香我色乎命之後也。

矢集連 同上。

物部肩野連 同上。

柏原連 同上。

依羅連 饒速日命十二世孫。懷大連之後也。

5

姓氏錄二 三

饒速日命十一世孫也又同神十二世孫有物部多波連以依網連等祖書又書紀推古卷有物部依網連抱者。

負一作眞下同。

也字下脫人名。

柴垣連 同上。

佐爲連 速日命六世孫。伊香我色乎命之後也。

葛野連 同上。

登美連 同上。

水取連 同上。

大貞連 饒速日命十五世孫。彌加利大連之後也。□上宮太子攝政之年。任大椋官。于時家邊有大俣楊樹。太子巡行卷向宮之時。親指樹問之

6

卽詔阿比太連。賜大俣連。四世孫正六位上千繼等。天平神護元年。改字賜大貞連。

曾祢連 石上同祖。

越智直 同上同祖。

衣縫造 同上同祖。

輕部造 同上同祖。

物部 同上同祖。

7

眞神田曾祢連 神饒速日命六世孫伊香我色乎命男氣津別命之後也。

大宅首 大閇蘇杵命孫建新川命之後也。

猪名部造 伊香我色男命之後也。

右第十一卷

左京神別中

起大伴宿祢盡佐伯連二十三氏。

天神

大伴宿祢 高皇産靈命五世孫天押日命之後也。初天孫彦火瓊瓊杵尊神駕之降也。天押日命大來目部立於御前降于日向高千穗峯。然後以大來目部爲天靫負部。天靫負之号起於此也。雄略天皇御世以天靫負賜大連公。奏曰衛門開閤之務於職已重。若一身難堪。望與愚兒語相併奉衛左右。勅依奏。是大伴佐伯二氏掌左右開閤之縁也。

佐伯宿祢 大伴宿祢同祖。道臣命七世孫室屋大連公之後也。

大伴連 道臣命十世孫佐弖彦之後也。

松一作松訓未考。 八一作六。

榎本連 同上。

神松造 道臣命八世孫金村大連公之後也。

日奉連 高魂命之後也。

縣犬養宿祢 神魂命八世孫阿居太都命之後也。

大椋置始連 縣犬養同祖。阿居太都命之後也。

雄儀連 角凝命十五世孫乎儀連之後也。

竹田連 神魂命十三世孫八束脛命之後也。

掃守連 振魂命四世孫天忍人命之後也。

小山連 高御魂命子櫛玉命之後也。

畝尾連 天辭代命子國辭代命之後也。

久米直 高御魂命八世孫味耳命之後也。

浮穴連 移受牟受比命五世孫弟意孫連之後也。

宮部造 天壁立命子天背男命之後也。

間人宿祢 神魂命五世孫玉櫛比古命之後也。

12

姓氏録二 六

爪一作瓜非

爪工連 神魂命子。多久都玉命三世孫。天仁木命之後也。

多米連 多米宿祢同祖。神魂命五世孫。天日和志命之後也。成務天皇御世。仕奉炊職。賜多米連也。

天孫

出雲宿祢 天穂日命子。天夷鳥命之後也。

出雲臣 天穂日命五世孫。久志和都命之後也。

入間宿祢 天穂日命十七世孫。天日古曽乃己呂命之後也。

13

木一作大

佐伯連 木根乃命男。丹波眞太玉之後也。

右第十二巻

作二十氏非

左京神別下 起伊勢朝臣。盡石邊公。二十一氏。

天神

伊勢朝臣 天底立命六世孫。天日別命之後也。

弓削宿祢 高魂命孫。天日鷲翔矢命之後也。

若倭部 神牟須比命十八世孫。子田知之後也。

14

姓氏録二 七

七字一本無 曾字一本作魚称二字 之字一本無

天孫

尾張宿祢 火明命二十七世孫。阿曽連之後也。

尾張連 尾張宿祢同祖。火明命之男。天賀吾山命之後也。

伊福部宿祢 尾張連同祖。火明命之後也。

湯母竹田連 火明命五世之孫。建刀米命之男。武田折命。景行天皇御世。擬湯殖。賜田夜宿之間。菌生其田。天皇聞食而。賜姓菌田連。後改為湯母竹田連。

15

因一作門非 子一作公非

竹田川邊連 同命五世之孫。建刀米命之男。武田折命之後也。仁徳天皇御世。大和國十市郡刑坂川之邊。有竹田神社。因以為氏神。同居住焉。緑竹大美。供御箸竹。因茲賜竹田川邊連。

石作連 火明命六世孫。建眞利根命之後也。垂仁天皇御世。奉為皇后日葉酢媛命作石棺献之。仍賜姓石作大連公也。

檜前舎人連 火明命十四世孫。波利那乃連公之後也。

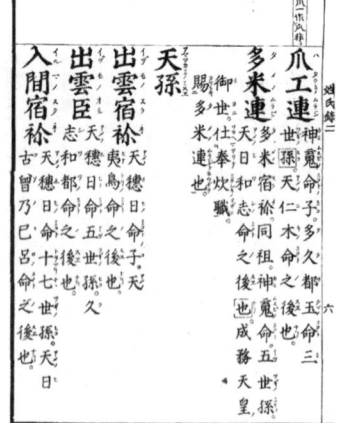

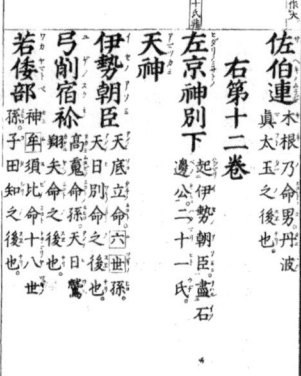

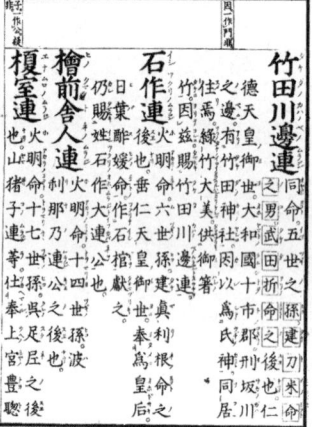

榎室連 火明命十七世孫。呉足尼之後也。山猪子連等。仕奉上宮豊聡

姓氏錄二

耳皇太子御杖代爾時太子巡行山代國于時古麿家在山城國久世郡水主村其門有大槻樹太子曰是樹如室大雨不漏仍賜槻室連。

丹比須加布 火明命三世孫天忍男命之後也。

但馬海直 火明命之後也。

大炊刑部造 火明命四世孫阿麻刀彌命之後也。

坂合部宿祢 火明命八世孫邇倍足尼之後也。

額田部湯坐連 天津彦根命子明立天御影命之後也。允恭天

八

16

喜一作嘉

皇御世被遣薩摩國平隼人復奏之日獻御馬一疋額有町形廻毛天皇嘉之賜姓額田部也。

遣一作連

三枝部連 額田部湯坐同祖。顯宗天皇御世。喚集諸氏人等賜饗醼。于時三莖之草生於宮庭。採以奉獻。仍負姓三枝部造。

奄智造 額田部湯坐連同祖。

額田部 同命孫意富伊我都命之後也。

地祇

17

[illegible]

姓氏錄二

弓削宿祢 出自天押穗根尊洗御手時水中化生神爾伎都麻呂也。

石邊公 大物主命男久斯比賀多命之後也。

右第十三卷

右京神別上 起釆女朝臣盡神門臣三十六氏。

天神

釆女朝臣 石上朝臣同祖。神饒速日命六世孫大水口宿祢之後也。

中臣習宜朝臣 同神孫味瓊杵田命之後也。

九

18

中臣熊凝朝臣 同上。

巫部宿祢 同神六世孫伊香我色雄命之後也。

箭集宿祢 同上。

内田臣 同上。

長谷置始連 同神七世孫大新河命之後也。

高橋連 同上。

水取連 同神六世孫伊香我色雄命之後也。

19

姓氏錄二　十

小治田連　同上。

依羅連　同神。十世孫。伊巳布都大連之後也。

曾禰連　同神六世孫伊香我色雄命之後也。

肩野連　同上。

若櫻部造　同神。三世孫。出雲色男命之後也。四世孫。物部長眞膽連。初去來穗別天皇御世。泛兩枝船於磐余市磯池。與皇妃分駕遊宴。是時膳臣余磯獻酒。櫻花飛來浮于御盞。天皇異之。遣物部長眞膽連尋求。乃

20

俘一作檪或作櫟。　天一作大。　喜一作鳥。

俘得被上室山。獻之。天皇歡之。賜余磯姓稚櫻部臣。長眞膽連賜姓稚櫻部造。

大宅首　大閉蘇杵命孫。建新川命之後也。

神麻績連　天物知命之後也。

鳥取部連　角凝魂命。十三世孫。天湯河桁命之後也。垂仁天皇皇子。譽津別命。年向三十。不言語。于時見飛鵠。問曰此何物。爰天皇悅之。遣天湯河桁尋求。詣出雲國宇夜江。捕貢之。天皇大喜。即賜姓鳥取連。

21

穗一作別。　五一作六。

姓氏錄二　十一

三島宿禰　神魂命。十六世孫。建日穗命之後也。

天語連　縣犬養宿禰同祖。神魂命七世孫。天日鷲命之後也。

佐伯造　天雷神孫。天押人命之後也。

大伴大田宿禰　高魂命。五世孫。天押日命之後也。

佐伯日奉造　天押日命。十一世孫。談連之後也。

高志連　高魂命。九世孫。日臣命之後也。

高志壬生連　日臣命。七世孫。室屋大連之後也。

22

一本置久米直下。　支一作長。　神字下一有御字。神字左京神別作高。日字同作耳。不知孰是。　眞龍云屋連未詳疑是屋連。　十一世一作十世。

額田部宿禰　明日名門命。三世孫。天村雲命之後也。

額田部廐玉　額田部宿禰同祖。明日名門命。十一世孫。御支宿禰之後也。

久米直　神魂命。八世孫。味日命之後也。

屋連　神御魂命。十一世孫。天御行命之後也。

多米宿禰　同神。五世孫。天日鷲命之後也。成務天皇御世。仕奉大炊寮。御飯香美。特賜嘉名。

23

姓氏録二　十二

一作九世

齋部宿祢 高皇産靈命子天太玉命之後也

玉祖宿祢 高御牟須比乃命十三世孫大荒木命之後也

玉作連 高魂命孫天明玉命之後也天津彦火瓊瓊杵尊降幸於葦原中國時與五氏神部陪從皇孫降來是時造作玉璧以爲神幣故号玉祖連亦号玉作連

波多門部造 神魂命十三世孫意富支閇連公之後也

壹伎直 天兒屋根命十一世孫雷大臣之後也

24

天孫

出雲臣 天穂日命十二世孫鵜濡渟命之後也

神門臣 同上

右第十四巻

右京神別下 起若倭部連盡倭太二十九氏

天神

若倭部連 神魂命七世孫天筒草命之後也

25

姓氏録一　十三

伊與部 高媚牟須比命三世孫天辭代主命之後也

天孫

土師宿祢 天穂日命十二世孫可美乾飯根命之後也

菅原朝臣 土師朝臣同祖乾飯根命七世孫大保度連之後也

秋篠朝臣 同上

大枝朝臣 同上

丹比宿祢 火明命三世孫天忍男命之後也男武額赤命七世孫御

26

殿宿祢男色鳴大鷦鷯天皇御世皇子瑞歯別尊誕生淡路宮之時淡路瑞井水奉灌御湯于時虎杖花飛入御湯瓮中色鳴宿祢称天神壽詞奉号曰多治比瑞歯別尊乃定多治比部於諸國爲皇子湯沐邑即以色鳴爲宰令領丹比部戸因号丹比連遂爲氏姓其後庚午年依作新家加新家二字爲丹比新家連也

尾張連 火明命五世孫武礪目命之後也

伊與部 同上

27

姓氏錄二

五世一作三世誤。 四世一作三世誤。 火明命一作火闌降命。

六人部 同上。
子部 火明命五世孫建刀米命之後也。
大炊刑部造 同神四世孫天礪目命之後也。
朝來直 同上。
若倭部 同神四世孫建額明命之後也。
川上首 火明命之後也。
坂合部宿祢 火明命八世孫迩陪足尼之後也。

十四

28

若一作君。 麻一作麿。 高字上旧本有八本二字友人百樹云八本疑八太之誤和名抄云高市郡八太郷又式高市郡波多神社。

阿多御手犬養 火闌降命六世孫薩摩若相樂之後也。
滋野宿祢 紀直同祖。神龜命五世孫天道根命之後也。
大村首 天道根命六世孫若積命之後也。
大家首 天道足尼命孫比古麻夜真止乃命之後也。
髙市連 額田部同祖。天津彦根命三世孫彦伊賀都命之後也。
桑名首 天津彦根命男天久之比乃命之後也。
地祇

29

姓氏錄二

太字旧印本作木蓋誤也據真龍考改之。 田印本作倭水一本作八本又作倭一字皆非也今

宗形朝臣 大神朝臣同祖。吾田片隅命之後也。
安曇宿祢 海神綿積豊玉彦神子穂高見命之後也。
海犬養 海神綿積命之後也。
凡海連 同神男穂高見命之後也。
青海首 椎根津彦命之後也。
八太造 和多罷豊玉彦命兒布留多摩乃命之後也。
倭太 神知津彦命之後也。

十五

30

據小印本正之。 四十五氏一作三十五氏誤也。

右第十五巻
山城國神別 起阿刀宿祢盡狛人野四十五氏。
天神
阿刀宿祢 石上朝臣同祖。饒速日命孫味饒田命之後也。
阿刀連 同上。
熊野連 同上。
宇治宿祢 饒速日命六世孫伊香我色雄命之後也。

31

32

姓氏錄二　十六

一作奈矢和連……拾芥抄同。

佐爲宿祢　同上。

佐爲連　同神八世孫物部牟伎利足尼之後也。

中臣葛野連　同神九世孫伊久比足尼之後也。

巫部連　同神十世孫伊已布都乃連公之後也。

高橋連　同神十二世孫小前宿祢之後也。

宇治山守連　同神六世孫伊香我色雄命之後也。

奈矢和連　同上。

33

連字一本無或作造。

眞髮部造　神饒速日命七世孫大賣布乃命之後也。

今木連　同上。

奈矢勝　佐爲宿祢同祖。

額田臣　伊香我色雄命之後也。

筑紫連　饒速日命男味眞治命之後也。

秦忌寸　神饒速日命之後也。

錦部首　同神十二世孫物部目大連之後也。

34

姓氏錄二　十七

之字疑衍下同。洲一作州下效之。鳥一作烏。

鳥取連　天角已利命三世孫天湯河板擧命之後也。

今木連　神魂命五世孫阿麻乃西乎乃命之後也。

巨椋連　今木連同祖。止與波知命之後也。

額田部宿祢　明日名門命六世孫天中久富命之後也。

賀茂縣主　神魂命孫武津之身命之後也。

鴨縣主　賀茂縣主同祖。神日本磐余彥天皇謚神武欲向中洲之時。山中嶮絕。跋涉失路。於是神魂命孫鴨建津身命。化如大鳥。翔飛奉導。遂達中

35

八字上一本有天字。

洲。時天皇嘉其有功。特厚褒賞。八咫烏之号。從此始也。

矢田部　鴨縣主同祖。鴨建津身命之後也。

丈部　同上。

西埿部　鴨縣主同祖。鴨建玉依彥命之後也。

祝部　同祖。建角身命之後也。

税部　神魂命子角凝魂命之後也。

呉公　天相命十三世孫香太臣命之後也。

姓氏録二

蔵一作木。

神宮部造 葛城猪石岡。天降神。天破命之後也。六世孫。吉足日命。磯城瑞籬宮御宇崇神天皇御世。天下有災。因遣吉足日命。令齋祭大物主神。災異即止。天皇詔曰。消天下災百姓得福。自今以後。可爲宮能賣神。仍賜姓宮能賣公。然後庚午年籍。註神宮部造也。

十八

菅田首 天久斯麻比止都命之後也。

天孫

土師宿祢 天穗日命十四世孫。野見宿祢之後也。

36

直一作首。

一作石作部

出雲臣 同神子。天日名鳥命之後也。

出雲臣 天穗日命之後也。

尾張連 火明命子。天香山命之後也。

六人部連 火明命之後也。

伊福部 同上。

石作 同上。

水主直 同上。

37

姓氏録二

三富部 同上。

山背忌寸 天都比古祢命子。天麻比止都祢命之後也。

十九

阿多隼人 富乃須佐利乃命之後也。

地祇

石邊公 大物主命子。久斯比賀多命之後也。

狛人野 同命兒櫛日方命之後也。

右第十六卷

38

賀一作香。

大和國神別 起佐爲連盡國栖。四十四氏。

天神

佐爲連 石上朝臣同祖。神饒速日命十世孫。伊己止足尼之後也。

志貴連 同神孫。日子湯支命之後也。

眞神田首 伊香我色乎命之後也。

長谷山直 石上朝臣同祖。神饒速日命六世孫。伊賀我色男命之後也。

39

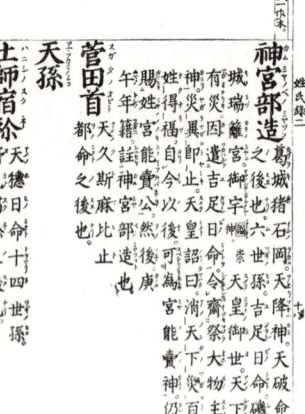

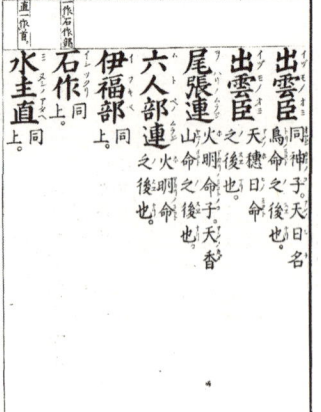

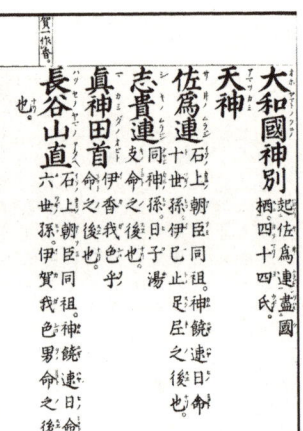

姓氏録二　廿

矢田部 饒速日命七世孫大新河命之後也。

縣使首 宇麻志摩遅命之後也。

長谷部造 神饒速日命十二世孫千速見命之後也。（造字一本無）

委文宿祢 出自神魂命之後大味宿祢也。（委一作倭　也字一本無）

田邊宿祢 同神五世孫天日鷲命之後也。

多米宿祢 同神二十二世孫意保止命之後也。

葛木忌寸 高御魂命五世孫劔根命之後也。

40

門部連 牟須比命兒安牟須比命之後也。（有脱文）

服部連 天御中主命十一世孫天御桙命之後也

白堤首 天櫛玉命八世孫大熊命之後也

高志連 天押日命十一世孫大伴室屋大連公之後也（大一作天）

仲丸子 日臣命九世孫金村大連之後也

大家臣 大中臣朝臣同祖。津速魂命之後也。

添縣主 出自津速魂命男武乳遺命也。

41

姓氏録　廿一

御手代首 天御中主命十世孫天諸神命之後也。

掃守 根魂命四世孫天忍人命之後也。

飛鳥直 天事代主命之後也。

大田祝山直 天枝命子天爾支命之後也（枝一作杖）

踰部大炊 天三穗命八世孫意富麻羅之後也。

天孫

土師宿祢 秋篠朝臣同祖。天穗日命十二世孫可美乾飯根命之後

42

也。

贄土師連 同神十六世孫意富曽婆連之後也。

尾張連 天火明命子天香山命之後也。

伊福部宿祢 同上。

伊福部連 伊福部宿祢同祖

蝮壬部首 火明命孫天五百原命之後也。

工造 同神十世孫大美和都祢乃命之後也

43

姓氏錄二　九二

河田田印本作阪田但田二字一本無

二見首　富須洗利命之後也。

大角隼人　出自火闌降命之後也。

大坂直　天道根命之後也。

三枝部連　額田部湯坐連同祖。天津彦根命十四世孫。建許呂命之後也。顯宗天皇御世。諸氏賜饗醼于時宮庭有三莖草。獻之。因賜姓三枝部連。

額田部河田連　同神三世孫。意富伊我都命之後也。允恭天皇

44

拾木校作位田師云阪田亙多之譌歟今依續紀改之。知一作智。巳一作云。臣一作養。

御世。獻額田馬。天皇勅。此馬額如田町。仍賜姓額田部連也。

奄知造　同神十四世孫。建凝命之後也。

伊蘇志臣　滋野宿祢同祖。天道根命之後也。

地祇

吉野連　加彌比加尼之後也。謚神武天皇行幸吉野。到神瀨。遣人汲水。使者還曰。有井光女。天皇召問之。汝誰人。荅曰。臣是自天降來。白雲別神之女也。名曰豐御富。天皇即名水光姬。今吉野連所祭。水光神是也。

45

姓氏錄二　九三

眞穗一無。田一作太。

大神朝臣　素佐能雄命六世孫。大國主命之後也。初大國主神。娶三島溝杭耳之女玉櫛姬。夜未曙去。不曾晝到。於是玉櫛姬績苧係衣。至明隨苧尋覓。經於茅渟縣陶邑。直指大和國眞穗御諸山。還視苧遺。唯有三縈。因之号姓大三縈。

賀茂朝臣　大神朝臣同祖。大國主神之後也。大田田祢古命孫。大賀茂都美命。一名大賀茂足尼。奉齋賀茂神社也。

和仁古　大國主神六世孫。阿太賀田須命之後也。

46

國一作地。海道二脫海字。宿祢一作直。又脫宿祢者非。

大和宿祢　出自神知津彦命也。神日本磐余彦天皇。從日向國向大倭國。到速吸門。時有漁人。乘艇而至。天皇問曰。汝誰也。對曰。臣是國神。名宇豆彦。聞天神子來。故以奉迎。即牽納皇船。以爲海導。仍号神知津彦。一名椎根津彦。能宜軍機之策。天皇嘉之。任大倭國造。是大倭宿祢始祖也。

長柄首　天乃八重事代主神之後也。

國栖　出自石穗押別神也。神武天皇行幸吉野。時川上有遊人。于時天皇御覧。即入穴。須臾又出遊。竊窺之。喚問。荅曰。石穗押別神子也。爾時詔賜

47

48

國栖名。然後孝德天皇御世。始賜名
人國栖意世古次号世古二人。允恭
天皇御世乙未年中七節進
御贄仕奉神態至今不絶。

右第十七卷

直一作人非

攝津國神別 起津島朝臣。盡神直。四十五氏。

天神

津島朝臣 大中臣朝臣同祖。津速魂命三世孫。天兒屋根命之後也

椋垣朝臣 同上。

49

東一作東。

荒城朝臣 同上。

中臣東連 天兒屋根命九世孫鯛身命之後也。

神奴連 同神十一世孫雷大臣命之後也。

中臣藍連 同神十二世孫大江臣之後也。

中臣太田連 同神十三世孫御身宿祢之後也。

生田首 同神十一世孫雷大臣命之後也。

若湯坐宿祢 石上朝臣同祖。神饒速日命六世孫伊香我色雄命

50

之後也。

巫部宿祢 同上。

内田臣 同上。

阿刀連 神饒速日命之後也。

物部韓國連 伊香我色雄命之後也。

矢田部造 同上。

佐夜部首 同上。

51

足一作見　委一作倭

小山連 高魂命子櫛玉命之後也。

多米連 神魂命五世孫天儿和志命之後也。

犬養 同神十九世孫田根連之後也。

目色部眞時 同神十二世孫大足尼命之後也。

委文連 角凝魂命男伊佐布魂命之後也。

竹原 同上。

額田部宿祢 同神男。五十狭經魂命之後也。

姓氏錄二 廿六

一有服部連下

額田部 額田部宿祢同祖。明日名田命之後也。

服部連 熯之速日命十二世孫。麻羅宿祢之後也。允恭天皇御世。任織部司。摠領諸國織部。因号服部連。

天孫

津守宿祢 尾張宿祢同祖。火明命八世孫。大御日足尼之後也。

六人部連 同神五世孫。建刀米命之後也。

石作連 同神六世孫。武椀根命之後也。

52

手一作平。 犬宇一本無

蝮部 同神十一世孫。蝮壬部犬手之後也。

刑部首 同神十七世孫。屋主宿祢之後也。

津守 火明命之後也。

日下部 阿多御手犬養同祖。火闌降命之後也。

凡河内忌寸 額田部湯坐連同祖。

國造 天津彦根命男。天戸間見命之後也。

山代直 天御影命十一世孫。山代根子之後也。

53

姓氏錄二 廿七

拷一作栲。

土師連 天穗日命十二世孫。飯入根命之後也。

凡河内忌寸 同神十三世孫。可美乾飯根命之後也。

羽束 天佐鬼利命三世孫。斯鬼乃命之後也。

地祇

大和連 神知津彦命十一世孫。御物足尼之後也。

凡海連 安曇宿祢同祖。綿積命六世孫。小栲梨命之後也。

阿曇犬養連 海神大和多罪神三世孫。穗已都久命之後也。

54

物忌直 椎根津彦命九世孫。矢代宿祢之後也。

鴨部祝 賀茂朝臣同祖。大國主神之後也。

我孫 大己貴命孫。天八現津彦命之後也。

神人 大國主命五世孫。大田田根子命之後也。

神直 同上。

右第十八巻

河内國神別

起菅生朝臣。盡等祢直。六十三氏。

55

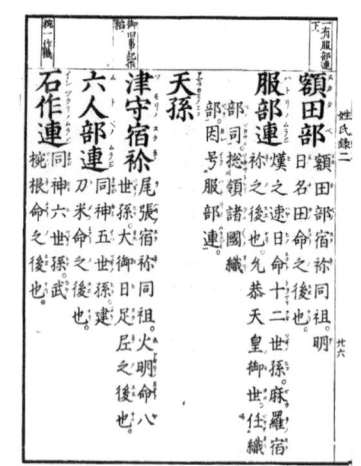

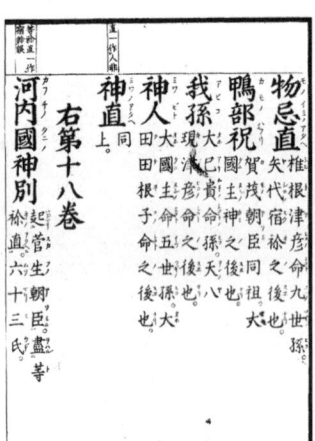

十一世一作十四世誤

天神

菅生朝臣 大中臣朝臣同祖。津速魂命三世孫天兒屋根命之後也

中臣連 同神十一世孫雷大臣命之後也。

中臣酒屋連 同神十九世孫。眞人連公之後也。

村山連 中臣連同祖。

中臣高良比連 津速魂命十三世孫。臣狹山命之後也。

平岡連 同神十四世孫。鯛身臣之後也。

川跨連 同神九世孫。梨富命之後也。

中臣連 天兒屋根命之後也。

中臣 中臣高良比連同祖

弓削宿祢 天高御魂乃命孫。天毗和志可氣流夜命之後也。

玉祖宿祢 同神十三世孫。建荒木命之後也。

林宿祢 大伴宿祢同祖。室屋大連公男。御物宿祢之後也。

家内連 高魂命五世孫。天忍日命之後也。

孫某圖高魂神一作押　久一作允　委一作倭　三一作四 努一作奴

佐伯首 天押日命十一世孫。大伴室屋大連公之後也。

葛木直 高魂命五世孫。劔根命之後也。

役直 高御魂命孫。天神立命之後也。

恩智神主 高魂命兒。伊久魂命之後也。

委文宿祢 角凝魂命之後也。

美努連 同神三世孫。天湯川田奈命之後也。

鳥取 同神三世孫。天湯河桁命之後也。

倭一作委　百樹云疑大天之誤。　氷一作冰

多米連 神魂命兒天石都倭居命之後也。

城原 同神五世孫。大廣目命之後也。

紀直 神魂命五世孫。天道根命之後也。

大村直田連 大村直同祖。天道根命之後也。

氷連 石上朝臣同祖。饒速日命十世孫。伊己灯宿祢之後也。

鳥見連 同神十二世孫。小前宿祢之後也。

高屋連 同神十世孫。伊己止足尼大連之後也。

姓氏錄二

三左京神別作二田事紀作一呂田事紀伎留。

脫戶數。

高橋連 同神十四世孫伊己布都大連之後也。

宇治部連 同神六世孫伊香我色乎命之後也。

物部依羅連 神饒速日命之後也。

矢田部首 同神六世孫伊香我色雄命之後也。

物部 同神十三世孫物部布都久呂大連之後也。

物部飛鳥 同神六世孫伊香我色雄命之後也。

積組造 阿刀宿祢同祖。同神子。于摩志摩治命之後也。

卅

60

日下部 神饒速日命孫比古由支命之後也。

粟栖連 同神子。于摩志摩治命之後也。

若湯坐連 膽杵磯丹杵穗命之後也。

勇山連 神饒速日命三世孫。出雲醜大使主命之後也。

物部首 同神子。味島乳命之後也。

津門首 同神六世孫。伊香我色男命之後也。

掃守宿祢 振魂命之後也。

61

姓氏錄二

造一作連

可一作阿

掃守連 同神四世孫。天忍人命之後也。

守部連 振魂命之後也。

掃守造 同神四世孫。天忍人命之後也。

浮穴直 移受牟受比命之後也。

服部連 熯之速日命之後也。

神人 御手代首同祖。可比良命之後也。

天孫

卅一

62

諸一作請

上男庶二字一本無。

制字下脫四字。

調一作綱

連字一本無。

次作吹誤

襷多治比宿祢 火明命十一世孫。殿諸足尼命之後也。男兄男庶。其心如女。故賜襷爲御膳部。次弟男庶。其心勇健。其力足制十千軍衆。故賜靭号四十千健彦。因負姓靭負。

丹比連 火明命之後也。

若犬養宿祢 同神十六世孫。尻調根命之後也。

笛吹連 火明命之後也。

次田連 火明命兒。天香山命之後也。

63

連字一本無

身人部連 火明命之後也。

一本在大田連上

尾張連 同神十四世孫。小豐命之後也。

一本同上

五百木部連 火明命之後也。

臣字一本無

出雲臣 天穗日命十二世孫宇賀都久野命之後也。

額田部湯坐連 天津彥根命五世孫。乎田部連之後也。

津夫江連 天津彥根命之後也。

凢河内忌寸 同上。

大縣主 同上。

地祇

宗形君 大國主命六世孫。吾田片隅命之後也。

標字一本無

安曇連 綿積神命兒穗高見命之後也。

等袮直 椎根津彥命之後也。

右第十九卷

和泉國神別 起宮處朝臣。盡長公。六十氏。

天神

宮處朝臣 大中臣朝臣同祖。天兒屋根命之後也。

狹山連 同上。

和太連 同上。

悲一作非

志悲連 同上。

蜂田連 同上。

殿來連 同上。

大鳥連 同上。

中臣部 同上。

民直 同上。

評連 同上。

畝尾連 同上。

中臣表連 同上。

釆女臣 神饒速日命六世孫。伊香我色雄命之後也。

姓氏錄二

一作源真椋 眞作真椋又 大連二字無

韓國連 采女臣同祖。武烈天皇御世。被遣韓國。復命之日。賜姓韓國連。
阿刀連 同上。
宇遲部連 同上。
巫部連 同上。雄略天皇。御體不豫。因茲召上筑紫豊國奇巫。令真源椋大連率巫仕奉。仍賜姓巫部連。
曾祢連 采女臣 同祖。
志貴縣主 饒速日命七世孫。大賣布命之後也。

卅四

68

知一作智 七世一作十 世不知孰是

真龍云網字 上脫依字

若櫻部造 饒速日命七世孫。止知尼大連之後也。履中天皇御世。採櫻花獻之。仍改物部連。賜姓若櫻部造。
榎井部 同神四世孫。大矢口根大臣命之後也。
物部 同神六世孫。伊香我色雄命之後也。
網部 同上。
衣縫 同上。
高岳首 同神十五世孫。物部麁鹿火大連之後也。

69

姓氏錄二

連一作首

安幕首 同神七世孫。十千尼大連之後也。
大伴山前連 大伴宿祢同祖。日臣命之後也。
爪工連 神魂命男。多久豆玉命之後也。雄略天皇御世。造紫蓋爪。并奉餝御座。仍賜爪工連姓。
掃守連 振魂命四世孫。天忍人命之後也。雄略天皇御代。監掃除事。賜姓掃守連。
物部連 神魂命五世孫。天道根命之後也。

卅五

70

和山守首 同上。
和田首 同上。
高家首 同上。
大庭造 神魂命八世孫。天津麻良命之後也。
神直 同神五世孫。生玉兄日子命之後也。
紀直 神魂命子。天御食持命之後也。
大村直 紀直同祖。大名草彦命男。枳弥都弥命之後也。

71

川瀬造 神魂命五世孫天道根命之後也。

直尻家 大村直同祖。

高野 大名草彥命之後也。

鳥取 角凝命三世孫天湯河桁命之後也。

川枯首 阿目加伎表命四世孫阿目夷沙比止命之後也。

荒田直 高魂命五世孫釼根命之後也。

天孫

土師宿祢 秋篠朝臣同祖。天穗日命十四世孫野見宿祢之後也。

土師連 同上。

山直 天穗日命十七世孫日古曾乃己呂命之後也。

石津連 天穗日命十四世孫野見宿祢之後也。

民直 同神十七世孫若桑足尼之後也。

若犬養宿祢 火明命十五世孫古利命之後也。

丹比連 同神男天香山命之後也。

石作連 同上。

津守連 同上。

網津守連 同上。

椋連 同上。

綺連 津守連同祖。天香山命之後也。

高市縣主 天津彥根命十四世孫建許呂命之後也。

末使主 天津彥根命子彥稻勝命之後也。

穴師神主 天富貴命五世孫古佐麻豆知命之後也。

坂合部 火闌降命七世孫夜麻等古命之後也。

地祇

長公 大奈牟智神兒。積羽八重事代主命之後也。

右第二十卷

訂正 新撰姓氏錄 月

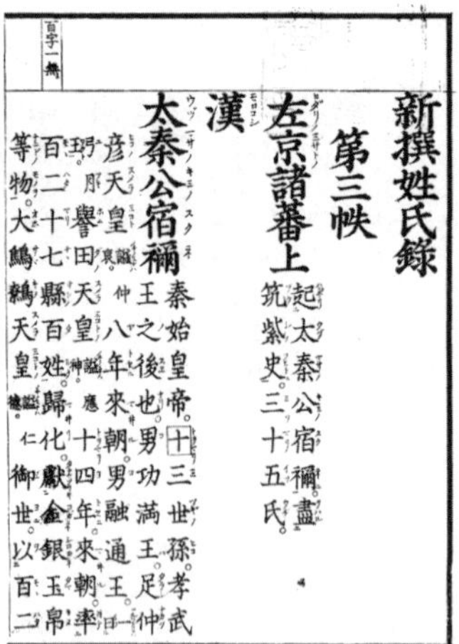

百字一無

新撰姓氏錄

第三帙

左京諸蕃上

起太秦公宿禰盡筑紫史。三十五氏。

漢

太秦公宿禰 秦始皇帝十三世孫。孝武王之後也。男功満王。足仲彦天皇諡仲哀八年來朝。男融通王。一曰弓月王誉田天皇諡應神十四年來朝。率百二十七縣百姓歸化。獻金銀玉帛等物。大鷦鷯天皇諡仁德御世。以百二

1

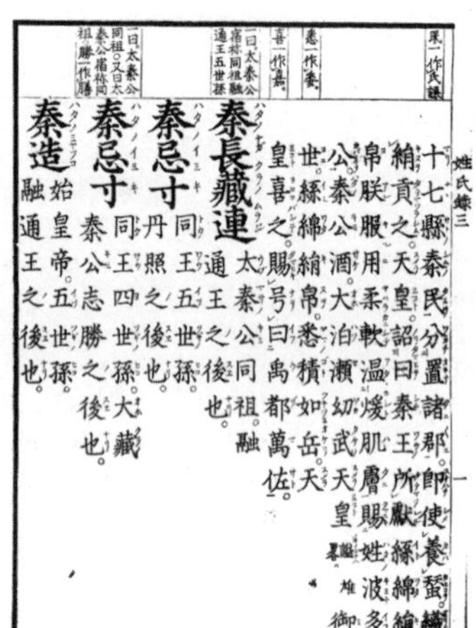

果一作民。 悉一作委。 喜一作嘉。 一曰太秦公宿祢同祖融通王五世孫 一曰太秦公同祖。又曰太秦公宿祢同祖。勝一作勝

十七縣秦民。分置諸郡。即使養蚕織絹貢之。天皇詔曰。秦王所獻絲綿絹帛。朕服用柔軟。温煖肌膚。賜姓波多。次秦公酒。大泊瀬幼武天皇諡雄略御世。絲綿絹帛。悉積如岳。天皇喜之。賜号曰禹都萬佐。

秦長藏連 太秦公同祖。融通王之後也。

秦忌寸 同王五世孫。丹照之後也。

秦忌寸 同王四世孫。大藏秦公志勝之後也。

秦造 始皇帝五世孫。融通王之後也。

姓氏錄三 一

2

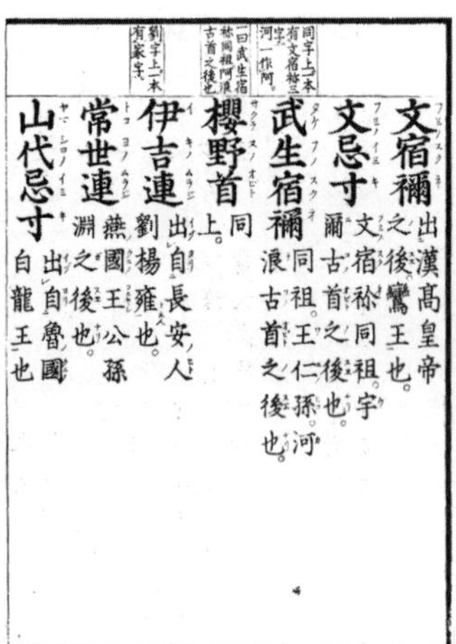

同字上一本有文宿祢三字。河一作阿。 一曰武生宿祢同祖阿浪古首之後也 劉字上一本有家字。

文宿禰 出漢高皇帝之後鸞王也。

文忌寸 文宿祢同祖。宇爾古首之後也。

武生宿禰 同祖。王仁孫。河浪古首之後也。

櫻野首 同上。

伊吉連 出自長安人劉揚雍也。

常世連 出自燕國王公孫淵之後也。

山代忌寸 出自魯國白龍王也

3

大崗忌寸 出自魏文帝之後安貴公。大泊瀬幼武天皇（諡雄略）御世。率四泉歸化。男龍（一名辰貴）善繪工。小泊瀬稚鷦鷯天皇（諡武烈）美其能。賜姓首。五世孫勤大壹惠尊。亦工繪才。天命開別天皇（諡天智）御世。賜姓倭畫師。亦高野天皇神護景雲三年。依居地。改賜大崗忌寸姓也。

幡文造 同上。

楊候忌寸 出自隋煬帝之後達率楊候阿了王也。

陽胡史 同上。

4

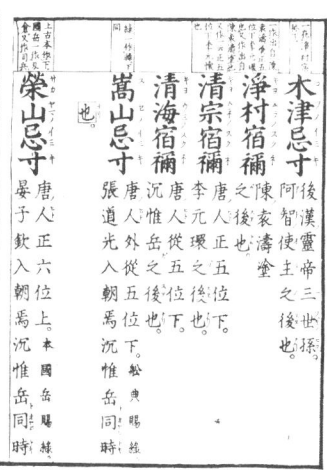

木津忌寸 後漢靈帝三世孫。阿智使主之後也。

淨村宿禰 陳袁濤塗之後也。

清宗宿禰 唐人正五位下。李元環之後也。

清海宿禰 唐人從五位下。沈惟岳之後也。

嵩山忌寸 唐人外從五位下。（船典賜緑）張道光入朝焉。沈惟岳同時也。

榮山忌寸 唐人正六位上。（本國岳賜緑）晏子欽入朝焉。沈惟岳同時也。

5

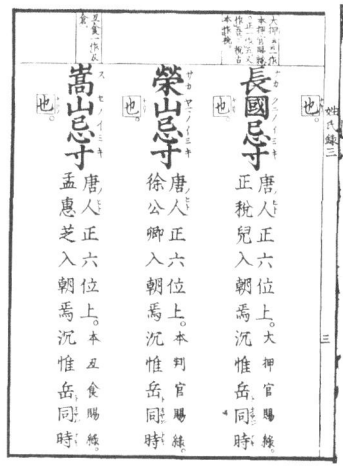

長國忌寸 唐人正六位上。（大押官賜緑）正税兒入朝焉。沈惟岳同時也。

榮山忌寸 唐人正六位上。（本判官賜緑）徐公卿入朝焉。沈惟岳同時也。

嵩山忌寸 唐人正六位上。（本丑食賜緑）孟惠芝入朝焉。沈惟岳同時也。

6

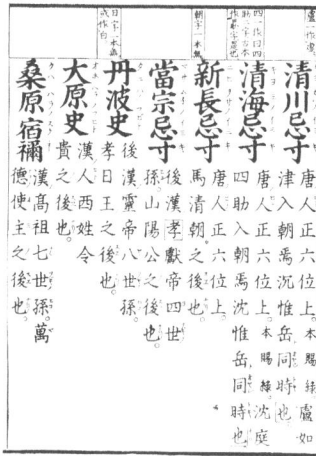

清川忌寸 唐人正六位上。（本賜緑）盧如津入朝焉。沈惟岳同時也。

清海忌寸 唐人正六位上。（本賜緑）沈庭四助入朝焉。沈惟岳同時也。

新長忌寸 唐人正六位上。馬清朝之後也。

當宗忌寸 後漢孝獻帝四世孫。山陽公之後也。

丹波史 後漢靈帝八世孫。孝日王之後也。

大原史 漢人西姓令貴之後也。

桑原宿禰 漢高祖七世孫。萬德使主之後也。

7

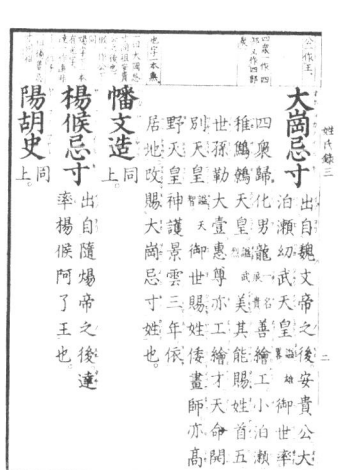

姓氏錄三 四

下村主 後漢光武帝七世孫慎近王之後也。

上村主 廣階連同祖。陳思王植之後也。

筑紫史 陳思王植之後也。

右第二十一卷

左京諸蕃下 起吉水連盡清水首。三十七氏。

漢

吉水連 前漢魏郡人盖寛饒之後也。

8

㠯一作牟。 那一作郡。

牟佐村主 呉孫權男高之後也。

和藥使主 出自呉國主照淵孫智聰也。天國排開廣庭天皇（諡欽明）御世。隨使大伴佐弖比古。持内外典、藥書、明堂圖等百六十四卷、佛像一軀、伎樂調度一具等入朝。男善那使主。天萬豐日天皇（諡孝德）御世。依獻牛乳。賜姓和藥使主。奉度本方書一百三十卷、明堂圖一卷、藥臼一及伎樂一具。今在大寺也。

大石 高丘宿禰同祖。廣陵高穆之後也。

9

三十世一作二十四世。 水字以下五字一本無。 憶一作弘。

姓氏錄三 五

百濟

和朝臣 百濟國都慕王十八世孫武寧王之後也。

百濟朝臣 百濟國都慕王三十世孫惠王之後也。

百濟公 同王三十世孫汶淵王之後也。

調連 水海連同祖。百濟國努理使主之後也。譽田天皇（諡應神）御世。歸化。孫阿久太男彌和。次賀夜。次麻利彌和。憶計天皇（諡顯宗）御世。蚕織獻絁絹之様。仍賜調首姓。

10

名一作各。 辛一作賁又作宰。

林連 百濟國人木貴公之後也。

香山連 百濟國人達率荊負常之後也。

高槻連 百濟國人達率名進之後也。

廣田連 百濟國人辛臣君之後也。

石野連 百濟國人近速古王孫憶頼福留之後也。

神前連 百濟國人正六位上賈受君之後也。

沙田史 百濟國人意保尼王之後也。

11

姓氏錄三 六

大丘造 百濟國速古王十二世孫恩率高難延子之後也。

小高使主 百濟國人毛甲姓加須流氣之後也。

飛鳥部 百濟國人木吉志之後也。

高麗

高麗朝臣 高句麗王好台七世孫延興王之後也。

豐原連 高麗國人上部王虫麻呂之後也。

福當連 高麗國人前部能韋之後也。

12

御笠連 高麗國人從五位下高庄子之後也。

出水連 高麗國人後部能致元之後也。

新城連 高麗國人高福裕之後也。

男林連 高麗國人高道士之後也。

福當造 高麗國人前部志發之後也。

高史 高麗國人元羅郡杵王九世孫延拏王之後也。

日置造 高麗國人伊利須意彌之後也。

13

姓氏錄三 七

河内民首 高麗國人安劉王之後也。

後部藥使主 高麗國人大兄憶德之後也。

王 高麗國人從五位下王仲文法名東樓之後也。

高 高麗國人高助斤之後也。

高 高麗國人從五位下高金藏法名信成之後也。

新羅

橘守 三宅連同祖天日桙命之後也。

14

任那

道田連 任那國賀室王之後也。

大市首 任那國人都怒賀阿羅斯止之後也。

清水首 同上

右第二十二巻

右京諸蕃上 起坂上大宿祢盡田邊史。三十九氏。

漢

15

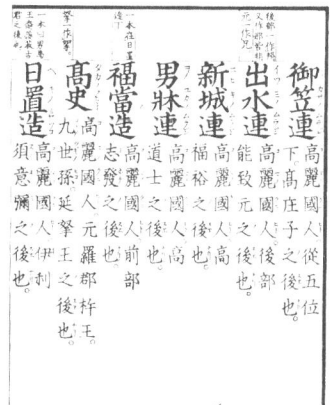

姓氏録三　八

一本云出自後漢靈帝也

直字下有脫文

坂上大宿禰　後漢靈帝男延王之後也。

檜原宿禰　坂上大宿禰同祖。都賀直之後也。

内藏宿禰　坂上大宿禰同祖。都賀直四世孫東人直之後也。

山口宿禰　同四世孫都黄直之後也。

平田宿禰　坂上大宿禰同祖。都賀直五世孫色夫直之後也。

佐太宿禰　坂上大宿禰同祖。都賀直三世孫兎子直之後也。

谷宿禰　坂上大宿禰同祖。都賀直四世孫宇志直之後也。

16

大一作父。

一本作谷宿祢同祖。

畝火宿禰　坂上大宿禰同祖。都賀直三世孫大人直之後也。

櫻井宿禰　坂上大宿禰同祖。都賀直四世孫東人直之後也。

路宿禰　坂上大宿禰同祖。

文忌寸　坂上大宿禰同祖。都賀直之後也。

山田宿禰　周靈王太子晋之後也。

志我閇連　山田宿禰同祖。王安高之後也。

長野連　山田宿禰同祖。忠意之後也。

17

姓氏録三　九

王字一本無。

雍字上一本有恭字。

一本二字一本無。

努一作怒。

山田造　同上宿禰同祖。忠意之後也。

高村宿禰　魯恭王之後。青州刺史劉琮王之後也。

伊吉連　長安人劉家雍之後也。

常世連　燕國王公孫淵之後也。

臺忌寸　河内忌寸同祖。漢孝獻帝男白龍王之後也。

錦織村主　韓國人波努志之後也。

檜前村主　漢高祖男齊王肥之後也。

18

眞龍宜通剛陳思之族。

將一作隷。

一本作同上。

廣階連　魏武皇帝男陳思王植之後也。

平松連　同上連同祖。陳思王之後也。

上村主　廣階連同祖。通剛王之後也。

椋人　阿祖使主男武勢之後也。

松野連　呉王夫差之後也。

八清水連　唐左衛郎將王文度之後也。

楊津連　八清水連同祖。王文度之後也。

19

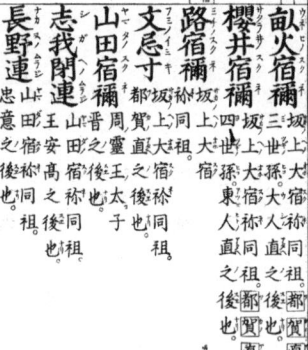

一本太秦公宿祢同祖七字無

一本太秦公宿祢同祖七字無

若江造 後漢靈帝苗裔奈率張安力之後也。

下村主 後漢光武帝七世孫慎近王之後也。

秦忌寸 太秦公宿祢同祖。功満王三世孫秦公酒之後也。

秦忌寸 同上公宿祢同祖。□□王之後也。

秦忌寸 太秦公宿祢同祖。始皇帝十四世孫尊義王之後也

秦忌寸 始皇帝。四世孫功満王之後也。

秦人 太秦公宿祢同祖。秦公酒之後也。

姓氏録三 十

20

錚一作錚又作錚 庭一作朝

淨山忌寸 唐人賜緑沉清庭之後也。

栗栖首 文宿祢同祖。王仁之後也。

工造 呉國人太利須須之後也。

田邊史 漢王之後知捴之後也。

右第二十三卷

二一作三疑

右京諸蕃下 起大山忌寸盡海原造六十二氏。

漢

21

政一作攺

大山忌寸 高岳宿祢同祖。廣陵高穆之後也。

高向村主 魏武帝太子文帝之後也。

雲梯連 高向村主同祖。寶德公之後也。

郡首 高向村主同祖。政姓夫公富等名之後也。

祝部 工造同祖。呉國人田利須須之後也。

百濟

百濟王 百濟國義慈王之後也。

姓氏録三 十一

22

宿祢一作朝臣又知一作智

宿祢一作朝臣

麻一作磨又作磨

菅野朝臣 百濟國都慕王十世孫貴首王之後也。

葛井宿祢 菅野朝臣同祖。塩君男味散君之後也。

宮原宿祢 菅野朝臣同祖。塩君男知仁君之後也。十一本同國都慕王世孫貴首王之後也。

津宿祢 菅野朝臣同祖。塩君男麻侶君之後也。

中科宿祢 菅野朝臣同祖。塩君孫宇志之後也。

船連 菅野朝臣同祖。太阿郎王三世孫智仁君之後也。

23

姓氏錄三

連字上一本有近字。見錄云貴東國通鑑作仇。見錄云曾當作尾有東國通鑑有毗有王。來未之誤。回一作圖。因字上有脱文。五一作三。

三善宿禰 百濟國速古大王之後也。
鴈高宿禰 百濟國貴首王之後也。
安勑連 百濟國魯王之後也。
城篠連 百濟國人達率支安未惠遠之後也。
市往公 百濟國明王之後也。
岡連 市往公同祖。曰圖王男安貴之後也。
百濟公 因鬼神感和之義。命氏謂鬼室。廢帝天平寶字五年。改賜百濟

十二

24

公姓。

見錄云貴字右東國通鑑作仇。止一作生。敬一作敬。百濟國云字一本無。淮一作雖。

百濟伎 百濟國都慕王孫。德佐王之後也。
廣津連 百濟國近貴首王之後也。
清道連 百濟國人恩率納比旦止之後也。
廣海連 韓王信之後王須敬之後也。
不破連 出自百濟國都慕王之後毘有王也。
麻田連 百濟國朝鮮王淮之後也。

25

姓氏錄三

速一作曾 奚一作奚文。一本作同王孫比流王之後也。王一作主。

廣田連 百濟國人辛臣君之後也。
春野連 百濟速古王孫比流王之後也。
面氏 同上
巴汶氏 春野連同祖。速古王孫汶休奚之後也。
汶斯氏 春野連同祖。速古王孫比流王之後也。
大縣史 百濟國人和德之後也。
道祖史 百濟國王孫許里公之後也。

十三

26

苑一作菀。一本作百濟國人努利使主之後也。

大原史 漢人。木姓阿留素。西姓令貴之後也。
苑部首 百濟國人知豆神之後也。
民首 水海連同祖。百濟國人努利使主之後也。
高野造 百濟國人佐平余自信之後也。
飛鳥戸造 百濟國比有王之後也。
御池造 百濟國扶餘地卓斤國主施比王之後也。
中野造 百濟國人杵率答他斯智之後也。

27

姓氏錄三 十四

眞野造 百濟國人速古王之後也。

杉谷造 百濟國人堅祖州耳之後也。

坂田村主 百濟國人頭貴村主之後也。

上勝 百濟國人多利須須之後也。

不破勝 百濟國人淳武止等之後也。

刑部 百濟國酒王之後也。

漢人 百濟國人多夜加之後也。

28

賈氏 百濟國人賈義持之後也。

半毘氏 百濟國沙半王之後也。

大石椅立 百濟國人庶姓蚊尒之後也。

林 林連同祖。百濟國人木貴之後也。

高麗

長背連 高麗國主鄒牟王(朱蒙)名之後也。天國排開廣庭天皇(諡欽明。)御世、率衆化皃美休大其背間長。仍賜名長背王。

29

姓氏錄三 十五

難波連 高麗國好太王之後也。

島岐史 高麗國人能祁王之後也。

島史 高麗國人和興之後也。

狛首 高麗國人安岳上王之後也。

高田首 高麗國人多高子使主之後也。

日置造 高麗國人伊利須使主之後也。

高安下村主 高麗國人大鈴之後也。

30

後部王 同國長王周之後也。

新羅

三宅連 新羅國王子天日桙命之後也。

豐原連 新羅國人壹呂比麻呂之後也。

海原造 新羅國人進廣肆金加志毛禮之後也。

右第二十四卷

山城國諸蕃 起秦忌寸。盡多多良公。二十二氏。

31

姓氏錄三 十六

秦字以下七字一本無。師云蚋智王。恐功満王之誤。物一作勿。
師云伯百之誤。
嘉一作喜。
偏恐惣之誤。師云秦氏秦民之誤。下皆效之。

漢

秦忌寸

太秦公宿禰同祖。秦始皇帝之後也。物智王弓月王。誉田天皇
諡應神。十四年。來朝上表。更歸國。率百
二十七縣伯姓歸化。并獻金銀玉帛
種種寶物等。天皇嘉之。賜大和朝津
間腋上地居之焉。男眞德王。次普洞
王。古記浦東君。大鷦鷯天皇諡仁德御世。賜
姓曰波陀。今秦字之訓也。次雲師王。
次武良王。普洞王男。秦公酒。大泊瀬
稚武天皇諡雄略御世。偏普洞王時。秦
氏惣被劫略。今見在者十不存一。請
遣勅使檢括招集。天皇遣使小子部

32

丘一作岳。

雷。率大隅阿多隼人等。捜括鳩集得
秦氏九十二部。一萬八千六百七十
人。遂賜於酒。爰率秦氏。養蠶織絹。盛
篚詣闕貢進。如丘如山積畜朝庭。天
皇嘉之。特降寵命。賜号曰禹都萬佐。
是盈積有利益之義。役諸秦氏構八
丈大藏於宮側。納其貢物。故名其地
曰長谷朝倉宮。是時始置大藏官員。
以酒為長官。秦氏等一祖子孫。或就
居住。或依行事。別為數腹。天平二十
年。在京畿者。咸改
賜伊美吉姓也。

秦忌寸 秦始皇帝十五世孫。川秦公之後也。

33

姓氏錄三 十七

秦忌寸 秦始皇帝五世孫。弓月王之後也。

秦冠 秦始皇帝四世孫。法成王之後也。

民使首 高向村主同祖。寶德公之後也。

錦部村主 錦織村主同祖。波能志之後也。

工造 呉國人。田利須須之後也。

祝部 同上

谷直 漢師建王之後也。

34

一本作同上。
一本作同國人多利須須之後也。

百濟

民首 水海連同祖。百濟國人努理使主之後也。

伊部造 百濟國人乃里使主之後也。

末使主 百濟國人津留牙使主之後也。

木曰佐 同上

勝 上勝同祖。百濟國人。多利須須之後也。

岡屋公 百濟國比流王之後也。

35

那一作邢

二十世一作六世

之一作久

高麗

黃文連 高麗國人久斯那王之後也。

桑原史 狛國人漢賀之後也

高井造 高麗國主鄒牟王二十世孫汝安祁王之後也。

狛造 高麗國主夫連王之後也。

八坂造 狛國人之留川麻乃意利佐之後也。

新羅

眞城史 新羅國人金氏尊之後也。

任那

多多良公 御間名國主爾利久牟王之後也。天國排開廣庭天皇諡欽明御世投化。獻金多多利金乎居等。天皇譽之。賜多多良公姓也

右第二十五卷

大和國諸蕃 起眞神宿禰盡大伴造二十六氏

漢

一本作秦始皇四世孫功滿王之後也。

眞神宿禰 漢福德王之後也

豐岡連 漢高祖苗裔伊須久牟治使主之後也。

秦忌寸 太秦公宿禰同祖。

桑原直 桑原村主同祖。漢高祖七世孫萬德使主之後也。

己智 秦太子胡亥之後也。

三林公 己智同祖。諸齒王之後也。

長岡忌寸 己智同祖。諸齒王之後也。

留一作爲

呉字上一本有遠字天或作麻

山村忌寸 己智同祖。古禮公之後也。

櫻田連 己智同祖。諸齒王之後也。

朝妻造 韓國人都留使主之後也。

額田村主 呉國人天國古之後也。

百濟

縵連 百濟人狛之後也。

和連 百濟國主雄蘇利紀王之後也。

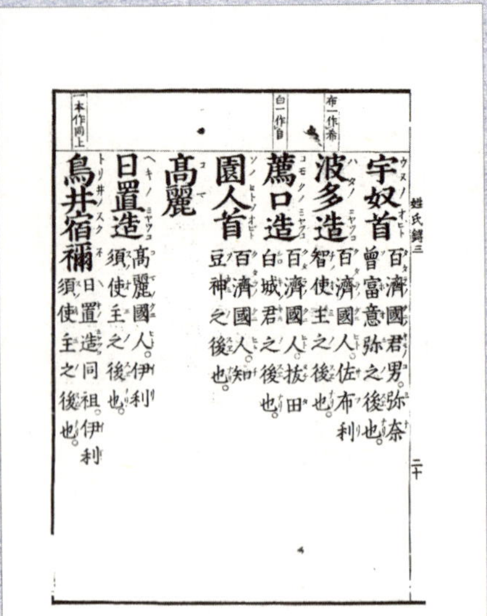
姓氏録三
布一作希
白一作自
一本作同上
宇奴首 百濟國君男弥奈曾富意弥之後也
波多造 百濟國人佐布利智使主之後也
薦口造 百濟國人抜田白城君之後也
園人首 百濟國人知豆神之後也
高麗
日置造 高麗國人伊利須使主之後也
鳥井宿禰 日置造同祖伊利須使主之後也
二十

40

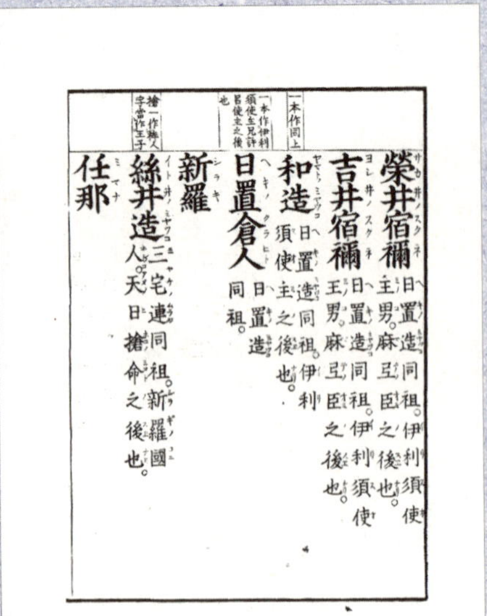
一本作同上
一本作伊利須使主兒許呂使主之後也
擔一作檐 人字當作王子
榮井宿禰 日置造同祖伊利須使主男麻弖臣之後也
吉井宿禰 日置造同祖伊利須使王男麻弖臣之後也
和造 日置造同祖伊利須使主之後也
日置倉人 日置造同祖
新羅
絲井造 三宅連同祖新羅國人天日擔命之後也
任那

41

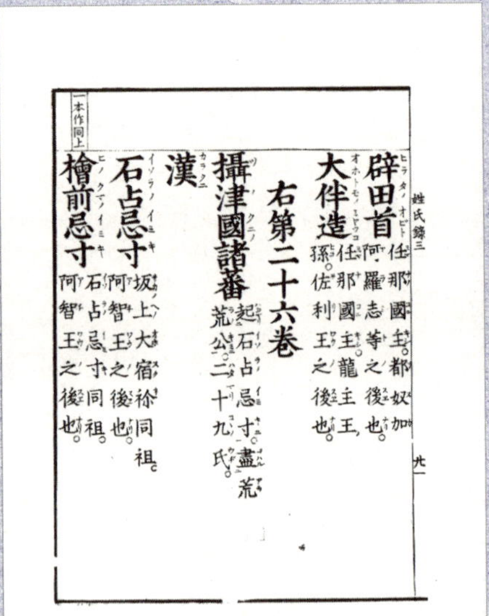
姓氏録三
一本作同上
辟田首 任那國主都奴加阿羅志等之後也
大伴造 任那國主龍主王孫佐利王之後也
右第二十六巻
攝津國諸蕃 起石占忌寸盡荒荒公二十九氏
漢
石占忌寸 坂上大宿祢同祖阿智王之後也
檜前忌寸 石占忌寸同祖阿智王之後也
九一

42

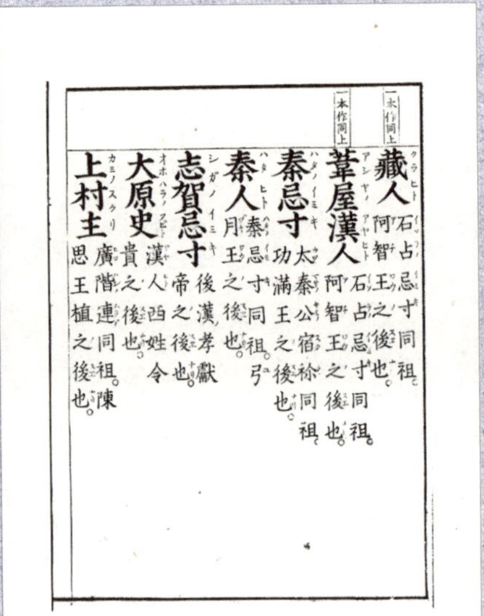
一本作同上
一本作同上
藏人 石占忌寸同祖阿智王之後也
葦屋漢人 石占忌寸同祖阿智王之後也
秦忌寸 太秦公宿祢同祖功満王之後也
秦人 秦忌寸同祖弓月王之後也
志賀忌寸 後漢孝獻帝之後也
大原史 漢人西姓令貴之後也
上村主 廣階連同祖陳思王植之後也

43

姓氏錄三

一本作同上

笠志史 上村主同祖。陳忠王植之後也。

臺直 臺忌寸同祖。漢釋吉王之後也。

史戸 漢城人韓氏隆德之後也。

温義 北齊國温公高緯之後也。

百濟

船連 菅野朝臣同祖。大阿郎王之後也。

廣井連 百濟國避流王之後也。

廿二

44

中字一本無

林史 林連同祖。百濟國人木貴之後也。

爲奈部首 百濟國人中津波手之後也。

牟古首 百濟國人片禮吉志也。

原首 眞神宿祢同祖。福德王之後也。

三野造 百濟國人布須麻乃古意彌之後也。

村主 葦屋村主同祖。意寶荷羅支王之後也。

勝 上勝同祖。多利須須之後也。

45

姓氏錄三

一本作高麗國人

高麗

桑原史 桑原村主同祖。萬德使主之後也。

日置造 鳥井宿祢同祖。伊利須使主之後也。

高安漢人 狛國人小須須之後也。

新羅

三宅連 新羅國王子天日桙命之後也。

任那

廿三

46

豐津造 任那國人左李金之後也。

韓人 豐津造同祖。左李金之後也。

荒荒公 任那國豐貴王之後也。

右第二十七卷

河内國諸蕃 起高丘宿祢盡伏丸五十六氏

漢

高丘宿禰 百濟國公族大夫高僕之後。廣陵高穆之後也。

47

我一作賀。

山田宿禰 魏司空王昶之後也。

山田連 山田宿禰同祖。忠意之後也。

山田造 同國人忠意之後也。

長野連 山田宿禰同祖。忠意之後也。

志我閇連 山田宿禰同祖王安高男。賀佐之後也。

三宅史 山田宿禰同祖。忠意之後也。

大里史 同祖。

48

秦宿禰 秦始皇五世孫。融通王之後也。

秦忌寸 秦宿禰同祖。融通王之後也。

高尾忌寸 同上。禰同祖。融之後也。

秦人 秦忌寸同祖。弓月王之後也。

秦公 秦始皇帝孫。孝德王之後也。

秦姓 秦始皇帝十三世孫。然能解公之後也。

古志連 文宿禰同祖。王仁之後也。

49

一本作同上。

雍一作羅。

河原連 廣階連同祖。陳思王植之後也。

野上連 河原連同祖。陳思王植之後也。

河原藏人 上村主同祖。陳思王植之後也。

河内畫師 同上。主同祖。陳植之後也。

八戸史 後漢光武帝孫。章帝之後也。

高安造 八戸史同祖。盡達王之後也。

板茂連 伊吉連同祖。楊雍之後也。

50

三世一作四世非。

王字一無。

造一作連。

河内忌寸 山代忌寸同祖。魯國白龍王之後也。

火撫直 後漢靈帝三世孫。阿智使主之後也。

下曰佐 漢高祖男。齊悼惠王肥之後也。

高道連 同上。

常世連 燕國王。公孫淵之後也。

春井連 下村主同祖。後漢光武帝七世孫。愼近王之後也。

河内造 同上。連同祖。愼之後也。

51

姓氏錄三

貞一作眞。文一作永。

都一作孝。

李一作季。

武丘史 同上。連同祖。慎之後也。

當宗忌寸 後漢獻帝四世孫。山陽公之後也。

交野忌寸 漢人庄貞之後也。

廣原忌寸 後漢孝獻帝男。都德王之後也。

刑部造 呉國人李牟意彌之後也。

茨田勝 呉國王孫皓之後。意富加牟枳君之後也。大鷦鷯天皇諡仁德御世。賜居地於茨田邑。因爲茨田勝。

52

伯禰 西漢人伯尼姓光金之後也。

百濟

水海連 百濟國人努理使主之後也。

調曰佐 同上。

河内連 出自百濟國都慕王男。陰太貴首王也。

佐良良連 百濟國人久米都彦之後也。

錦部連 三善宿禰同祖。百濟國速古大王之後也。

53

姓氏錄三

漏一作滿。

依羅連 百濟國人素禰志夜麻美乃君之後也。

山河連 同上。

岡原連 百濟國辰斯王子知宗之後也。

林連 百濟國腆支王之後也。

呉服造 百濟國人阿漏史之後也。

宇努造 宇努首同祖。百濟國人彌那子富意彌之後也。

飛鳥戸造 百濟國主比有王男混伎王之後也。

54

木一作本。高麗一作同。

飛鳥戸造 百濟國末多王之後也。

古市村主 百濟國虎王之後也。

上曰佐 百濟國人久介能古使主之後也。

高麗

大狛連 高麗國人伊利斯沙禮斯之後也。

大狛連 高麗國溢士福貴王之後也。

島木 高麗國人伊理和須使主之後也。

55

九恰莽抄作凡不知孰是。怒一作努。使主一本作又干。

新羅

伏丸 新羅國人。燕怒利使主之後也。

右第二十八卷

和泉國諸蕃

起秦忌寸。盡日根造。二十氏。

漢

秦忌寸 太秦公宿禰同祖。融通王之後也。

秦勝 同祖。

56

三一作四。

候一作公。下同。直一作史。了前文作子。東阿王之後也六字一本無。

古志連 文宿禰同祖。王仁之後也。

池邊直 坂上大宿禰同祖。阿智王之後也。

火撫直 後漢靈帝三世孫。阿智王之後也。

栗栖直 同上

楊候直 楊候忌寸同祖。達率楊公。阿了王之後也。

上村主 廣階連同祖。東阿王之後也。

蜂田藥師 呉主孫權王之後也。

57

一本作額田部。稻王又作蜂田藥師。不知孰是。古記云一作又云。怒一作努。

午一作千又作牛。

蜂田藥師 呉國人。都久爾理久爾之後也。古記云。怒久利。

凡人中家 山代忌寸同祖。白龍王之後也。

百濟

百濟公 百濟國酒王之後也。

六人部連 同上

錦部連 三善宿禰同祖。

信太首 百濟國人。百午之後也。

58

太一作大。

取石造 百濟國人。阿麻意弥之後也。

葦屋村主 百濟國人。意寶荷羅支王之後也。

村主 葦屋村主同祖。太根使主之後也。

衣縫 百濟國神靈命之後也。

新羅

日根造 新羅國人。億斯富使主之後也。

右第二十九卷

59

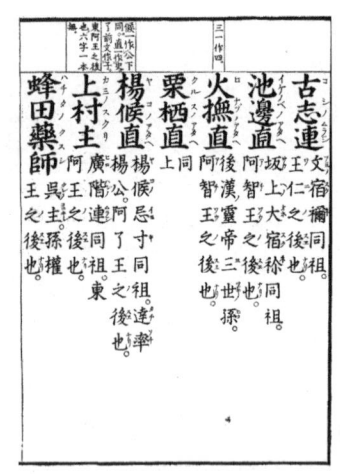

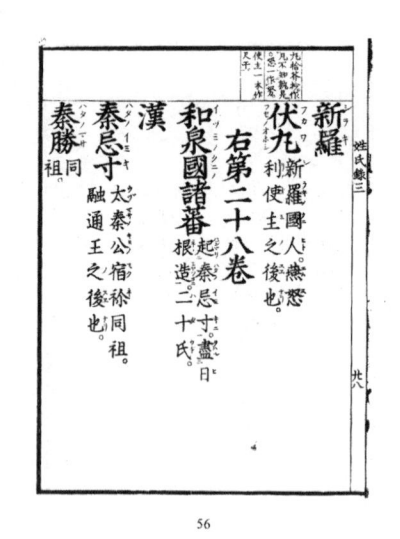

未定雜姓
起左京茨田眞人。盡和泉國山田造。一百十七氏。
勘尋氏姓職田本系。而此等姓祖違古記事漏舊典。雖加研究。自然所不及。故集爲別卷。號曰未定。附之於末。以俟後賢。

左京

茨田眞人 停中倉太珠敷天皇(謚敏達)孫大俣王之後者未詳。

御原眞人 停中倉太珠敷(謚敏達)皇子彦人大兄王之後也。

葛野臣 大倭根子彦國牽天皇(謚孝元)皇子彦布都意斯麻已止命之後

61

也。

池上椋人 停中倉太珠敷天皇(謚敏達)皇子百濟王之後也。

忍坂連 火明命之後者未詳。

野實連 大穴牟遲命之後者未詳。

物集連 始皇帝九世孫竺達王之後者不見。

百濟氏 百濟國牟利加佐王之後者不見。

朝戸 百濟國人胷廣使主朝戸之後者不見。

62

足奈 百濟國人從七位下足奈眞已之後者不見。

後部高 高麗國人正六位上後部高千金之後者不見。

右京

酒人小川眞人 男太跡天皇(謚繼體)皇子兎王之後者不見。

成相眞人 停中倉太珠敷天皇(謚敏達)皇子難波王之後者不見。

中臣臣 觀松彦香殖稻天皇(謚孝昭)皇子天足彦國押人命七世孫鑒著大使主之後者不見。

63

中臣栗原連 天兒屋根命十一世孫雷大臣之後者不見。

大鹿首 津速魂命三世孫天兒屋根命之後者不見。

尋來津首 神饒速日命六世孫伊香我色雄命之後者不見。

原造 神饒速日命天降之時從者天物部峴度造之後者不見。

坂戸物部 神饒速日命天降之時從者坂戸天物部之後者不見。

二田物部 神饒速日命天降之時從者二田天物部之後者不見。

物部 神饒速日命六世孫伊賀我色雄命之後也。

64

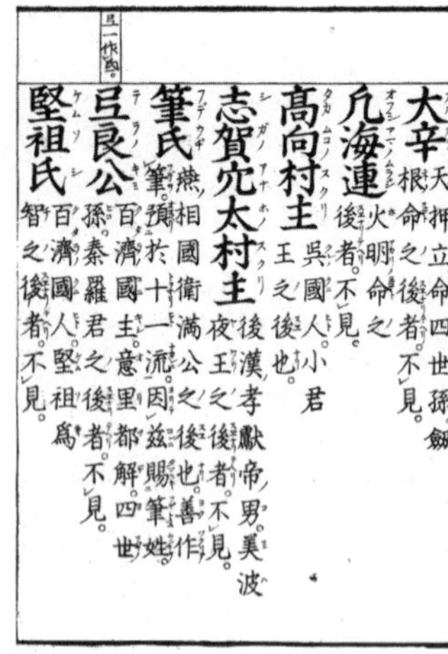
弖一作弖。

大辛 天押立命四世孫劒根命之後者不見。

凡海連 火明命之後者不見。

高向村主 呉國人小君王之後也。

志賀穴太村主 後漢孝獻帝男美波夜王之後者不見。

筆氏 燕相國衛滿公之後也。善作筆。預於十一流。因茲賜筆姓。

弖良公 百濟國主意里都解四世孫秦羅君之後者不見。

堅祖氏 百濟國人堅祖爲智之後者不見。

65

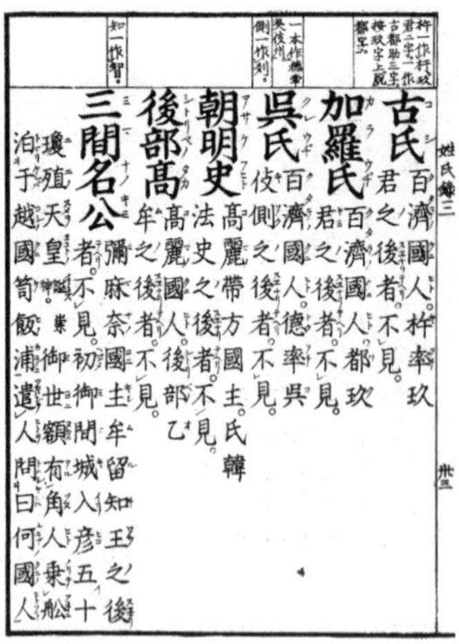
杵一作杆。玖君二字一作古都助三字。按玖字上脫都字。

一本作佐。佐州側一作刈。

知一作智。

姓氏錄三 卅三

古氏 百濟國人杵率玖君之後者不見。

加羅氏 百濟國人都玖君之後者不見。

呉氏 百濟國人德率呉伎側之後者不見。

朝明史 高麗帶方國主氏韓法史之後者不見。

後部高 高麗國人後部乙牟之後者不見。

三間名公 彌麻奈國主牟留知王之後者不見。初御間城入彥五十瓊殖天皇御世。額有角人。乘船泊于越國笥飯浦。遣人問曰。何國人

66

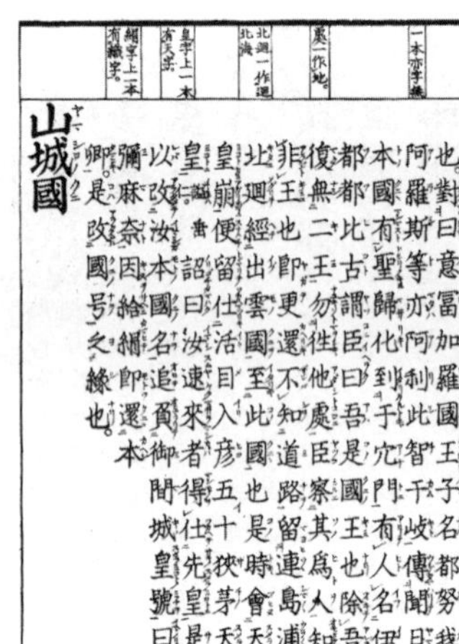
一本亦字無。

處一作地。

北廻一作還北海。

皇字上一本有天字。

縑字上一本有絹字。

也。對曰。意富加羅國王子。名都努我阿羅斯等。亦阿利叱智干岐。傳聞日本國有聖皇。歸化。到于穴門。有人名伊都都比古。謂臣曰。吾是國王也。除吾復無二王。勿往他處。臣察其爲人。知非王也。即更還。不知道路。留連島浦。北廻經出雲國至此國也。是時會天皇崩。便留仕活目入彥五十狹茅天皇。詔曰。汝速來者。得仕先皇。是以改汝本國名。追負御間城皇號。曰彌麻奈。因給縑。即還本郷。是改國号之緣也。

山城國

67

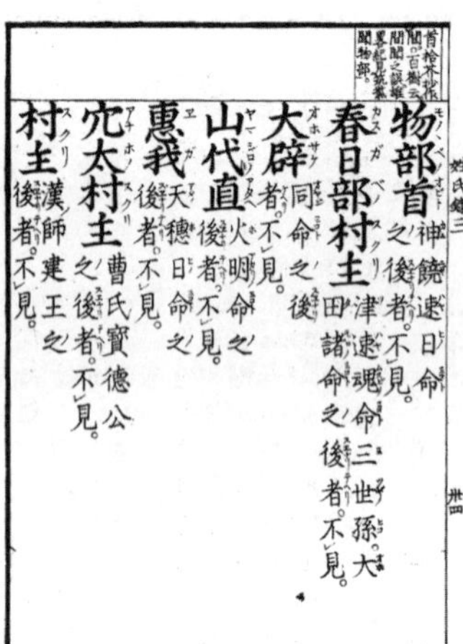
首拾芥抄作聞。百嶽云。聞聞之誤。雖暑紀見筑紫聞物部。

姓氏錄三 卅四

物部首 神饒速日命之後者不見。

春日部村主 津速魂命三世孫大田諸命之後者不見。

大辟 同命之後者不見。

山代直 火明命之後者不見。

惠我 天穗日命之後者不見。

穴太村主 曹氏寶德公之後者不見。

村主 漢師建王之後者不見。

68

國背宍人　秦始皇帝之後者不見。

物集　始皇帝九世孫。竹達王之後者。不見。

木勝　津留木之後者。不見。

廣幡公　百濟國津王之後者。不見。

大和國

葦田首　天麻比止津乃命之後者不見。

波多祝　高弥年須比命孫。治方之後者。不見。

〔竹一作笠。竹達王一作竹文王。〕〔津字上疑有脱文。〕〔治方之方一作身，疑有脱文。〕

69

相槻物部　神饒速日命。天降之時從者。相槻物部之後者不見。

犬上縣主　天津彦根命之後者。不見。

薦集造　同上。彦根命之後也。

三歲祝　大物主神五世孫。意富太多根子命之後者不見。

尾津直　漢高祖五世孫大水命之後者。不見。

村主　漢高祖□受王之後者。不見。

長倉造　韓國天師命之後者不見。

〔一本作神饒速日命後者之後不見。〕〔祖字下有脱文。祖字一本無。〕

70

漢人　漢人黑之後者。不見。

銃師公　高麗國寶輪王之後者不見。

攝津國

韓海部首　武內宿祢男。平群木兔宿祢之後者不見。

下神　葛木襲津彦命男腰裾宿祢之後者不見。

我孫　豊城入彦命男八綱多命之後者不見。

椋椅部連　伊香我色乎命之後者不見。

〔王字一本無。〕〔乎一作雄。〕

71

津島直　天兒屋根命十一世孫。雷大臣命之後者。不見。

日下部首　天日和伎命六世孫。保都祢命之後者。不見。

爲奈部首　伊香我色乎命六世孫。金連之後者不見。

島首　正哉吾勝勝速日天押穗耳尊之後者不見。

葛城直　天神立命之後者。不見。

阿刀部　山都多祁流比女命四世孫。毛能志乃和氣命之後者不見。

山首　火明命十一世孫。尾張屋主都久代命之後者。不見。

〔六世二字一本無。〕〔松下見林云阿字下當有久字。〕

72

青清二字。一作青一字。

川内漢人 火明命九世孫。否井命之後者。不見。
佳道首 伊弉諾命男素盞烏命之後者。不見。
牟佐呉公 呉國王子。青清王之後者。不見。
河内國
佐自努公 豊城入彦命之後者。不見。
伊氣 豊城入彦命四世孫。荒田別命之後者。不見。
壬生部公 御間城入彦天皇之後者。不見。

73

百樹云。彦字下疑脱麻須二字。或云天大之誤。
惠字一作斯。児二字。百樹云。汙麻斯麻尼足尼命之誤。

姓氏錄三

鴨部 御間城入彦五十瓊殖天皇。諡崇神。之後者。不見。
池後臣 天彦麻須命之後者。不見。
大伴連 天彦命之後者。不見。
孔王部首 穴穗天皇。諡安康。之後者。不見。
新家首 汙麻惠足尼命之後者。不見。
矢作連 布都努志乃命之後者。不見。
葦田臣 都早古乃命之後者。不見。

卌七

74

仲一作中
一在倭川原忌寸下。
真龍云。斯字下有脱字乎。
白猪一作曰猪

三間名公 仲臣雷大臣命之後者。不見。
韌編首 神志波移命之後者。不見。
倭川原忌寸 武甕槌神十五世孫。彦振根命之後者。不見。
内原直 狭山命之後者。不見。
安曇連 于都斯奈賀命之後者。不見。
高安忌寸 阿智王之後者。不見。
大友史 百濟國人。白猪奈世之後者。不見。

75

曾一作曾。進一作造。父一作文。
須一作沃。見林云。按東國通鑑。須牟祁大武神之

姓氏錄三

船子首 百濟國人。久爾君之後者。不見。
新木首 百濟國人。伊居留君之後者。不見。
豊村造 百濟國人。德率古曾父佐之後者。不見。
八俣部 百濟國人。多地多祁卿之後者。不見。
長田使主 百濟國。爲君王之後者。不見。
舍人 百濟國人。利加志貴王之後者。不見。
狛染部 高麗國。須牟祁王之後也者。不見。

卌八

76

狛人 同上國須牟祁王之後也。

宇努連 新羅王子金庭興之後者不見。

竹原連 新羅國阿羅羅國主弟伊賀都君之後者不見。

小橋造 新羅國人多弖使主之後者不見。

坏作造 新羅國人曾生支富主人之後者不見。

大賀良 新羅國人郎子王之後者不見。

賀良姓 新羅國郎子王之後者不見。

77

姓氏録三

和泉國

我孫公 豐城入彦命男倭日向建日向八綱田命後者不見

椋椅部首 吉備津彦五十狭芹命之後者不見。

鵜甘部首 武内宿祢男己西男柄宿祢之後也。

猪甘部首 天足彦國押人命之後者不見。

古氏 大日本根子彦大瓊天皇諡孝靈皇子稚多祁比古命之後者不見。

大部首 贍杵磯丹杵穂命之後者不見。

卅九

78

工首 神䰟命之後者不見。

伯太首 天表日命之後者不見。

日置部 天櫛玉命男天櫛耳命之後者不見。

凡人 神汗久宿祢命之後者不見。

茨木造 天津彦根命之後者不見。

眞髪部 天徳日命之後者不見。

小豆首 呉國人現養臣之後者不見。

79

姓氏録三

神人 高麗國人許利都之後者不見。

近義首 新羅國主角折王之後者不見。

山田造 新羅國人天佐疑利命之後者不見。

右第三十卷

正六位上行治部省少丞臣石河朝臣國助

從六位上行治部省少錄臣伊豫部連年嗣

從七位下行治部省少錄臣越智直淨繼

四十

80

從八位上行散位寮少錄臣高志連正嗣。
大舍人正七位上臣大伴宿禰根守。
散位正七位下臣大田祝山直男足。
散位從七位上臣味部公廣河。
散位從七位下臣内藏忌寸御富。

81

以下後人所加。

平朝臣

桓武天皇男。一品式部卿。葛原親王男。大學頭。從四位下。高棟王。天長二年。閏七月賜平朝臣姓。貫左京。貞觀九年。五月。至大納言正三位。薨六十四歳

不載姓氏錄姓 古本云善通宿祢不見本文

82

平　在原　大藏
惟宗　令宗　中原
宗我部　阿蘇　美麻那
宇禰備　常澄　當世
卜部　良　貞
都　小長谷　國見
各務　帶王　言

83

品治　遠澤　風早
不知山　面西　早可
五百井　靫連　漆島
夏身　赤染　榎本
若狭　播磨　足羽
清峯　甅取　鷹取戸

已上三十九氏不見之歟

84

安部公之上有脫文 部字一作[illegible]

皇子之下有脫文

建部公之下有脫文

安部公

同上

讃岐公

大足彥忍代別天皇皇子

建部公

別

85

姓氏錄三 四十三

同上

文化四年丁卯秋七月

安藝 源稻彥謹校

伊勢 藤長年補正

86

天保五年甲午八月

浪華書林

心齋橋通安土町

加賀屋善藏

87